All About IELTS 실전문제집4

●

[Reading-Academic Module]

ALL ABOUT IELTS 실전문제집 4
[Reading-Academic Module]

저 자 이수영, 줄리 톨스마
발행인 고본화
발 행 반석출판사
2019년 11월 5일 초판 8쇄 인쇄
2019년 11월 10일 초판 8쇄 발행
반석출판사 www.bansok.co.kr
이메일 bansok@bansok.co.kr

07547 서울시 강서구 양천로 583. B동 1007호
          (서울시 강서구 염창동 240-21번지 우림블루나인 비즈니스센터 B동 1007호)
대표전화 02) 2093-3399 **팩 스** 02) 2093-3393
출 판 부 02) 2093-3395 **영업부** 02) 2093-3396
등록번호 제315-2008-000033호

Copyright © 이수영, 줄리 톨스마

ISBN 978-89-7172-500-9 (13740)

- 교재 관련 문의 : bansok@bansok.co.kr을 이용해 주시기 바랍니다.
- 이 책에 게재된 내용의 일부 또는 전체를 무단으로 복제 및 발췌하는 것을 금합니다.
- 파본 및 잘못된 제품은 구입처에서 교환해 드립니다.

All About IELTS 실전문제집4

[Reading-Academic Module]

 머리말

IELTS가 국내 영어시장에 본격적으로 소개되면서, 객관적이고 실용적인 영어시험으로 평가받고 있습니다. 이러한 시점에서 실전문제집에 대한 필요성을 절감하고 이 책을 출간하게 되었습니다. 특히 리딩섹션은 단기간 내에 점수향상을 기대하기 힘들지만 리딩스킬에 대한 충분한 이해가 있다면 좋은 결과를 기대할 수 있습니다. 그리고 IELTS는 여타 시험과는 형식이 판이하게 다르므로 시험에 대한 사전 정보 역시 중요합니다. 하지만 시중에 나와 있는 대부분의 원서들은 기본적이고 필수적인 시험 노하우를 충분하게 제공하지 못하는 듯합니다.

이 책은 시험을 앞두고 실제 상황과 동일한 조건에서 자신의 실력을 평가하기에 적합한 교재입니다. 또한 수험생에게 문제 접근방법과 과정을 알기 쉽게 보여주고 있습니다. 이 곳 뉴질랜드에서 현지 작가이자 강사인 Julie와 함께 영어가 비모국어인 학생들을 대상으로 면밀하게 연구, 개발된 책입니다. 실전문제집의 특성을 최대한 살리면서 동시에 문제를 푸는 방법과 리딩스킬을 자세하게 소개하기 때문에 최종 마무리용뿐 아니라 이론서로도 손색이 없습니다.

또한 이곳의 실생활에서 자료를 수집하고 출제 가능성이 높은 주제만을 엄선하여 살아 있는 영어를 접할 수 있는 기회를 제공하며, 실력 있는 현지인 강사들이 제작에 참여하여 책의 완성도를 높였습니다. 이 책의 인투로 부분에 소개된 효율적인 독서력 향상을 위한 리딩스킬 (Prediction; 예측, Skimming; 스키밍, Scanning; 스캐닝, Intensive Reading; 정독, Inference; 추론) 등을 염두에 두면서 독서를 할 경우, 근본적으로 리딩실력이 향상됩니다. 모쪼록 이 책이 IELTS를 준비하는 분들에게 도움이 되고 지침이 되는 책으로 자리매김 되기를 바랍니다.

이 책의 제작을 위해 조언과 수고를 아끼지 않으신 코스개발 매니저(Director of Study) 김정원 선생님께 감사드리며, 항상 저의 중심이 되는 우리 가족, 의젓한 재혁이, 친구 같은 영현이, 그리고 나의 동반자인 노범 씨에게 모든 사랑과 감사를 전합니다.

저자 이수영

차례

머리말
이 책의 특징 및 활용법 · 6
IELTS란 무엇인가? · 8
IELTS Reading (Academic Module) · 9

PART 1 INTRODUCTION

Chapter 1 Reading Skills · 12

Chapter 2 Question Types · 33

PART 2 PRACTICE TEST

Test 01 · 45
Test 02 · 61
Test 03 · 79
Test 04 · 95
Test 05 · 111

PART 3 정답 및 해설

Test 01 · 130
Test 02 · 154
Test 03 · 180
Test 04 · 202
Test 05 · 224

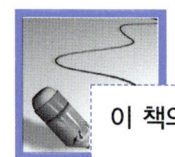

이 책의 특징 및 활용법

**최신 출제경향과 실제 난이도를 반영한
최종 마무리 실전 문제집!!!**

본 책은 IELTS Reading TEST (Academic Module) 5회분의 문제와 해설을 수록한 최종 마무리 테스트용 교재이다. 각각의 1회분은 42문항(3섹션, 4개 지문)으로 구성되었고, 실제 시험과 비슷한 최신의 출제경향과 문제를 반영했다. 특히, 섹션별로 다양한 지문(6주제)과 문제유형(7형태)을 제공하여 실전감각을 익히는 데 많은 도움이 된다. 독자 스스로 실제 고사장과 비슷한 환경을 만들어 문제를 풀어보도록 하자.

영어가 모국어인 사람들에게도 주어진 1시간 동안 방대한 분량의 지문을 읽고, 문제를 푸는 것은 수월한 일이 아니다. 더군다나 영어가 비모국어인 수험생들에게는 상당한 노력과 연습이 필요하다. 하지만 사전에 출제유형과 출제되는 문제에 대한 숙지가 있다면 문제 해결에 많은 도움이 될 것이다. 단계적이면서도 체계적인 훈련만이 리딩을 정복하는 지름길임을 인식하고, 이 책을 통해 문제의 접근방법과 스킬을 습득해보자.

PART 1 INTRODUCTION

IELTS의 전반적인 이해를 돕기 위해 IELTS의 시험제도와 시험관련 각종 정보(영역별 시험시간, 시험 평가방법 등)와 전반적인 리딩섹션의 특징을 설명했다. 그리고 리딩실력을 향상시키기 위해 절대적으로 필요한 각종 리딩스킬을 예제와 함께 간략하게 살펴볼 수 있도록 했다. 섹션별로 출제되는 문제유형과 관련 팁들은 학생들에게 감초 같은 역할을 할 것이다.

Chapter 1 Reading Skills

Skill 1. Prediction (예측)
Skill 2. Skimming (스키밍)
Skill 3. Scanning (스캐닝)
Skill 4. Intensive Reading (정독)
Skill 5. Inference (추론)

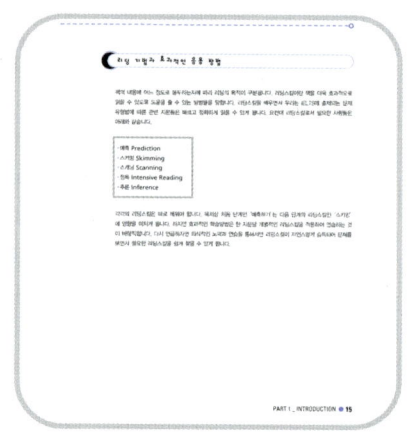

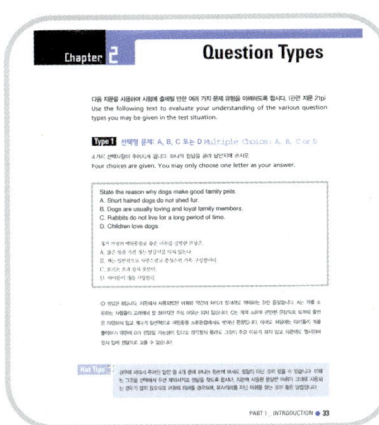

Chapter 2 Question Types

Type 1. Multiple Choice (선택형 문제)
Type 2. Gap Fill (빈칸 채우기 문제)
Type 3. Sentence Completion (문장 완성하기)
Type 4. Heading Questions (제목찾기 문제)
Type 5. Matching Questions (연결 시키기 문제)
Type 6. Short Answer (단답형 문제)
Type 7. True / False / Not given (참, 거짓, 주어지지 않음 문제)

PART 2 PRACTICE TEST

5회분의 실전문제를 정해진 시간(60분) 동안 실제 시험환경과 동일한 조건에서 문제를 풀어볼 수 있도록 했다. 모르는 어휘가 있더라도 사전을 찾지 말고, 본 책 도입부에 소개되는 리딩스킬과 접근방법을 참고하여 스스로 문제를 해결해보자. 각각의 지문을 주어진 문제유형에 맞는 다양한 리딩스킬을 이용하여 접근하는 것이 중요하다.

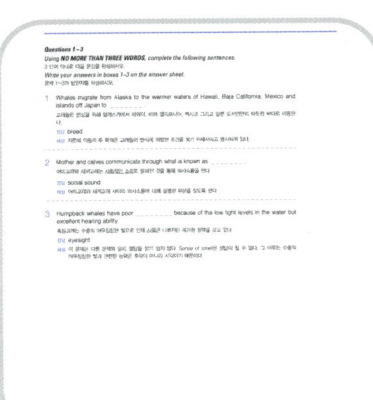

PART 3 정답 및 해설

제한된 시간 내에 문제를 풀어본 후 정답을 확인한다. 한 번 틀린 문제는 자주 틀리게 되므로 오답문제는 반드시 해설을 자세하게 읽으면서 이해해야 한다. 지문을 읽다가 모르는 어휘를 따로 정리하는 단어장을 만드는 것도 좋은 방법이다.

IELTS란 무엇인가?

IELTS(International English Language Testing System)는 영어의 네 가지(Listening, Reading, Writing, Speaking) 영역을 평가하므로 평소에 모든 영역에 걸쳐 자주 출제되는 문제유형, 지문유형, 시험전략 등을 완벽하게 숙지해야 합니다. 이 시험은 아카데믹 모듈(Academic Module)과 제너럴 모듈(General Module)로 나뉘며, 영어가 제2외국어인 학생들이 영어권 국가에서 공부하거나 이민 등을 가기 위해서 반드시 치러야 하는 영어시험입니다.

대학교 진학을 준비 중인 학생은 아카데믹 모듈에 응시해야 하며, 시험결과에 따라 자신이 원하는 곳에서 영어로 학습할 수 있는 능력이 되는지 평가를 받게 됩니다. 이에 반해 영어권 국가에서 고등학교 진학, 일부 직업훈련과정(Vocational Courses), 특정 자격시험, 디플로마과정(Certificate or Diploma Courses)의 이수 또는 영연방국가로의 이민을 원하는 사람들은 제너럴 모듈을 치러야 합니다. IELTS를 준비하는 수험생들은 본격적으로 시험공부를 시작하기 전에 아카데믹 모듈과 제너럴 모듈 가운데 어떤 시험을 준비해야 할지 먼저 결정해야 합니다.

IELTS 영역구분 및 시험시간

앞서 말했듯이 IELTS는 리스닝(Listening; 듣기), 리딩(Reading; 읽기), 라이팅(Writing; 쓰기), 스피킹(Speaking; 말하기) 등의 네 개 영역을 평가합니다. 이 가운데 리스닝과 스피킹은 아카데믹·제너럴 모듈 모두 같은 유형으로 시험을 치르지만, 리딩과 라이팅은 자신이 선택한 모듈에 따라 시험유형이 달라집니다. 시험은 보통 하루에 치러지며, 스피킹은 다른 날 실시되기도 합니다.

Section \ Module	Academic Module	General Module	비 고
Listening	4 Sections		40분
Reading	3 Sections 4 Passages	3 Sections 4 Passages	60분
Writing	2 Tasks(도표분석/에세이)	2 Tasks(편지작성/에세이)	60분
Speaking	3 Parts		11~14분

IELTS Reading(Academic Module)

지문유형과 문제유형

리딩지문은 우리가 일상적인 사회생활을 할 때 주변에서 흔히 접할 수 있는 여러 가지 매체(광고, 안내책자, 잡지, 책, 신문, 저널, 알림판, 메뉴) 등이 자주 출제됩니다. 섹션(지문) 3에서 간간히 아카데믹 관련 주제가 나와서 섹션 1, 2에 비해 난이도가 높게 느껴지지만, 전문지식을 묻는 게 아니므로, 본 책에서 제공하는 리딩스킬과 문제 접근방법에 따라 차분하게 문제를 풀어 나가도록 하십시오.

☐ 지문유형

광고	안내책자
잡지	책
신문	저널
알림판	메뉴 등

☐ 문제유형

선택형 문제	참, 거짓, 주어지지 않음 문제
빈칸 채우기 문제	단답형 문제
문장 완성형 문제	제목 찾기 문제
연결시키기 문제	분류하기 문제 등

시험점수와 결과 통보

각 문제당 1점씩 계산됩니다. 전체 문항 중 맞은 개수를 합하여 IELTS 점수표로 환산하면 시험점수가 나옵니다. IELTS의 점수(Band Score) 분포는 0에서 9까지이며, 리스닝, 리딩, 라이팅, 스피킹의 점수를 모두 합하여 4로 나누면 평균점수(Overall)가 산정됩니다.

IELTS 시험은 2006년 5월 1일부터 시험응시 후 3개월 이내에 재응시가 불가능했던 규정이 변경되어 수험생이 원하는 시간에 언제든지 응시가 가능해졌습니다. 또한 라이팅과 스피킹의 정수점수(Whole Mark)만 받을 수 있었던 점수 평가제도가 2007년 7월 1일부터 반점(Half Mark)도 받을 수 있도록 바뀌었습니다. 시험결과는 보통 시험일부터 2주 후에 받아볼 수 있습니다.

All About IELTS [READING]

PART 1

INTRODUCTION

Chapter 1   Reading Skills

1   리딩이 향상되는 기본원리

영어책을 읽을 경우 모르는 어휘가 있다고 즉각적으로 사전을 뒤적여 어휘를 찾으면, 흐름이 끊어지게 됩니다. 전체 내용을 파악하는 데 특정 어휘를 몰라도 지장이 없는 경우가 많습니다. 두뇌는 개별 정보보다는 전체 정보를 총체적으로 인식하므로 글을 계속 읽다보면, 자동적으로 의미를 파악하게끔 되어 있습니다.

책을 읽을 때 전체 정보를 파악하고 문장을 이해하는 것이 중요합니다. 때로는 사전 지식을 바탕으로 예측을 하며, 정해진 분량을 모두 읽은 후에 다시 책의 내용을 확인합니다. 이런 식으로 많은 연습을 하게 될 경우, 리딩에 자신감이 생길 뿐 아니라 읽는 속도도 빨라지고 결과적으로 다독이 가능해집니다.

2   다독과 정독

우리가 리딩에 대해 생각을 할 때, 첫 번째 단계는 책을 한 페이지씩 읽어나가는 것입니다. 기본 단계에서 생각하면 이런 방법이 적절하지만, 리딩의 목적과 연관시켜 볼 때 책의 내용을 효과적으로 이해하기 위해 고려해야 할 사항이 있습니다.

자투리 시간을 이용하여 여유롭게 소설책을 펼쳤다면 편안한 마음으로 어휘와 일반적인 내용을 파악하면서 독서를 하게 되고, 시간을 정하지 않고 읽고 싶은 만큼 책을 읽습니다. 그리고 시간적 여유가 생길 때 다시 책을 펴서 다시 읽어나가게 됩니다. 물론 읽은 지 오래되어서 내용이 생각나지 않는 경우를 제외하고 보통의 경우는 앞 부분을 다시 읽지는 않습니다. 이런 형태의 독서를 다독(Extensive reading)이라고 합니다. 즉 취미와 즐거움을 위해 책을 읽는 것을 말합니다. 독서가 안락함을 주는 하나의 도구가 되며, 독서에 몰입하지 않고, 단지 읽는 자체가 즐거움이 됩니다.

정독(Intensive reading)은 다독과 다른 독서 형태입니다. Intensive라는 어휘에서 알 수 있듯이 '집중'을 한다는 의미입니다. 즉 많은 집중을 요하는 독서형태입니다. 짧은 시간 동안 집중해서 읽어야 하는 경우가 많습니다. 문장의 내용을 이해하고 정보를 암기하려고 하기 때문에 쉽게 피곤해집니다. 정독을 하는 목적은 학습에 필요한 과정이기 때문입니다. 우리는 특정 주제와 관련된 전문용어로 가득한 교재를 읽을 때 정독을 합니다. 그 주제에 기본적인 지식과 상식을 확장시킬 필요가 있습니다. 경우에 따라서 시험준비를 위해 혹은 시험에 출제된 보기 문제의 숨은 의미와 문제 형태를 파악하기 위해서 정독이 필요합니다.

다독과 정독의 가장 큰 차이는 사용되는 언어의 형태입니다. 일반적인 소설의 경우 이야기의 흐름 혹은 주인공들의 대화를 통해서 내용을 쉽게 이해합니다. 사용되는 언어도 대부분 구어체이며 격식을 갖추지 않은 경우가 많습니다. 서술이 딱딱하지 않고 시간을 거슬러 과거를 말하는 경우도 있고, 때로는 정확하지 않은 문장구조를 사용하기도 합니다. 예를 들면 문장의 시작을 And 혹은 Or로 하는 것이 일반적인 실례입니다. 하지만 이런 식의 문장은 문장구조상 정확한 방법은 아닙니다. 사람들이 실생활에서 문장을 시작할 때 이런 접속사를 많이 사용하지 않기 때문입니다.

이와 반대로, 정독을 해야 하는 책들은 독자들에게 형식에 맞는 언어를 제시합니다. 문장이 정확하게 시작해서 정확하게 끝나야 합니다. 어휘의 수준도 정교하고 학술적인 전문용어가 등장합니다. 따라서 독자들은 특정 부문과 상황을 이해할 수 있어야 하며 전문서적에 나오는 주제별 어휘에 익숙할 경우, 독서의 속도가 빨라지게 됩니다.

두 가지 독서 방법을 모두 사용해야 할 필요가 있습니다. 다독을 할 경우 어휘 실력이 쌓이게 됩니다. 특정 주제의 책을 읽으면 그와 관련된 어휘를 습득하게 되며, 어휘와 친숙해지고 유사어와 반의어도 알 수 있습니다. 여유를 갖고 취미활동으로 독서를 할 경우 두뇌는 서서히 영어가 어떻게 사용되는지에 대한 감을 잡게 됩니다. 그래서 영어식 문장구조와 구문 그리고 함께 쓰이는 어휘에 익숙해지면 영어실력이 향상됨을 스스로 느끼게 됩니다. 이런 식의 독서를 많이 하다 보면 자연적으로 작문의 기교도 함께 향상되는 효과도 얻게 됩니다.

주의해야 할 점은 처음부터 영어책을 정독하는 것은 결코 편안함과 안락함을 주지 않는다는 사실입니다. 영어를 모국어로 사용하고 있는 사람들에 비해 더 강도 높은 집중력을 요하는 힘든 작업이기 때문입니다. 대부분의 경우 리딩기법을 익히기 위해서 많은 시간을 독서에 할애해야만 하며, 이런 과정이 반복된 후에야 비로소 읽는 속도가 빨라지게 됩니다. 짧은 분량의 책을 선택하여 그 주제와 관련된 어휘들에 익숙해지기 위해서는 끝까지 읽는 것이 중요합니다. 그렇게 함으로써 끝까지 읽어나갈 때 주제와 관련된 어휘를 확장시킬 수 있습니다. 또한 주제와 관련된 어휘들을 정리한다면 나중에 빨리 찾아볼 수 있는 참고자료가 될 수 있습니다. 가장 중요한 사실은 짧은 시간 내에 최대한 집중해야 한다는 것입니다. 이때 분량이 적은 책을 선택하는 것이 이해를 증진시키며, 책을 읽은 후에 어휘들이 자연스럽게 두뇌 속에 잔영으로 남게 됩니다.

3 리딩 스타일 요약

다독
- 즐거움을 위한 독서입니다.
- 안락한 상태로 독서를 즐기며, 고도의 집중력을 필요로 하지 않습니다.
- 오랜 시간을 두고 읽을 수 있습니다.
- 짧은 기간 동안 기억하게 됩니다.
- 일상생활에서 쓰이는 구어를 사용합니다.
- 독서 자체의 질을 고려하기보다는 많은 독서량에 기준을 둡니다.

정독
- 정보를 찾기 위한 독서입니다.
- 고도의 집중을 요하는 독서 형태입니다.
- 짧은 기간에 집중적으로 읽는 것이 더 효과적입니다.
- 오랜 기간 동안 기억하게 됩니다.
- 형식적인 언어를 사용합니다.
- 많은 독서량보다는 독서 자체의 질을 고려합니다.

Hot Tips
- 기회가 있을 때마다 책을 읽는 연습을 한다.
- 다독과 정독의 두 가지 형태의 독서방법을 적절하게 활용한다.
  - 다독 : 통학이나 통근 길에 소란한 버스 안에서 가벼운 소설을 읽는다. 주변의 소란스러움이 독서를 방해하므로 처음에는 어휘 수준이 높지 않은 책을 읽어 보자.
  - 정독 : 도서실에서 책을 빌려서 책의 일부분을 읽는 연습을 한다. 특히 내용을 이해하고 정보를 습득하는 데 초점을 두도록 한다.
- 영어로 된 신문은 주제와 관련하여 형식을 갖춘 문장으로 좋은 학습재료이다.
- 기회가 된다면 특정 주제에 관한 짧은 기사를 수집하는 것이 좋은 방법이 될 수 있다. 기사를 오려서 스크랩북에 보관해보자. 예를 들어 환경관련 기사만 한 곳에 묶어두도록 한다. 이 기사를 생각날 때마다 꺼내어 다시 읽도록 한다. 특정 주제와 관련된 어휘들이 시간이 지남에 따라 축적되어 어휘력이 향상됨을 스스로 느끼게 될 것이다.
- 휴대용 단어장을 만든다.

리딩 기법과 효과적인 응용 방법

책의 내용에 어느 정도로 몰두하는지에 따라 리딩의 목적이 구분됩니다. 리딩스킬이란 책을 더욱 효과적으로 읽을 수 있도록 도움을 줄 수 있는 방법들을 말합니다. 리딩스킬을 배우면서 우리는 IELTS에 출제되는 문제 유형별에 따른 관련 지문들은 빠르고 정확하게 읽을 수 있게 됩니다. 요컨대 리딩스킬로서 필요한 사항들은 아래와 같습니다.

- 예측 Prediction
- 스키밍 Skimming
- 스캐닝 Scanning
- 정독 Intensive Reading
- 추론 Inference

각각의 리딩스킬은 따로 배워야 합니다. 목차상 처음 단계인 '예측하기'는 다음 단계의 리딩스킬인 '스키밍'에 영향을 미치게 됩니다. 하지만 효과적인 학습방법은 한 지문당 개별적인 리딩스킬을 적용하여 연습하는 것이 바람직합니다. 다시 언급하자면 의식적인 노력과 연습을 통해서만 리딩스킬이 자연스럽게 습득되어 문제를 보면서 필요한 리딩스킬을 쉽게 찾을 수 있게 됩니다.

Skill 1 예측 Prediction

예측하기란 이미 알고 있는 정보를 근간으로 **생각을 도출해내는 것**을 말합니다. 예측의 기법을 사용할 때 정확도에 대해 생각해야 합니다. 기본적으로 정확도는 특정 분야에 관해 어느 정도의 정보를 가지고 있느냐에 따라 달라집니다. 예를 들면, 이런 상황을 생각해봅시다.

아침에 커튼을 열고 수평선에 검은 구름을 보았습니다. 아침을 먹으면서 구름이 점점 짙어지고 검게 변하는 것을 알았습니다. 그런 경우 우리는 어느 정도 정확하게 오늘 비가 올 것이라는 예측할 수 있으며, 출근 시 우산을 챙겨서 나갈 것입니다. 이런 경우 우리의 예측에 따른 판단은 즉각적인 행동으로 옮겨지게 됩니다.

이것은 익숙하지 않은 지문을 접하게 될 때 근본적으로 어떻게 예측이 작용하는지를 설명해줍니다. 만일 그림이나 도표가 있다면 두뇌는 우선 그림을 자동적으로 인식하게 되어 많은 정보를 생각하게 됩니다. 그 다음 시선이 제목과 주제문으로 쏠리게 됩니다. 그것을 읽으면서 두뇌는 다음 단계로 도약하여 주제와 관련된 모든 자료를 떠오르게 합니다.

We ask ourselves questions about the topic.
주제와 관련하여 제기되는 질문은 아래와 같습니다.

> - What do I know already? 이미 알고 있는 사실이 무엇인가?
> - What have I seen? 내가 무엇을 보았는가?
> - What have I read? 내가 무엇을 읽었는가?
> - What have I experienced? 내가 무엇을 경험했는가?

이런 일련의 과정들은 보통 무의식적으로 진행됩니다. 문장이 어떻게 진행될지에 관한 예측이 자동적으로 생기면서 그 주제와 관련된 어휘들이 즉각적으로 떠오르고 문장을 이해하게 됩니다. 근본적으로 우리의 두뇌는 예측과 함께 그 주제와 연루되면서 문장의 이해력을 극대화하게 됩니다.

예측이 항상 옳을 수는 없습니다. 다행히, 예측 자체가 중요하지는 않습니다. 우리가 알아야 할 주요소는 우리가 이해할 준비가 되었다는 것과 지문에 개입되고 있다는 것입니다.

만일 뉴스에서 이런 제목을 보았다면 우리는 이 문장의 의미를 파악하려고 합니다.

> **Dog Drags Boy to Safety** 개가 소년을 구하다

우리는 스스로에게 다음 문제들을 제기할 것입니다.

- What dog? 어떤 개?
- What boy? 어떤 소년?
- How old is he? 소년이 몇 살일까?
- Dragged him from what? 소년을 어디에서 구했지?

즉각적으로, 두뇌는 이와 관련된 유사한 이야기나 기사 혹은 경험에 근거를 두고 위의 질문에 대답을 하려고 합니다.

- Probably a big dog. Big enough to drag someone.
  아마도 큰 개일 걸. 개가 커야지 사람을 끌 수 있잖아.

- The boy probably owns the dog. The dog was bonded through loyalty.
  소년은 아마도 개 주인일걸. 개는 충성심이 강하잖아.

- The boy is probably young.
  소년은 아마도 어린이일걸.

- Possible places to be dragged from: Out of a burning house. Out of a swimming pool or pond. Off the road.
  어디에서 구해냈을까? : 불타는 집. 수영장이나 연못. 도로에서

질문에 대한 정확한 대답은 기사를 읽어야만 알 수 있습니다. 기사를 읽게 될 동기는 상황과 관련되어 제기되는 의문에 대한 답을 구하고자, 혹은 상황을 심층적으로 이해하려고 할 때입니다. 이미 우리는 자동적으로 기사와 관련이 되었으므로 기사나 지문을 읽을 확률이 높아졌습니다. 제목은 우리의 관심을 끌고, 우리는 이야기의 결론을 추측하기 시작한 것입니다.

Hot Tips

예측 연습방법

- 영어로 된 신문을 사용하세요.
- 짧은 기사를 찾아서 그림과 제목과 기사를 따로 오리세요.
- 이제 우선 그림을 보세요. 그림이 무엇을 알려주나요?
- 제목을 살펴보세요. 이 주제에 대해 이미 알고 있는 것이 무엇입니까?
- 기사와 관련된 예측을 적어보세요.
- 정확히 예측했다는 것을 확인하기보다는 그 기사를 예측하면서 관련되어 일어났던 행동들을 기억하면서 정확성을 갖고 기사를 확인하세요.

Skill 2 스키밍 Skimming

스키밍은 시험을 치르는 학생들에게 가장 유용한 스킬로서 효과적인 읽기방법 중 하나입니다. 스키밍을 한다는 것은 지문을 빠른 시간 내에 훑어보는 스킬입니다. 근본적으로 독자에게는 읽는 속도가 관건이므로 지문의 전반적인 사항만 파악하면 됩니다. 다시 말하자면 일반적으로 읽는 속도보다도 더 빠른 시간 내에 많은 양의 정보를 읽어야 하며, 지문이 함축하고 있는 내용을 이해하는 수준만 되면 됩니다.

스키밍의 주요 관건은 **속도**입니다. 그러므로 독자들은 모르는 내용을 찾기 위해 멈추지 말고, 전체 내용을 이해하려는 의도로 읽어야 합니다. 모르는 어휘는 모르는 대로 넘어가야 합니다. 각 어휘의 뜻을 완전히 모르더라도 단락을 거의 완벽하게 이해하는 경우도 있습니다. 우리의 두뇌는 빈 공간을 스스로 채워가면서 문장을 의미 있게 만들고 다음 문장으로 바로 옮겨 갑니다. 정보를 낱개로 기억하기보다는 전체 정보를 한꺼번에 파악합니다. 즉 빠르게 읽으면 읽을수록 두뇌는 정보 전체를 인지하게 됩니다.

리딩스킬을 사용하기 전에 왜 이 스킬을 사용해야 하는지 이해해야 합니다. 스키밍은 독자들이 방대한 양의 지문을 살피면서 지문 속의 주제를 파악하며 **전체적인 의미**를 이해하는데 초점을 두는 것입니다.

그럼 전체적인 의미란 무엇입니까? 지문이 잘 짜여진 글은 각 단락마다 주제문장을 갖고 있습니다. 일반적으로 각 단락은 다음과 같은 형식으로 이루어집니다.

1. 첫 번째 문장 **First sentence**
   → 주제문장 **Topic sentence** : 그 지문의 주제를 소개합니다.

2. 두 번째와 세 번째 문장 **Second and third sentences**
   → 설명문장 **Explanation sentences** : 설명하는 문장이 따라옵니다.

3. 네 번째와 다섯 번째 문장 **Fourth and fifth sentences**
   → 주제확장문장 **Expansion sentences** : 주제를 심화하기 위해 필요한 문장을 확장합니다.

4. 여섯 번째 문장 **Sixth sentence**
   → 예시문장 **Example sentence** : 심도 깊은 이해를 돕기 위해 주제와 관련된 예문을 제시하거나 주제를 묘사하기도 합니다.

5. 일곱 번째 문장 **Seventh sentence**
   → 결론문장 **Concluding sentence** : 결론 문구로서 문단을 마무리하는 문장입니다.

매 단락이 위와 같은 형식을 그대로 따르지는 않습니다. 단락이 더 길거나 짧아질 수도 있습니다. 때로는, 주제가 두 번째 문장에 오는 경우도 있지만 대부분의 경우는 첫 번째 문장에 위치합니다.

Read through the following example sentence and match the purpose for each sentence.

Dogs are delightful family pets. Many families enjoy the experience of owning and caring for a dog. Generally dogs are loving and loyal family members. They join us on family outings to the park or beach. They provide company for us when we are at home.

Consider the breed for a family dog, Labradors and Retrievers are excellent breeds. A 'people friendly' breed of dog allows the whole family to be involved in the care of the family pet. The children can help to feed and groom the dog and daily walks with the dog provides an opportunity for all to exercise. When you are considering having a pet for your family, remember the faithful and loving dog.

다음 예제 문장을 읽고 각 문장의 의도하는 목적을 연결시키시오.

개는 기쁨을 주는 가정의 애완동물입니다. 많은 가정이 개를 소유하고 돌보는 것을 즐깁니다. 일반적으로 개는 사랑스럽고 충성스러운 가족 구성원입니다. 개들은 공원이나 해변으로 가족 나들이에 동참합니다. 우리가 집에 있을 때도 우리와 함께 합니다. 집에서 키우는 개의 종류를 생각한다면, 레브라도와 리트리버 종이 좋습니다. '사람들과 친한' 종은 모든 가족 구성원들이 가정용 애완견을 돌보는 데 참여하게 합니다. 아이들은 개에게 먹이를 주고 손질하는 것을 도울 수 있고, 매일 하는 개와의 산책은 가족 모두에게 운동의 기회를 제공합니다. 가족을 위해 애완동물을 키울까 고려하고 있다면, 충실하고 사랑스런 개를 기억하십시오.

위의 예문에서 주제문장과 결론문장은 색글자로 표시하여 독자에게 전체적인 의미를 보여줍니다. 문장 사이는 주제문장을 확장 설명하는 것으로 예문을 제시하였지만, 근본적으로 주제문은 Dogs make good family pets.입니다. 주제 문장은 학생들에게 충분한 정보를 전달하며, 스킴 리딩을 계속할 수 있게 합니다. 독자들이 이런 기초적인 문맥의 구성을 이해하면 독서를 할 때 어떻게 집중을 해야 하는지 알게 됩니다. 글의 전반적인 주제를 소개하는 것이 주제문장임을 알게 됩니다. 이 문장에 더욱 집중을 할 경우 학생들은 재빨리 다음 문장에 올 만한 내용까지도 짐작할 수 있게 됩니다. 결론문장은 매우 중요한 부분으로서 지문의 주요 생각을 포함한 부분으로 다시 정리하면서 글을 마무리하게 됩니다.

효과적으로 스키밍을 하는 방법을 안다면 학생들은 많은 분량의 지문을 빠른 시간에 읽을 수 있게 됩니다. 그렇다면 리딩스킬을 효과적으로 연습하면서 스키밍의 스킬을 향상시키기 위해서 어떻게 해야 할까요?

가장 좋은 방법은 지문을 스키밍한 후에 반드시 학생들 자신의 어휘와 생각으로 다시 정리하는 연습을 하는 것입니다. 즉 읽었던 내용을 요약할 때 문장 속에 나왔던 어휘를 기억하려고 하지 말고, 본인의 어휘로 재빨리 말하도록 합시다. 그 후 다시 지문으로 돌아가서 천천히 읽어가면서 지문의 주요 생각을 이해했는지 확인하도록 합니다. 학생들이 스스로 요약한 내용이 정확했습니까?

스키밍은 학생들로 하여금 지문을 재빨리 읽도록 하는 것임을 명심하세요. 그 목적은 지문에서 전체 의미를 파악하는 것입니다. 독자들은 어느 기간 동안만 지문을 기억하게 됩니다. 하지만 빨리 읽었던 문장은 또한 빨리 잊어버리게 됩니다.

Hot Tips — 스키밍 연습방법

- 스키밍을 연습하기 위한 자료는 전체 정보의 덩어리인 그룹정보를 대상으로 하여야 합니다. 그러므로 예측 연습용보다는 지문의 내용이 길어야 합니다.
- 잡지, 신문, 서적, 그리고 인터넷을 사용합시다. 글로 쓰여진 것이면 어느 것이라도 스키밍을 할 수 있습니다. 다만 기억해야 할 것은 형식을 갖춘 글이 일반적인 단락 서술의 형식을 따른다는 사실입니다.
- 전체 문장을 한 눈에 훑어보도록 합니다.
- 리딩 시간을 기록합시다. 페이지당 소요되는 평균시간을 적습니다.
- 리딩능력이 향상됨에 따라 읽는 시간은 빨라지게 됩니다.
- 단락을 스키밍한 후 전반적인 이해가 맞았는지 확인하도록 합니다.
- 지문을 자신의 어휘와 생각으로 요약해봅시다.

Skill 3 스캐닝 Scanning

책을 읽을 경우 보통은 두 가지 스킬을 복합적으로 사용하는 경우가 많지만 스캐닝은 스키밍과 다른 리딩스킬입니다. 스캐닝의 주요 목적은 **특정 정보를 파악**하는 데 있습니다. 문제의 정답을 맞히기 위해 특정한 사실을 파악하고자 할 때 스캐닝 스킬을 사용해야 합니다. 문제의 유형을 살펴보도록 합시다.

- What date did Christopher Columbus discover America?
  크리스토퍼 콜롬버스가 아메리카를 발견한 때는 언제입니까?

- When were the dates of the reign of Queen Elizabeth I?
  엘리자베스 1세가 통치한 때는 언제입니까?

- Where was William Shakespeare born?
  윌리엄 셰익스피어는 어디에서 태어났습니까?

문제는 특정 정보를 묻는 경우로 정확한 대답을 위해 날짜와 장소를 찾아야 합니다. 다음 지문을 살펴보고 특정 정보를 스캔해 보세요.

William Shakespeare is perhaps the world's most renowned playwright. Yet little is known of his life. Over the centuries scholars have debated the details of his life and loves. Little has been confirmed as records are sparse to say the least. It is thought that he was born in 1564 in a small English town Stratford-upon-Avon. His actual birth date was not recorded however there are records confirming that he was baptised there on the 26th of April 1564.

윌리엄 셰익스피어는 아마도 세계적으로 가장 유명한 극작가일 것입니다. 그러나 그의 일생에 대해서는 거의 알려진 바가 없습니다. 수세기를 거쳐 학자들은 구체적인 그의 삶과 사랑에 대해 논쟁을 벌여왔습니다. 기록된 바가 많지 않아 확실하게 밝혀진 사실은 거의 없습니다. 그는 1564년 영국의 작은 마을인 Stratford-upon-Avon에서 태어난 것으로 여겨집니다. 그의 실제 출생 일이 기록되어 있지는 않았지만 그곳에서 1564년 4월 26일에 세례를 받았다는 것을 증명하는 기록이 있습니다.

효과적인 스캐닝을 하기 위해서 학생들은 다음의 주요 정보를 파악해야 합니다.
○ 이름, 출생지와 날짜.

William Shakespeare is perhaps the world's most renowned playwright. Yet little is known of his life. Over the centuries scholars have debated the details of his life and loves. Little has been confirmed as records are sparse to say the least. It is thought that he was born in 1564 in a small English town Stratford-upon-Avon. His actual birth date was not recorded however there are records confirming that he was baptised there on the 26th of April 1564.

스키밍과 스캐닝을 복합적으로 사용할 수 있습니다. 즉 지문을 스키밍하면서 재빨리 날짜와 장소와 같은 특정 정보에 표시를 하십시오. 하지만 이렇게 할 경우, 스키밍 속도가 느려진다는 것을 기억하십시오.

스캐닝기법이 필요한 경우는 지문속에서 임베디드(embedded 지문 속에 잠입된) 정보를 찾을 때입니다. 즉 임베디드 정보는 특정한 주제와 관련된 특별 정보를 말합니다. 이런 형태의 지문은 전문적인 용어 혹은 특수 용어(특정 관련 분야에서만 사용되는 어휘들)로 구성되어 있습니다. IELTS 리딩시험에서 이런 특수용어와 특정사실을 묻는 경우가 대부분이므로 스캐닝 기법이 필요하게 됩니다. 다음 지문을 읽어 보십시오.

In the mid 17th century inventors were turning their inquisitive minds towards the possibility of powered engines. Initially engine power utilised steam. Fire was required to heat the steam and the steam in turn pushed a piston. By 1859, a Belgium called Etienne Lenoir had invented an engine model that removed steam and relied on a two-step process, that of fire pushing the piston. The next development was a four-stroke engine developed simultaneously in France and Germany. The internal combustion engine was the result and was fuelled by a flammable mixture of air and 'coal gas.'

17세기 중반, 발명가들은 그들의 호기심을 동력 엔진의 가능성으로 돌리고 있었습니다. 처음 엔진은 증기를 이용했습니다. 불로 증기를 데우면, 그 증기가 피스톤을 움직였습니다. 1859년경, 벨기에 사람 에티엔느 르노와르는 증기가 아닌 화염으로 피스톤을 움직이는, 2행정 내연기관에 의지하는 엔진 모델을 발명하였습니다. 다음 단계로 4기통 엔진이 프랑스와 독일에서 동시에 개발되었습니다. 그 결과 내연엔진이 나왔고, 공기와 석탄 가스의 인화성 혼합물에 의해 연료를 공급받게 되었습니다.

이런 지문형태와 관련된 문제는 날짜와 위치에 관한 사항을 묻는 것 이외에 학생들로 하여금 특정용어를 찾게 합니다.

- Who is said to have invented the two-stroke engine?
  누가 2기통 엔진을 발명했다고 말해집니까?
- Where was the four-stroke engine first developed?
  4기통 엔진은 처음에 어디에서 개발되었습니까?
- What moving part of the engine is mentioned in the article?
  지문에서 언급된, 엔진의 움직이는 부분은 무엇입니까?

Review the text again for useful scanning information.

In the mid 17th century inventors were turning their inquisitive minds towards the possibility of powered engines. Initially engine power utilised steam. Fire was required to heat the steam and the steam in turn pushed a piston. By 1859, a Belgium called Etienne Lenoir had invented an engine model that removed steam and relied on a two-step process, that of fire pushing the piston. The next development was a four-stroke engine developed simultaneously in France and Germany. The internal combustion engine was the result and was fuelled by a flammable mixture of air and 'coal gas.'

스캐닝한 모든 정보가 문제로 출제되지는 않습니다. 그러므로 시험을 치를 때는 스캐닝을 해야 할 것이 무엇인지 알기 위해 문제를 먼저 훑어봐야 합니다. 주어진 시간 안에 문제를 풀어야 하기 때문에 시간관리와 배분이 중요합니다. 하지만 리딩스킬에 익숙해지는 연습을 위해서라면 모든 유용한 사실적인 정보를 스캔하는 것도 좋은 방법입니다.

Hot Tips — 스캐닝 연습방법

- 스캔 리딩을 연습하기 위한 자료는 전체 정보의 덩어리인 그룹정보를 대상으로 하여야 합니다.
- 다양한 형태의 읽기자료를 수집합니다. 가장 유용한 지문은 신문이나 특수용어를 습득하기에 적당한 전문자료가 좋습니다.
- 이름, 장소, 날짜, 사실을 찾는 데 초점을 두십시오.
- 사실적인 정보에 밑줄을 긋거나 형광펜으로 표시하십시오.
- 형광펜으로 표시한 정보가 사실을 이해하는 데 주요 요소가 되었는지 확인하십시오.
- 방금 읽은 지문에 대해 질문으로 만들어질 만한 것이 무엇인지 생각해 보십시오. 당신이 표시해 두었던 정보들이 질문의 해답이 되었습니까?

Skill 4 정독 Intensive reading

학생들이 지문에 대해 충분히 이해하려고 할 때 정독이 필요합니다. 지문을 집중해서 천천히 체계적으로 읽어 나가야 합니다.

정독은 다독에 비해 더 힘이 들고 쉽게 피곤해지므로 처음에는 짧은 분량을 선택해야 합니다. 짧은 시간 동안 읽되, 고도의 집중력을 갖고 독서해야 합니다. 책을 읽어나가면서 전반적인 내용을 기억하고, 키워드와 특정 사실을 염두에 두도록 합니다. 정독은 스키밍과 스캐닝에 비해 당연히 읽는 시간이 오래 걸리게 됩니다. 쉽게 생각해도 지속적으로 신경써야 할 사항들이 많기 때문에 내용에 대한 이해도는 훨씬 깊습니다. 즉 학생들이 오랫동안 기억할 수 있는 장점이 있으며, 그 분야에 정통해질 수 있습니다.

효과적인 정독은 결코 단시간 내에 이루어질 수 없습니다. 인생에 있어, 어떠한 스킬을 배우더라고 일정한 시간과 노력이 필요합니다. 긍정적인 사고를 갖고 자주 연습을 하게 되면 어느 순간 정독의 달인이 될 것입니다. 결과적으로 방대하고 복잡한 지문을 대할 때도 자신감이 생기게 됩니다. 또한 집중하는 시간도 길어지게 되며 지문을 통해 얻을 수 있는 정보의 양도 많아지게 됩니다.

Acoustics in theatres and concert halls today are an area that is highly complex and if anything, is becoming more complicated by the day. Today sound engineers will measure the volume and capacity of a theatre. They will consider complex equations of space versus sound waves. Reflector walls are determined based on their reflective and absorptive qualities. It is all very complicated. A further complication, for example, is the fact that electronic devices will then be interspersed throughout the theatre to ensure that the audience at the very back is still assured of some sound quality. Interestingly enough, if we compare the theatres of today with the naturally formed amphitheatres of hundreds of years ago, we would find that the original bowl-shaped amphitheatre had excellent acoustic qualities. Perhaps technology and specialised expertise has over-complicated the subject and a return to the simple ways of old might serve us better.

오늘날 극장과 콘서트홀의 음향 효과는 고도의 복잡한 분야로 시간이 지남에 따라 더욱 복잡해지고 있습니다. 오늘날 음향 스킬자들은 극장의 크기와 넓이를 측정합니다. 그들은 공간과 음파간의 복잡한 식을 따집니다. 반사 벽은 반사량과 흡수량에 근거를 두어 결정됩니다. 이것은 매우 복잡한 사항입니다. 예를 들어, 더욱 까다로운 것은, 맨 뒤 좌석에 있는 청중들에게도 질 높은 음향을 보장해 주기 위해 극장 전체에 걸쳐 전자 장치를 해야 한다는 사실입니다. 흥미롭게도 현대식 극장과 수 백 년 전 자연스럽게 형성된 원형 경기장을 비교해보면, 원시적인 사발 모양의 원형 경기장이 뛰어난 음향효과를 가진다는 것을 알 수 있을 것입니다. 과학스킬과 전문가들이 그 분야에 있어서 지나친 복잡성을 추구하기 보다는, 오히려 단순한 옛날 방식으로 돌아가는 것이 현명한 대안을 제시할 수도 있습니다.

이 지문과 관련된 사항들은 매우 복잡한 것들입니다. 이 주제는 그 분야의 전문가가 아니고서는 대부분의 사람들이 알지 못하는 분야입니다. 이런 주제의 지문을 통해 정독을 하는 이유는 특정분야에 대한 이해를 돕기 위해서입니다. 지문에 포함되어 있는 정보 자체가 너무 특수한 용어들이기 때문에 이 지문을 사용하여 스캐닝을 하는 것은 의미 없는 작업이 됩니다. 독자들은 각 단락에 나오는 생소한 어휘들을 찾느라 리딩을 멈추게 되고 특수용어에 막혀 지문을 다 읽지 못하게 됩니다.

리딩을 하다보면 단락을 부분적으로 나누고 단락에서 정보군을 찾는 효과적인 방법을 배우게 될 것입니다. 단락을 다시 한 번 살펴보되, 이번에는 작은 정보군으로 나누게 되면 더욱 쉽게 이해가 간다는 것을 알게 될 것입니다.

- 주제문 Topic sentence
Acoustics in theatres and concert halls today are an area that is highly complex and if anything, is becoming more complicated by the day.

- 설명문 Explanation
Today sound engineers will measure the volume and capacity of a theatre. They will consider complex equations of space versus sound waves.

- 주제 확장문 Expansion of the topic
Reflector walls are determined based on their reflective and absorptive qualities. It is all very complicated.

- 예시문 Example given
A further complication for example, is the fact that electronic devices will then be interspersed throughout the theatre to ensure that the audience at the very back is still assured of some sound quality.

- 대조문 Contrasting example
Interestingly enough, if we compare the theatres of today with the naturally formed amphitheatres of hundreds of years ago, we would find that the original bowl-shaped amphitheatre had excellent acoustic qualities.

- **결론문 Concluding sentence**

    Perhaps technology and specialised expertise has over-complicated the subject and a return to the simple ways of old might serve us better.

결론적으로, 지문을 통해 전체 의미(Main idea)와 키워드(key words) 그리고 특정사실(Specific facts)을 알게 됩니다.

- **전체 의미 Main idea**

    Acoustics in theatres are complex.

    극장과 콘서트 홀의 음향학

- **키워드 Key words**

    Acoustics, complex, volume and capacity, sound waves, reflector walls, amphitheatres.

    음향학, 홀, 음량, 수용 능력, 음파, 반사 벽, 원형극장.

- **특정사실 Specific facts**

    Sound engineers are responsible for sound quality. Reflector walls absorb and reflect sound waves. Electronic devices are often necessary. Amphitheatres had good, natural acoustics.

    음향 스킬자들은 음질에 관해 책임을 집니다. 반사 벽은 음파를 흡수하고 반사합니다. 보통 전자 장치가 필요합니다. 원형극장은 자연적인 음향이 좋습니다.

이제, 이 지문을 정확도를 가지고 자신만의 언어로 요약할 수 있습니까? 이것은 지문을 외우라는 뜻이 아닙니다. 이 지문의 내용을 이해하고 상황을 설명하기 위해 자신의 생각과 언어를 사용하는 것이 가장 중요합니다.

Hot Tips — 정독 연습방법

- 주의 깊게 지문을 선택하십시오. 지문은 논리적으로 쓰여지고 어느 정도 학술적 수준을 갖추어야 합니다.
- 짧은 시간 내에 고도로 집중하여 읽으십시오.
- 천천히 읽는 시간을 늘려가십시오.
- 특히 전체 의미, 중심어, 특정사실에 주목하기 바랍니다.
- 지문을 자신만의 언어로 요약하십시오.

Skill 5 추론 Inference

1. 추론이란

책을 읽을 때 추론을 응용해야 하는 경우가 있습니다. 첫 번째는 문장 내에 모르는 어휘를 발견할 때입니다. 이 상황을 헤쳐가는 3가지 방법이 있습니다.

1. 재빨리 사전을 뒤져서 그 뜻을 찾아보기
   Run and find a dictionary and look up the meaning.

2. 당황하여 지문의 어떤 것도 이해하지 못하리라는 생각을 하기
   Panic, thinking that you will not understand any of the text.

3. 추론을 이용하기
   Use your powers of inference.

세 번째가 가장 좋은 접근 방법입니다. inference라는 어휘의 어근은 infer입니다. Infer는 '현존하는 정보에 근거하여 결론을 내린다'는 뜻입니다. 이런 원리를 다른 문장에 응용하여 학생들이 지문과 관련된 어휘를 보았을 때, 두뇌는 의미 있는 문장을 만들기 위해 작동하게 되며 그런 과정 속에서 어휘의 뜻을 추론하게 됩니다.

추론은 우리가 책을 읽어가면서 자연스럽게 생기는 능력입니다. 다른 한편으로 우리는 이런 스킬을 의식적인 연습을 통해서 개발할 수 있습니다. 모르는 어휘가 나타났을 때 자동적으로 두뇌는 문장의 주변 어휘를 살피면서 전체 문장에 의미가 통할 수 있는 대략적인 의미를 찾습니다. '자동적으로'라는 말에 유의하십시오. 하지만 자동적으로 떠오르는 모든 기법들을 자유롭게 활용하기까지에는 많은 연습이 필요하다는 사실을 명심하십시오.

어휘를 추론하는 방법은 여러 가지가 있습니다. 만일 한 가지 방법에 만족스럽지 않다면 다른 방법도 시도해 볼 수 있습니다.

2. 효과적인 추론 방법

문장 내의 어휘를 보십시오. 만일 어휘의 뜻이 분명하지 않다면 문장 내의 주변 어휘를 살펴보십시오. 종종 앞뒤 문장을 보면 사전 지식에 근거하여 모르는 어휘의 뜻을 유추할 수 있거나, 앞뒤 문장 자체가 충분한 의미를 내포하여 거리낌없이 읽어 나갈 수 있습니다.

주변의 어휘들이 즉각적으로 충분한 단서를 주는 것은 아닙니다. 이때는 문장 전체를 다 훑어봐야 합니다. 그 단락의 전반적인 내용을 파악하도록 합시다. 모르는 어휘가 전반적인 내용과 어느 정도 관련이 있습니까? 모르는 어휘가 차지하는 비중이 어느 정도입니까? 모르는 어휘가 특정 분야에 관련된 전문용어일 경우 정의를 파악할 필요 없이 다음 문장으로 바로 넘어가도록 합니다.

두뇌는 놀라운 기관으로 그 능력은 우리를 둘러싼 모든 세계에 각각의 의미를 부여합니다. 즉 우리들이 문장의 모든 어휘의 의미를 이해하지 못하더라도, 두뇌는 스스로 의미가 통할 수 있도록 그 활동을 멈추지 않습니다.

Read the following text. Allow your brain to fill in the blanks and make sense of it.

Last Saturday, my family and I went to the zoo. We saw lots of wonderful _____. The chimpanzees were doing funny tricks for their audience. The lions however seemed disturbed by something. They were pacing and roaring, which was quite _____ for the little children.

다음 지문을 읽으십시오. 두뇌를 이용하여 빈칸을 메우고 뜻이 통하게 하십시오.

지난 토요일, 우리 가족은 동물원에 갔습니다. 우리는 많은 멋있는 _____ 을 보았습니다. 침팬지는 관중을 위해 재미 있는 재주를 부렸습니다. 하지만 사자는 사람들을 귀찮아하는 듯 했습니다. 그들은 어슬렁거리며 으르렁거려, 어린 아이들을 매우 _____ 만들었다.

이 지문에는 두 칸이 비어있고 이곳에서 지적해야 할 점은 두 개가 있습니다.

첫 번째, 만일 빈 칸 두 곳을 매울 수 없다면 전체적인 의미를 이해해야 합니다. 즉 우리 가족이 동물원에 갔다는 사실을 기억하십시오. 첫 번째 빈 칸에 올 수 있는 어휘는 animal밖에 없습니다. 주변의 문장을 살펴보십시오. 동물원에서 무엇을 볼 수 있습니까? 그러므로 이 빈 칸은 쉽게 채워집니다. 두 번째 빈칸에는 몇 가지 다른 선택사항이 있을 수 있습니다.

- 그들은 어린 아이들에게 매우 _____ 하듯이 어슬렁거리며 포효했습니다.

다음 어휘들은 완벽하게 의미를 통하게 해주는 것들입니다.

→ Scary / Frightening / Terrifying

어떤 어휘를 선택하든지 간에 의미는 동일하다는 사실입니다. 이것이 추론기법의 이점이며 우리가 배워야 하는 요지가 됩니다. 작가가 의도하는 정확한 어휘가 떠오르지 않더라도 문맥의 흐름에 거스르지 않는 정도의 의미를 사용해서 빈 칸을 메워도 괜찮은 경우가 많습니다.

결론적으로 추론에서는 모르는 어휘가 있을 때마다 사전에서 정확한 의미를 찾으라고 하지 않습니다. 추론을 사용해야 하는 두 가지 이유는 아래와 같습니다. 첫 번째는 추론할 수 있는 능력을 이용하여 의식적으로 **어휘의 지식을 확장**하고 **문장구조를 익히기** 위해서입니다. 이런 행위는 영어어휘의 확장을 위해 시도해 볼 만한 가치 있는 작업입니다. 두 번째 어휘의 뜻을 사전에 의존하여 찾지 말아야 할 이유는 읽는 동작을 중단해야 하기 때문입니다. 우리의 두뇌는 총체적인 정보를 기억하는 능력이 있어 매번 휴지기를 갖게 되면, 총체적인 정보의 흐름을 끊는 상황이 되며 이것은 단락 전체를 이해하는 데 방해가 됩니다. 문장 전체를 추론하면서 한꺼번에 끝까지 읽어 가면 더 많은 장점이 있다는 사실을 기억하기 바랍니다.

3. 작가의 의견 파악

책을 읽을 때 추론을 응용해야 하는 또 다른 이유는 작가의 의견을 파악하기 위해서입니다. 작가의 의견이 문맥에 명확하게 기재되지 않을 경우, 문장 속의 많은 어휘와 정보를 근간으로 하여 독자들은 그 **지문의 결론에 도달**할 수 있습니다.

Pollution is increasing in all the first world countries. There are two primary factors pumping out filthy pollution and these are industry and cars. The ugly reality is every day that this continues our lungs will continue to fill with grime and smog resulting in a rampant variety of diseases such as cancer. It is high time that governments put stricter controls on industries. We also need to take individual responsibility for our health and the health of the planet by stepping out of our cars and considering greener modes of transport.

오염은 모든 선진국에서 증가되고 있습니다. 더러운 오염 물질을 뿜어내는 두 가지 주요 요인이 있는데 그것들은 산업체와 자동차입니다. 추악한 현실은 이와 같은 현상이 계속되는 동안, 사람들의 폐가 지속적으로 먼지와 스모그로 가득 차게 되어 결국 암과 같은 여러 질병이 만연하게 된다는 것입니다. 정부가 산업체에 대해 더욱 강한 통제 조치를 취해야 할 시기입니다. 또한 우리 모두가 이제 자동차를 버리고 공해가 덜한 교통수단을 이용함으로써 우리의 건강과 지구의 건강을 위해 각 개인이 책임감을 가질 필요가 있습니다.

위 예문은 작가가 공해에 대한 강한 반감을 갖고 정부와 개인 차원에서 변화를 주장하는 것을 쉽게 추론할 수 있습니다. 작가가 직접적으로 그/그녀의 의견을 서술하지 않았지만 사용된 언어로 봐서 작가가 이 분야에 강한 주장을 하고 있고 그/그녀의 견해가 매우 명백함을 알 수 있습니다.

이 예문은 의도적으로 견해를 분명하게 설명하는 경우이며, 모든 지문들이 위와 같이 작가의 의도를 확실히 피력하지는 않습니다. 만일 작가의 의견을 추론하기가 애매한 경우 견해를 어떻게 펼치는지 살펴야 합니다. 부정적인 입장인가 아니면 긍정적인 입장인가? 이것으로 작가의 의견을 판가름할 수 있습니다. 이를 위해 묘사를 위해 사용된 언어를 살펴보아야 합니다. 형용사 사용이 긍정적인가 아니면 부정적인가? 위의 지문을 보면 ugly reality와 filthy pollution에서 ugly와 filthy는 강하게 부정의 의미를 갖습니다. 이러한 것들은 매우 감정적인 어휘로 독자들의 감정 몰입을 유도할 때 작가의 견해에 동조하도록 할 때 사용됩니다.

추론기법을 사용하면 지문의 이해를 훨씬 향상시킬 수 있습니다. 의도적으로 추론을 할 때 적극적으로 지문에 연루됩니다. 두뇌의 활동도 단순히 지문을 훑어볼 때와 달리 지문을 더 심도 깊게 이해하려 할 것이고 지문이 두뇌의 잔영으로 남는 기간도 장시간이 됩니다. 결론적으로, 사전은 확실하게 유용한 도구이지만 처음 선택이 아닌 마지막 해결책으로서 사용해야 합니다.

> **Hot Tips**
>
> **추론 연습방법**
>
> - 지문을 신중하게 선택합니다. 지문은 편안하게 읽을 정보보다는 난이도가 약간 높은 것이어야 합니다. 왜냐하면 추론하는 능력을 확장시킬 수 있기 때문입니다.
> - 짧은 시간 내에 집중해서 읽도록 합니다. 모르는 어휘가 나오면 추론하십시오. 지문을 모두 읽은 다음 사전을 이용하여 추론의 정확도를 확인하십시오.
> - 언어의 사용 형태를 인지하도록 합시다. 지문에 명확하게 기재되어 있지 않더라도 주제와 관련하여 작가의 의도를 짐작할 수 있습니까?
> - 특히 문장의 앞뒤 문맥과 단락에 주의를 기울이십시오.
> - 두뇌를 이용하여 공간을 메우도록 하시오. 정확도는 나중에 확인하도록 합니다.

리딩스킬 활용 방법

- 처음에는 이 책에 소개된 순서에 따라 각각 리딩스킬을 연습하도록 합니다.
- 방법론에 의거하여 반복적이며 규칙적인 리딩연습을 합니다.
- 리딩스킬을 어떻게 적용할지를 생각하고 리딩활동에 따른 적절한 스킬을 적용했는지 확인하도록 합니다.
- 리딩연습 후에는 반드시 지문을 자신의 언어와 생각으로 요약해보며 정확도를 스스로 확인합니다.
- 점차적으로 다양한 리딩스킬을 혼합하여 사용합니다.
- 처음 단계는 추측하기와 스키밍을 혼합하여 사용합니다. 스키밍이 끝난 후에는 예측의 정확도를 확인하도록 합니다.
- 추측하기와 스키밍에 스캐닝을 첨가하여 사용합니다. 먼저 스캐닝을 하면서 찾아야 할 정보의 유형을 미리 생각해야 합니다.
- 스키밍과 정독을 혼합하여 읽습니다. 정보를 얻는 데 어떤 차이가 있는지 비교하고 연구하도록 합니다.
- 목적을 갖고 추론하기를 활용하여 점차적으로 어휘 실력을 향상시켜 영어로 논술할 때 도움이 되게 합니다.
- 읽고, 읽고, 읽고, 계속해서 읽습니다. 읽기가 최상의 방법입니다.

여러분에게 '행운이 있기를' 이라고 말하고 싶지만 솔직하게 운이란 위의 모든 리딩스킬을 학습하지 않고서는 기대할 수 없습니다. 새로운 스킬을 익히고 학습하기 위해서는 시간과 노력이 필요합니다 새로운 스킬을 더 많이 사용할수록 리딩이 더 수월해집니다. 의식적으로 새로운 리딩스킬을 사용하고 이런 과정이 반복되면 어느 순간 본인들의 리딩실력이 향상되었음을 발견하게 될 것입니다.

Chapter 2 — Question Types

다음 지문을 사용하여 시험에 출제될 만한 여러 가지 문제 유형을 이해하도록 합시다. (관련 지문 21p)
Use the following text to evaluate your understanding of the various question types you may be given in the test situation.

Type 1 선택형 문제: A, B, C 또는 D Multiple Choice: A, B, C or D

4가지 선택사항이 주어지게 됩니다. 하나의 정답을 골라 답안지에 쓰시오.
Four choices are given. You may only choose one letter as your answer.

State the reason why dogs make good family pets.
A. Short haired dogs do not shed fur.
B. Dogs are usually loving and loyal family members.
C. Rabbits do not live for a long period of time.
D. Children love dogs.

개가 가정의 애완동물로 좋은 이유를 설명한 문장은.
A. 짧은 털을 가진 개는 털갈이를 하지 않는다.
B. 개는 일반적으로 사랑스럽고 충성스런 가족 구성원이다.
C. 토끼는 오래 살지 못한다.
D. 아이들이 개를 사랑한다.

◉ 정답은 B입니다. 지문에서 사용되었던 어휘와 약간의 차이가 있더라도 의미하는 것은 동일합니다. A는 개를 소유하는 사람들이 고려해야 할 점이지만 주요 이유는 되지 않습니다. C는 개의 소유와 관련된 문장으로 토끼의 출현은 타당하지 않고 게다가 일반적으로 애완동물 소유관점에서도 벗어난 문장입니다. 아마도 처음에는 아이들이 개를 좋아하기 때문에 D가 정답일 가능성이 있다고 생각할지 몰라도 그것이 주요 이유가 되지 않고 지문에도 명시되어 있지 않아 정답으로 고를 수 없습니다.

Hot Tips 경우에 따라서 주어진 답안 중 4개 중에 하나는 한눈에 봐서도 정답이 아닌 것이 있을 수 있습니다. 이때는 그것을 선택에서 우선 제외시키고 정답을 찾도록 합시다. 지문에 사용된 동일한 어휘가 그대로 사용되는 경우가 많지 않으므로 어휘의 의미를 생각하며, 유사의미를 지닌 어휘를 찾는 것이 좋은 방법입니다.

Type 2 빈칸 채우기 문제 Gap Fill

문장에 빈 칸이 있는 짧은 글이 소개됩니다. 상자 안에 관련된 단어와 구를 골라서 답안을 작성하시오.
A short passage will be given with gaps in the sentences. You may choose a word or phrase from the associated box to fill in the answer.

Choose the answer from the box.

| Love | Loyalty | Pets | Animals |
| Loyal | Children | Family | |

Dogs are wonderful family 1._____. They are trustworthy and 2._____. The entire 3._____ can help to take care of them.

상자에서 답을 고르시오.

| 사랑 | 충성스러움 | 애완동물 | 동물들 |
| 충성스러운 | 아이들 | 가족 | |

개는 기쁨을 주는 가정의 1. <u>애완동물</u>입니다. 그들은 믿을 만하고 2. <u>충성스럽습니다</u>. 3. <u>가족</u> 전체가 그들을 돌볼 수 있습니다.

The answers are:
1. Pets
2. Loyal
3. Family

다른 가능성을 생각해 봅시다.

1. **Dogs are wonderful family <u>animals</u>.**
   ◐ 이것은 좀 이상하게 들리고 어휘의 결합도 이런 식으로 사용되지는 않습니다.

[READING _ Academic Module]

2. They are trustworthy and <u>loyalty</u>.
   ◯ 문법적인 통일성을 고려해 보면 품사가 일치되지 않기 때문에 이렇게 사용될 수 없습니다.

3. The entire <u>children</u> can help to take care of them.
   ◯ 전체 아이들이라고 말하는 자체가 오류이므로 정답이 될 수 없습니다.

Hot Tips 학생들이 정답으로 선택한 어휘가 문장의 내용으로 미루어 의미가 통하는지 확인하고 문법적으로도 맞는지 확인해야 합니다.

Type 3 문장 완성하기 Sentence completion

문장 완성하기는 학생들이 짧은 문장 속에 빠진 단어를 채우게 하는 시험유형입니다.
Sentence completion will involve the reader completing a short sentence with the missing word.

> **Excellent choices for the family pet include Labradors and _____.**
> 가정용 애완동물로 훌륭한 선택은 래브라도와 리트리버스입니다.

◎ 정답은 Retrievers로 정보는 지문에서 바로 찾을 수 있습니다. 반드시 복수형을 사용해야 합니다.

Hot Tips 경우에 따라서 이런 문제의 유형은 작가의 의도를 추론해서 정답을 작성해야 합니다. 예를 들면, 작가는 분명히 개를 애완동물로 키우는 것이 좋다고 생각하고 있습니다.

Type 4 제목찾기 문제 Heading Questions

각 단락의 제목이 될 만한 가능성 있는 제목 목록이 주어지게 됩니다. 각 단락에 가장 적합한 제목을 고르는 문제로서 학생들이 전체적인 의미를 이해하는지 확인하기 위해 출제되는 문제 유형입니다. 보통 필요한 것보다 더 많은 제목이 주어지게 됩니다.

A list of possible headings will be given, one heading per paragraph. Choose the best heading for each paragraph. Note there will be more headings than are required.

Choose the best heading for the paragraph above.

A. The faithful, family dog.
B. Big dogs are better for the family.
C. Pets are beneficial in the family home.

아래 단락에 가장 적당한 제목을 고르시오.
A. 충직한, 가정용 애완견
B. 커다란 개가 가족에게 더 좋다
C. 애완동물은 가정에 이롭다.

◐ 개에 관한 이 단락의 가장 적당한 제목은 A입니다. 가정에서 애완견을 키우는 것과 관련된 최적의 제목으로 지문에 명확하게 명시되어있습니다. B의 경우 커다란 개가 가족에게 더 좋다. 비록 리트리버와 래브라도가 상대적으로 큰 개이기는 하지만 지문 어디에도 가정용 개를 고를 때 개의 크기와 관련하여 언급하지 않았습니다. C의 경우 가정용 애완동물이 이로울 수 있다는 그 문장 자체로는 참일 수 있으나 이 단락의 주제문이 아니므로 정답에서 제외시켜야 합니다.

Hot Tips 주어진 제목 중에 명백하게 옳지 않다고 생각이 드는 항목은 우선적으로 제외시켜야 합니다. 특히 너무 구체적이거나 너무 광범위한 예는 정답에서 제외시키는 것이 전략 중에 하나입니다. 제목과 첫 번째 문장은 종종 의미가 상통합니다. 제목과 단락에서 반복되는 키워드를 찾도록 합니다.

Type 5 연결시키기 문제 Matching Questions

대부분 연결시키기 문제는 독자들이 지문의 주제를 파악하고 단락과 단원에 연결시키도록 하는 형태입니다. 보통의 경우 2가지 선택 사항과 두 가지 모두에 해당되는 또 다른 선택사항이 있습니다. Usually matching answer questions requires the reader to consider the main subjects of the text and connect the subject with a related idea. There are usually two options plus a combination option as possible choices for your answer.

> What is excellent breeds for the family pet?
>
> (R) for Retrievers.
> (L) for Labradors.
> (R/L) for Retrievers and Labradors.
>
> 가정에서 개를 키우는 것을 생각할 때, 개의 성격을 조사하는 것이 매우 중요합니다. 때로는 품종에 따라 포악한 성격을 지닌 개가 있기 때문입니다. 믿음직스럽고, 충직하며 온순한 개가 일반적으로 가정용 애완견으로 적합합니다.

○ 정답은 (R/L)로서, 두 마리 모두 지문에 키우기 좋은 개로 언급되었습니다. (R) (L) (R/L) 이런 유형의 문제는 우선 문제를 읽고 지문을 빨리 스키밍하여 문제와 관련된 지문이나 단원을 찾아야 합니다.

Hot Tips 반복되는 키워드를 찾도록 합니다. 주의해야 할 점은 때때로 두 가지 모두에 해당하는 경우 관련된 문장이 각기 다른 두 곳에서 설명되기 때문에 한 가지라도 놓쳐서는 안 된다는 사실을 기억해야 합니다.

Type 6 단답형 문제: 세 단어 / 다섯 단어
Short Answer: Three words / Five words

단답형 문제는 세 단어 혹은 다섯 단어 이내로 단어의 수를 제한하는 경우가 있습니다. 주의를 기울여서 문제가 요구하는 단어 수에 맞춰서 정답을 작성해야 합니다.
Short answer questions may be limited to a three-word answer or a five word answer. Carefully check how many words you are allowed with which to answer the question.

Supply a three-word answer for the following question.

1. What two activities can children do to help care for the family dog?

Supply a five-word answer for the following question.

2. How can children help to care for the family dog?

다음 문제에 대해 세 단어 이내로 답을 쓰시오.
1. 애완견을 돌보기 위해 아이들이 할 수 있는 2가지는 무엇입니까?

다음 문제에 대해 다섯 단어 이내로 답을 쓰시오.
2. 애완견을 돌보기 위해 아이들이 어떻게 할 수 있습니까?

- 1번의 '음식 먹이기와 손질하기(Feed and groom)'가 될 수 있습니다. 두 가지를 대답해야 하며 답안 작성 시 세 단어 이내라는 제한이 있음에 주의하십시오. 완벽한 문장을 쓸 수 없습니다.

- 2번의 '음식 먹이기, 손질하기와 산책하기'(Feed, groom and walk dog)가 될 수 있습니다. 이 경우 문제는 일반적인 사항을 묻는 경우입니다. 다섯 단어 이내라는 제한에 유의하여 정답을 작성해야 합니다.

Hot Tips
지문에서 반복되는 단어와 유사한 단어를 쓸 경우 정확성이 보장되기도 합니다. 주의해야 할 사항은 정해진 단어 숫자에 맞춰서 답안을 작성해야 한다는 사실입니다. 답안이 문법적으로 정확하지 않아도 됩니다. 답안 작성 시에 의미가 통하기만 한다면 소소한 접속어 보다는 주요 정보를 포함하는 단어를 쓰는 것이 더욱 중요합니다.

Type 7 참, 거짓, 주어지지 않음 문제 True / False / Not given

주어진 문장이 지문에 명확히 서술되어 있어 참과 거짓으로 구분할 수 있는지 혹은 지문에 전혀 언급이 되지 않아 주어지지 않은 문장인지를 파악하게 하는 문제 유형입니다.
There will be a list of statements and the reader's task is to identify if the statements are True, False or the answer is Not Given in the text.

> Labradors and Terriers are very compatible as family pets.
> 래브라도와 테리어는 가정용 애완견으로 서로 잘 어울린다.

◯ 문제는 주어지지 않음(Not Given)이 정답입니다. 왜냐하면 테리어는 전혀 지문에 언급되지 않았기 때문입니다.

Hot Tips
보통 주어진 문장이 참 혹은 거짓일 경우 판단하기가 비교적 용이합니다. 학생들이 가장 어려워하는 부분이 주어지지 않음이 정답인 경우입니다. 정보가 지문에 명확하게 주어지지 않음을 확인하는 것이 관건입니다. 하지만 학생들이 그 주제에 관해 이미 알고 있는 정보가 혼동을 초래하는 경우가 있습니다. 다시 말하자면 상식적으로 알고 있는 지식 때문에 지문에 주어지지도 않았는데 학생 스스로 유추해서 주어졌다고 생각하는 경우가 있기 때문입니다. 본인이 아는 지식에 의지하지 말고, 지문 내용에 근거를 두고 문제를 풀어야 합니다.

Hot Tips 시험에 관한 일반적인 사항

1. **문제를 주의 깊게 읽도록 합니다.**
   문제를 읽으면서 문제가 요구하는 주제를 파악할 필요가 있으며, 필요한 경우 주어진 문제지에 문제의 Key words 등을 줄을 긋거나 형광 표시하도록 합니다.

2. **문제의 지시문에 따라 문제를 풀도록 합니다.**
   문제에서 요구하는 지시문에 따라 문제를 풀어야 합니다. 문제 유형에 따라 고정적으로 따라오는 지시문이 있는데, 반드시 자세히 읽고 답안 작성을 해야 합니다.
   예 NO MORE THAN THREE WORDS인 경우에 4어휘 이상으로 답을 쓰거나 True-False-Not Given일 경우 initial인 T나 F 혹은 NG로 썼을 경우 오답 처리됩니다.

3. **주어진 답안지에서 한 눈에 봐서도 정답이 아니라고 판단이 되는 것은 우선적으로 제외시킵니다.**

4. **한 문제 한 문제 최선을 다해서 풀고 다음 문제로 넘어갑시다.**

5. **모르는 문제를 풀기 위해 너무 많은 시간을 할애하지 않도록 합니다.**
   답을 전혀 알 수 없는 경우는 답안지 번호 앞에 표시를 해 두고 그 칸은 비워두고 다음으로 넘어가야 합니다. 문제를 다 풀고 난 후, 시간이 남으면 다시 모르는 문제를 생각하도록 합니다.

6. **사소한 실수로 감점되지 않도록 합시다.**
   정답을 바르게 찾아내었더라도 정답을 답안지에 바르게 옮기지 않을 경우, 혹은 답을 한 칸씩 밀려 쓰거나, 주어지는 답안지에 문제 번호와 일치하는 답안을 쓰지 않을 경우 시험 결과에 엄청난 영향을 미친다는 것을 기억합시다.

7. **시간 분배를 잘하십시오.**
   수험생들의 시간 안배에 따라 시간을 효과적으로 이용할 수 있으며, 시험 문제를 다 풀고도 시간이 남을 경우, 그 시간을 활용하여 정답을 확인할 기회로 사용하십시오.

All About IELTS [READING]

PART 2

PRACTICE TEST

IELTS PRACTICE TEST

ACADEMIC TRAINING MODULE
READING

TEST 01

Time Allowed : 1 hour

Number of Questions : 42

Instructions

All answers must be written on the answer sheet.

The test is divided as follows :

- **Section 1**   Questions 1~15
- **Section 2**   Questions 16~29
- **Section 3**   Questions 30~42

Start at the beginning of the test and work through it. You should answer all questions. If you cannot do a particular question, leave it and go on to the next question. You can return to it later.

SECTION 1   Questions 1~15

Human Impact on the Humpback Whale

There are around eighty types of whales swimming the seas and these can be divided into two subgroups, toothed whales and baleen whales. Humpback whales belong to the baleen group.

Humpback Whales, or by their scientific name Megaptera novaeangliae, remain an object of both study and awe. These great mammals of the ocean migrate annually from Alaska to Hawaii, Mexico, Baja California, and the Southern Islands off Japan. The warmer waters provide suitable conditions for breeding and the young calves although is not so hospitable to the mother. Hawaiian waters, for example are less plentiful and the mother often loses substantial weight, up to a third of her body weight, and needs to return to Alaska to replenish at the end of the breeding season.

Humpback whales are thought to live for fifty or more years and this supposition is supported by study of the whale's waxy ear plug. Similar to the growth rings of trees, a layer of wax is added with each migration to Alaska. These may be counted as the colour varies from Alaska to Hawaii, which gives an approximate indication of age. Humpback whales are less gregarious than other breeds known to travel in family pods. Humpbacks appear to be more solitary in nature and the primary bond is between mother and calf. The mother stays with the calf for its first year of life and then separates from it.

There is some argument as to how many Humpback whales exist. Some researchers claim that numbers are down to a mere 5000 – 7000 whales, while others suggest the numbers reflect that between 12,000-14,000 whales remain. The statistical debate aside, it certainly can be agreed that Humpback whales are endangered as it was originally thought that around

115,000 whales existed. In 1963 Humpback whales received full protection from the International Whaling Commission. While protection is granted, in fact this does little to reprieve the Humpback whales due to humankind's impact on the environment.

Humpback whales are subject to natural predators, those being large sharks and Orca whales. However more recent threats to the whale's environment have taken a much larger toll on its lifespan. The pollution of the ocean is threatening the whales' existence in two ways. Firstly, marine pollution has minimised fish resources upsetting the natural balance of delicate food chains and secondly the presence of Persistent Organic Pollutants (or POPs) have had a detrimental effect on the whales. Studies of whale blubber have shown increased quantities of POPs and this is thought to greatly reduce the possibility of reproduction. Marine debris is constantly increasing. Marine debris includes everything from rubbish, lost containers floating just below the surface to the nylon fishing nets that entangle all manner of marine life including whales. Once entangled the large animals suffocate.

Global warming is threatening the Arctic and Antarctic ice shelves. The Arctic is home to the Humpback whales and is their grazing ground. However, as the water warms, krill, the whales' main source of food are becoming threatened.

An aspect of humankinds' impact on the planet often not considered is that of noise pollution. The Humpback whale's eyesight and sense of smell is not strong and hence the whale relies heavily on its acute hearing. The noise levels in the ocean are increasing and this disturbance is exacerbated by the fact that sound carries four times further in water than on land. Noise pollution is comprised of underwater explorations for oil and gas, ships and underwater sonar systems. Noise pollution is thought to impact on the whales' ability to successfully migrate and breed. There appears to be a correlation between the increased incidences of whales becoming stranded on beaches and increased noise pollution.

Noise pollution also negatively impacts whale song. There are two strains of whale sound. One is called social sound and is a series of seemingly unconnected sounds often heard between a mother and calf. The other is known as whale song. Whale songs can be extremely complex and often contain up to five or six motifs. The motifs or short phrases are repeated and gradually become a theme. Songs are shared by whales living in the same area. Often the song is built upon over time. The songs are mainly sung by bull males and can last as long as three hours. Sadly whale songs, which used to travel great distances are now interrupted by noise pollution decreasing communication between whales.

The human experience has caused devastation to the population of Humpback whales and its individual life experience. Once the humpback whales migrated freely and grazed on abundant krill. Now its numbers continue to dwindle and it joins the ever-growing list of endangered species.

Questions 1~3

Using **NO MORE THAN THREE WORDS**, complete the following sentences.

Write your answers in boxes 1~3 on your answer sheet.

1. Whales migrate from Alaska to the warmer waters of Hawaii, Baja California, Mexico and islands off Japan to _____.

2. Mother and calves communicate through what is known as _____.

3. Humpback whales have poor _____ because of the low light levels in the water but excellent hearing ability.

Questions 4~7

Complete the table below using **NO MORE THAN THREE WORDS**.

Write your answers in boxes 4~7 on your answer sheet.

Cause and Effects of Pollution on the Humpback Whale

Pollutant	Effect
Persistent Organic Pollutants	4. _____
5. _____	Entanglement and suffocation
6. _____	Beach Stranding
Global Warming	7. _____

Questions 8 ~ 15

Review the following fact sheet on the Humpback whales.

Choose the correct answers in boxes 8~15 on the answer sheet.

Fact Sheet: Humpback Whales

Lifespan

Humpback whales live for around **8.** __50 / 150__ years.
Researchers age the whales by looking at the
9. __concentric rings / layers of wax__

Socialisation

Humpback whales **10.** __are / are not__ social animals.
The maternal bond lasts for the first
11. __6 / 12 / 18__ months of life.

Food Chain

Top **12.** __Humpback whale / Orca / Krill__
Middle **13.** __Humpback whale / Orca / Krill__
Bottom **14.** __Humpback whale / Orca / Krill__

Estimated Current Whale Numbers

15. __5000 - 7000 / 7000 - 9000__

SECTION 2 Questions 16~29

New Zealand: The Process of Discovery

A

From 1600 through to the end of that century, many of the world powers at the time raced each other on voyages of discovery in the hope of new wealth and territory. England, France, Spain and Holland sent fleets across unknown waters and waited anxiously for news of exotic countries.

B

In the early years of the 17th century the Dutch nation won their independence from Spain and immediately sought to expand their own dominions. The East Indies were taken from Portugal and Batavia, now known as Jakarta. The East Indies became home to many Dutch merchants who became wealthy trading spices and goods.

C

Over time, Dutch focus became firmly fixed on southern Pacific waters. It was believed that there was an undiscovered southern land that existed east of Australia. Two reasons initiated the exploration of southern Pacific seas. There was the hope that a shorter route would be found through to Chile enabling easy access for preying on Spanish ships and untapped wealth. The lure of possible financial gains to be made through the discovery of land and precious minerals prompted the East India Company to set forth on a voyage of discovery.

D

Abel Janzoon Tasman was chosen to head the expedition. He had been born in Holland and was considered a seasoned sailor having sailed extensively in Pacific and Asian waters. The expedition left Batavia on two ships named the Heemskerck and the Zeehaen manned by a crew of 110 men. Tasman sailed south-west discovering Tasmania en route. Then he sailed eastwards across the later named Tasman Sea. He first saw what was most probably the Southern Alps of the South Island of New Zealand on the 13th of December 1642. He described in his diary having seen "an uplifted" land referring to the height of the mountains.

E

Tasman followed the coast northwards and anchored at the top of the South Island. In need of fresh water he sent off a small boat towards land. Unfortunately a cultural misunderstanding ensued when the crew encountered a Maori canoe resulting in the death of both Maori people and four Dutch crewmen. Tasman named the bay Murderer's Bay and sailed on. It was later renamed the more pleasant sounding Golden Bay.

F
Initially Tasman named New Zealand 'Staten Landt' thinking that it might be connected to a place named Staten Landt off Cape Horn. Later this was found not to the case so a new name was given to the land – 'Nieuw Zeeland.' It was named after the coastal province of Zeeland in Holland and was referred to the 'new' Zeeland. The spelling changed over time but the name stuck. A second voyage took place during the years of 1643 and 1644 however Tasman was limited to the northern coast of Australia and his Nieuw Zeeland discovery was not explored further.

G
Englishman, James Cook, is best associated with the further exploration of New Zealand. Over the course of his life he was to make three expeditions to New Zealand fully navigating both main islands. He discovered the strait between the southern and northern islands making only two mistakes thinking that Banks Peninsula was an island and that Stewart Island was a peninsula.

H
Captain Cook's first voyage is known to all New Zealand school children. He left from Plymouth on the 26th of August in 1768 on a ship named the Endeavour with a crew of 94 men. Cook's voyage was seen as exploration in the name of science and knowledge rather than for mercenary means although it should be remembered that the British Isles were open to the opportunity for British colonisation. As a scientific expedition he carried the botanist Joseph Banks, responsible for capturing the images of many unknown plant species.

I
James Cook's circumnavigation of New Zealand confirmed that the land was not part of a vast southern continent and he continued his exploration further south on his subsequent second and third voyages. Captain James Cook left his lasting footprint on the land and is best known to New Zealanders and Australians alike. However Abel Tasman must be credited with New Zealand's first discovery and certainly deserves his place in the historical limelight.

Questions 16~23

The passage has 9 paragraphs, **A-I**.

Choose the best heading for each paragraph from the list of headings below. Note there are more headings than are required. The first one has been done for you as an example.

Write the correct number **i- ix** in boxes 16~23 on the answer sheet.

List of Headings

i	A Century of Discovery
ii	Tasman's Discovery
iii	An English Captain Takes the Helm
iv	The Dutch Take the East Indies
v	A Shared Discovery by Two Great Explorers
vi	A Dutch Name for a Southern Land
vii	An Encounter with the Indigenous People
viii	Dutch Focus turns Southward
ix	The Spice Merchants
x	In the Name of Science and Knowledge

For Example Section **A**   i

16. Section B

17. Section C

18. Section D

19. Section E

20. Section F

21. Section G

22. Section H

23. Section I

Questions 24~29

The following statements refer to James Cook (C), Abel Tasman (T) or both explorers (C/T).

Match each statement with the correct person C, T or C/T.

Write the correct letters C, T or C/T in boxes 24~29 on the answer sheet.

24. A skirmish resulted in several deaths.

25. Three voyages were made to New Zealand.

26. A botanist was employed to record new plant species.

27. He departed from Batavia with a crew of 110 men.

28. The expedition sought to assess the possibility of future colonisation.

29. On his first sighting he was recorded to have described the land as "uplifted".

SECTION 3 Questions 30 ~ 42

Colour Psychology in Marketing

Marketers are well-versed in the psychology of colours, that is the effect of colour on the consumer mind. Think for a moment of fast food chains. Often the colours are bright, bold and garish. Colours like red and yellow instantly spring to mind. Bright colours like these have two effects. Firstly they are attention grabbing, it is difficult to pass by a fast food outlet displaying vivid colours without at least acknowledging them, if not stopping to consume their wares. Secondly, they are uncomfortable to stay in for any length of time. People tend to, either drive through and pick up their food or if entering the premises they eat quickly and vacate the premises allowing for a rapid turn-over of clientele.

Professional marketeers pay close attention to their choice of colour, where it is used and how it is contrasted. They debate whether underlying symbolism of colours support or detract from their product or message. Designers of websites on the other hand are often not professional marketeers and hence the importance of colour may not be given the highest priority.

Consider the layout of a website. Websites, first and foremost, need to be user-friendly. They should supply the required information, any supporting links need to be relevant, and it is desirable that the end product looks attractive to the consumer. The use of colour on a website is imperative to how well your website functions. The first time web designer may make the mistake of underestimating the end effect of colour.

Colour can positively or negatively affect the mood of your consumer. Too much grey or black may be too sombre or depressing, too many bright colours used together can distract from your message, a single colour can become irritating or boring.

When choosing colours think first which palette is more appropriate, warm or cool colours. Warm colours include red, yellow and orange whereas cool colours include green, blue and purples. Warm colours are vibrant and contain energy and cool colours are soothing and relaxing. The product or message will dictate which colour palette is more appropriate. For example a spa resort will use cool blues to indicate relaxation and a dance club is more likely to incorporate reds and oranges to excite and energise.

Colours contain feelings, produce mood related responses and have symbolic associations. Black is associated with mortality in many cultures but in a different context may promote sophistication. White is often associated with purity and innocence but may look uninteresting if not combined effectively.

The chart provides web designers with a starting point for colour related symbolism and usage.

	Colour	Symbolises	Positioning and Psychology
Warm	Red	Passion, love, lust, war, blood, violence, anger and aggressive behaviour.	Motivates action, conveys warnings. Red is thought to stimulate the appetite. Objects may appear to be closer and larger.
	Pink	Romantic, cute, cuddly, soft and feminine.	Conveys romance and femininity. Targets younger female demographic. Effective but use sparingly as overuse can be off-putting.
	Yellow	Sunshine, light, happiness, cheerful, warmth, energetic. The negative association is of cowardice.	Too much yellow can be irritating. It is best used as a highlighter of key points or to attract attention to a specific detail. Excellent contrast colour. Avoid having text in yellow as it can be difficult to read.
	Orange	Vibrant and warm. Associated with autumn, falling leaves, citrus. Can be symbolic of a time of change.	Conveys warmth and energy. Stimulates the appetite but with a greater focus on health and vitality. Objects stand out and demand attention. Good as a contrast colour rather than a base colour.
Cool	Blue	Water and sky. Associations with calm but also depression.	Blue is natural, pure and clean. Can imply antiseptic degree of cleanliness. Blue can add a degree of formality to a website. (Navy or royal blue)
	Green	Spring, nature, a time of renewal, good health, fitness, growth and wealth.	Green is relaxing and calming. It can be restorative of serenity. It focuses the mind on nature and natural approaches. Good base colour as it is generally non-irritant.

	Colour	Symbolises	Positioning and Psychology
	Purple	Creative, spiritual and has mystical properties. Can be regal or romantic.	Purple has two definite extremes. Deep purples are powerful and should be used sparingly as a detail colour through to lavender and violet, which have nostalgic, positive old-fashioned connotations.
Neutral	Black	Death, evil, mortality, sophistication, elegance.	Black is powerful and should be used with care. Excellent to add contrast to colour and to give definition.
	White	Pure and clean. Untainted and innocent.	White is indispensable as a contrast and to provide the eye with some relief from strong colours.
	Grey	Aged, sombre, dull.	Use sparingly. Conservative.
	Brown	Earth, wisdom, natural.	Brown can represent nature and growth but is not usually eye-catching enough in itself. Combines well with greens.

A further aspect to consider is the fact that modern computers are capable of displaying almost uncountable colours on the screen but web design is limited to only 216 colours. The reason for this is that Mac computers and PC's both use different colour palettes. There are however 216 colours that are common to both Macs and PC's. The commonality of these 216 colours means that they are generally safe to use in web design. Web designers should limit their choices to the web safe colours to ensure that websites look the same or similar on different computers as well as different browsers.

Consider the product or message being promoted. Appropriate symbolism will support and promote the message or product. Choose colours from the suggested 216 options available to both computer systems. Limit the number of colours chosen per website. Think about base or foundation colours, highlight and contrast colours. By following simple colour etiquette it is possible to enhance websites and encourage lengthier visits. Colour affects your consumer so use it wisely.

Questions 30~32

Classify the following environments as most likely to be decorated in Warm (W), Cool (C) or Neutral (N) colours.

Write your answers W, C or N in boxes 30~32 on the answer sheet

30. Sophisticated restaurant.

31. Relaxing pool and spa complex.

32. Lively nightclub.

Questions 33~38

When designing a website the designer needs to consider several factors.

Do the following statements agree with the information given in Reading Passage?

In boxes 33~38 on your answer sheet write

> **TRUE**   if the statement agrees with the information
> **FALSE**   if the statement contradicts the information
> **NOT GIVEN** if there is no information on this

33. Pink appeals to a younger female market and has cute, warm connotations.

34. There are 218 safe colour options to suit both PC's and Mac computers..

35. White is funereal in some cultures.

36. Orange is an ideal colour for kindergartens as it stimulates creativity.

37. Yellow should be used as a small text colour.

38. Black can be used effectively when contrasted with other colours.

Questions 39~42

A web designer has made notes on the importance of colour when designing websites.

Complete the notes.

Write your answers in boxes 39~42 on the answer sheet.

Website design

Important Note: Colour has an impact on consumers.

   a. Warm reds and yellows energise.
   b. Cool greens are usually **39.** _____ and _____.
   c. Blacks and greys can be **40.** _____ and depressing.

General rules to remember:

   a. Limit colours to those feasible for PC's and Mac computers.
   b. Limit number of colours on any given website.
   c. Think about foundation colours, highlights and **41.** _____ colours carefully.
   d. Colours strongly affect customer **42.** _____.

IELTS READING (Academic Module) ANSWER SHEET

Are You: Female? ▢   Male? ▢

Your first language code: 0 1 2 3 4 5 6 7 8 9

IELTS Reading Answer Sheet

Module taken (shade one box): Academic ▢   General Training ▢

#	Answer	✓ / ✗	#	Answer	✓ / ✗
1			22		
2			23		
3			24		
4			25		
5			26		
6			27		
7			28		
8			29		
9			30		
10			31		
11			32		
12			33		
13			34		
14			35		
15			36		
16			37		
17			38		
18			39		
19			40		
20			41		
21			42		

Checker's Initials   Marker's Initials   Band Score   Reading Total

IELTS PRACTICE TEST

ACADEMIC TRAINING MODULE
READING

TEST 02

Time Allowed : 1 hour

Number of Questions : 42

Instructions

All answers must be written on the answer sheet.

The test is divided as follows :

Section 1   Questions 1~12

Section 2   Questions 13~25

Section 3   Questions 26~42

Start at the beginning of the test and work through it. You should answer all questions. If you cannot do a particular question, leave it and go on to the next question. You can return to it later.

SECTION 1 Question 1 ~ 12

Newspaper Article

Children Failing in Maths does not Add Up

A

Mathematics in primary schools is becoming a concern for many educationalists. A world trend showing children struggling with basic mathematical concepts from primary school has prompted extensive research and analysis. There are various theories as to why this has become more prevalent in recent years and no one theory has supplied a comprehensive fix-it solution.

B

Learning basic number facts has, in some countries, taken a back seat to applying conceptual strategies to mathematical problems. Mr Steve Frost, principal of Seaview School noted the swing away from learning basic number facts in the early 1980s. Mr Frost stated, "The shift away from classroom emphasis on learning the multiplication tables by rote was seen as a negative by both teachers and parents alike. However the worldwide educational trend persisted and we are seeing the results of that decision now." He continued on to say that many children leave after their six years at primary school unable to supply the answer to the equation seven times eight, or any other multiplication fact excluding perhaps the two, five and ten times tables. Mr Frost is saddened by the decline in mathematical knowledge and has reinstated maths clubs in his school to promote and support knowledge of basic facts.

C

However the shift from rote learning basic facts is seen as a positive by some educational researchers. Miss April Trothers is considered to be one of the foremost educational analysts of this decade. When asked about the worth of rote learning the multiplication tables she responded by saying, "Rote learning is a mindless waste of time. Facts that are learned by rote are done so without adding meaning or knowledge. Remembering the facts is short-term at best and very little retention is seen after a period of mere months."

D

Two such strongly opposed opinions only plunge the matter into further unhelpful speculation. In the hope of shedding light on the reasons for the decline of mathematical knowledge, I visited a number of schools and interviewed teachers. The teachers taught mathematics from school entry to year six students. As might be expected there were a diverse range of opinions offered for the apparent decline while other teachers argued that mathematical knowledge was in fact increasing. One such opinion was put forward by Mr Thompson, of Glendon Primary School.

E

Mr Thompson has taught primary level maths for seventeen years and felt that students currently have a wider range of mathematical knowledge than previously seen. He showed assessment sheets for his current class and the results certainly confirmed that 92% of his class were above the national average. When asked what his magic secret was for attaining high grades Mr Thompson responded, "Get the parents involved from day one. Have after school sessions with the parents once a term so they know what units of study will be covered and ensure that they will be able to support their children." He acknowledged that school time is cram-packed already and often does not allow for the rote learning of basic facts. Mr Thompson explained that parental support with learning basic facts is invaluable.

F

In conclusion then, it would appear that the inclusion of parents as supporters of learning at home is one key to ensuring mathematical success. Students may benefit from some rote learning in the early years particularly if the experience is made more meaningful by including mathematical equations the students can relate to. Mathematicians need to be able to strategise and it certainly must be acknowledged that there are often more ways to solve a problem than just using a straight algorithm. Perhaps a multi-pronged approach is the best solution, a mix of old and new teaching methodology.

Questions 1~6

Do the following statements agree with the information given in the context of the article?
In boxes 1~6 on the answer sheet write

TRUE   if the statement agrees with the information
FALSE   if the statement contradicts the information
NOT GIVEN if there is no information on this

1. Parents helping at home is beneficial for students.

2. Multiplication tables should be fully understood by year three of primary school.

3. Miss Trothers supports repetitive rote learning of mathematical facts.

4. There is sufficient time available in the school day to rote learn basic mathematics facts.

5. Studies show that poor quality maths teaching is responsible for the resulting low level of mathematical knowledge.

6. Teachers interviewed provided a mixed response.

Questions 7~12

Decide which statement best sums up the main idea of the paragraph.
Choose the best answer from option A, B or C.
Write your answer in the boxes 7~12 on the answer sheet.

7. The main idea of paragraph A is

   A. Theories on why children are struggling with mathematical knowledge are currently being discussed.
   B. Children worldwide are struggling with mathematical knowledge.
   C. One theory to solve the decreasing level of mathematical knowledge is required.

8. The main idea of paragraph B is

   A. In recent times there has been a shift away from learning basic facts in favour of conceptual strategising.
   B. Mr Frost suggests that all mathematical learning should take place in school based maths clubs.
   C. Mr Frost is in favour of the widely recognised trend of mathematical strategising.

9. The main idea of paragraph C is

   A. Miss Trothers supports both rote learning and mathematical strategising.
   B. Rote learning is a positive way of enhancing mathematical knowledge.
   C. The shift away from rote learning is seen as a positive step.

10. The main idea of paragraph D is

    A. Amidst clashing views, some teachers believe that mathematical knowledge is increasing.
    B. Teachers agree that mathematical knowledge is increasing.
    C. Researchers maintain opposing views.

11. The main idea of paragraph E is

    A. Children respond well to a wider range of mathematics.
    B. Children today have a wider range of mathematical knowledge, which needs to be supported by both school and parents.
    C. Parents are solely responsible for their child's success.

12. The main idea of paragraph F is

    A. Quality teaching is essential to a child's mathematical success.
    B. Rote learning, maths clubs and excellent maths teachers are essential to a child's mathematical success.
    C. Teachers combining meaningful rote learning, maths strategies and supportive parents are essential to a child's mathematical success.

SECTION 2 Questions 13 ~ 25

Bridges of the World

From earliest times in human history natural bridges have been utilised to negotiate rivers or streams. A log fallen over a stream is a bridge for humans and animals alike. Bridges were first intentionally built using natural materials such as wood and bound twigs and even straw. As these bridges would have been prone to being swept away by the forces of nature, more permanent structures began to be designed and built.

Bridges are generally designed to transport people, vehicles and goods across water and land. In ancient times the Greeks and Romans were renown for their bridge building ability. They even developed innovative systems to carry water called aqueducts, in addition to using bridges to hasten the delivery of imports and exports. Today bridges span vast distances and are built in a variety of styles. As materials are developed and technology changes the spans become greater and the beauty of bridges unsurpassed.

Bridge engineering is a highly specialised field requiring precision, knowledge of materials and expertise in large-scale construction. Bridges mainly consist of struts, ties, attachments, cables, beams, towers, piers, and of course the deck. Bridges need to be able to support their own weight, known as dead load and the traffic, which is known as live load. The bridge must be designed and built in such a way to resist stresses like tension, which is stretching and compression, which is squeezing. In addition to pressure in the form of weather, and torsion stresses created by rotation or twisting.

Auckland Harbour Bridge, New Zealand.

A simplified view of the various types of bridges illuminates their differences. Essentially there are three types of bridges upon which most designs today are founded. Beam, arch and suspension bridges form the basis of bridge design and cable-stayed, truss and cantilever bridges have evolved from these.

Beam bridges
Beam bridges are horizontal beams laid across an open area and the ends of the beams are supported by piers. The weight of the bridge pushes down onto the piers. As mentioned previously, early bridges were simply logs lying across a stream. In basic terms this structure would be defined as a beam bridge. Naturally the design has become more complex over time as bridges have grown and materials have changed.

Cantilever bridges
Cantilevers are horizontal beams built into both sides of the area to be bridged. The cantilever arms then support the weight of the bridge. The cantilever arms meet in the middle. Cantilever bridges are often admired for their beauty as they appear to be floating midair with little support. Usually cantilever bridges are made from steel or pre-stressed concrete.

Arch bridges
Arch bridges are arched in shape. The Greeks and Romans are known through Europe for their arch bridges. It was found that the arch shape had strength and was aesthetically pleasing. Many examples are still in existence and feature building techniques that are hundreds of years old. The Shanghai Lupu Bridge in China is currently the longest arch bridge with a span of 550 metres. It was completed in 2003 and spans the Huangpu river.

Suspension bridges
Suspension bridges are suspended from cables. Usually the cables are stretched, anchored and supported by two large towers. The longest suspension bridge in the world was completed in 1998. It is the 3,911 metre long Akashi Kaikyo Bridge, which joins the islands of Kobe and Awaji in Japan. Another suspension bridge worthy of note is the very famous Golden Gate Bridge with its length of 2,737 metres. It was completed in 1937, and the supporting cables are lodged into anchorages built with more than one million tons of concrete.

Cable-stayed bridges

Cable-stayed bridges are similar to suspension bridges, in that, they are held up by cables. However, in a cable-stayed bridge, less cable is required and therefore the towers holding the cables are shorter. This allows the bridges to be built in less time than the comparatively long build time of suspension bridges. At this time, the Tatara Bridge in Japan is the longest cable-stayed bridge and the Milau Bridge in France is the tallest cable-stayed bridge in the world for motorised traffic.

Truss bridges

Truss bridges are composed of a skeletal frame, which often has a triangular module shape. Early bridges were made from wood but nowadays most truss bridges are made from metal. Trusses are very strong and can support great weight. The Firth of Forth Bridge of Scotland, completed initially in 1964, utilises cantilever design and is supported also by trusses.

Extraordinary feats of engineering

Bridge structures have grown in size and dominance and yet, interestingly their role stays very true to their original purpose. They still transport people and goods across spans of water or land. Spectacular examples of engineering combining function and beauty are dotted all around the world. They include the ancient and the modern and are too numerous to mention here. Bridges offer a fascinating insight into human obstinacy if you choose to see it that way. Bridges overcome obstacles and allow for ease of transportation. The fact that bridges are beautiful and awe-inspiring is simply a bonus to the feats of engineering that they truly are.

Questions 13~17

Use **No MORE THAN THREE WORDS** to answer the following questions.

Write your answers in boxes 13~17 on the answer sheet.

13. What are the three basic bridge styles called?

14. Which bridge type would require the lengthiest use of cable?

15. What is the name given for bridges that transport water?

16. What bridge type has a skeletal frame?

17. What bridge style is commonly associated with Romans?

Questions 18~22

Fill in the gaps in the chart.

Write your **ONE WORD** answers in boxes 18~22 on the answer sheet.

Name of Bridge	Location	Statistics(Approximate)	Interesting Facts
Akashi-Kaikyo Bridge	Connects the Japanese islands of 18. _____ and Awaji	Height: 282.8 meters Length: 3910 meters	Wind and earthquake resistant
19. _____	Edinburgh, Scotland	Length: 2512 metres	Truss bridge. Opened in 20. _____ but by 1985, the flow of traffic doubled so each tower leg required strengthening
Golden Gate Bridge	Highway 101 between San Francisco and Marin counties of America	Length: 2742 meters	Longest 21. _____ bridge in the world at the time of its completion. Colour: Orange vermilion Completed May 27th, 1937
Great Belt Bridge	Denmark	Length: 6790 metres	Road suspension bridge, which also has a railway tunnel
Milau Viaduct	Near Milau in the south of France and passes over the valley of River Tarn	Weight: 36,000 tons Length: 2460 meters	The tallest cable-stayed road bridge for 22. _____ transport

Questions 23~25

Complete the following sentences.

Write your answers in boxes 23~25 on the answer sheet.

23. Bridge size and complexity has grown dramatically in recent decades and yet bridges have remained true to their _____.

24. Cantilever bridges are most commonly made from _____ or _____ _____.

25. Bridges need to be able to withstand pressure from the weather as well as the stresses of _____ , _____ and _____.

SECTION 3   Questions 26 ~ 42

The Great Nappy Debate
Disposable Versus Non-disposable

A

Nappies, otherwise known as diapers, stimulate high levels of debate amongst consumers and environmentalists alike. There is an undeniable convenience associated with disposable nappies. Babies are kept hygienically dry and comfortable. It is relatively easy to change baby and throw the nappy into the rubbish bin. Conversely there are environmental impacts to consider if this product is to be used in the long term. In addition to the adverse effects on the environment, some studies have indicated that there are potential health concerns for children. Both sides of the argument must be carefully considered.

B

Let's begin with some basic concepts:

- A baby will need up to six thousand nappy changes for the first two and half years of their life. (Most children are toilet trained between eighteen months and three years old.)
- At approximately fifty cents per nappy, it is possible that between three to four thousand dollars worth of used nappies are deposited into a landfill per child.
- Around a million nappies are deposited in a landfill every day in New Zealand. (*Based on 145,000 children under two and half in NZ using 6-7 disposables per day.*)
- City councils are required to spend thousands of rate-payer's dollars annually to manage waste.
- Decomposing matter in landfills creates methane gas, which is thought to contribute to the issue of global warming.
- Nappies take decades to break down in a landfill. Some studies have suggested that 500 years may be required for complete breakdown.

C

How do disposable nappies work? Disposable nappies are designed and manufactured to the highest possible degree of comfort for babies. Thick pads of wadding are shaped for the perfect fit, soft elastic gathers the leg to prevent leakage, absorbent liners nestle delicate baby skin and a tough outer plastic holds the whole product together. Tabs on the sides of the nappy allow for easy fastening and unfastening. Nappies come in a variety of sizes from newborn and premature babies to toddler size. They accommodate the immobile baby right through to the active toddler. Nappies are aesthetically pleasing, soft to the touch and have colourful graphics on them to not only amuse the baby but to help parents put them on the correct way round. Nappies are available in gender-specific designs.

D
The main product contained within most nappies, which causes modern day nappies to be so effective, is called sodium polyacrylate powder, a super absorbent polymer. The white powder, or more commonly in nappies ~ crystals, are contained within the wet zone of the nappy within the cotton wadding. When urine is added to the white crystalline polymer, the crystals absorb many times their size and a polymeric gel forms. The gel that forms then swells to many times its original size. Disposable nappies use small amounts of sodium polyacrylate to absorb baby urine. The more polymer powder in the nappy, the more urine it can absorb.

E
The health concerns that exist in conjunction with the use of sodium polyacrylate is related directly to its extreme absorbency. If there are any small tears in the baby's skin the powder could be absorbed into the blood stream. Studies have not been done as yet to show whether there are any long-term negative effects for baby when their skin is subjected to extreme dryness. Additional fears have been expressed regarding the fact that nappies retain heat and raise the temperatures of male genitalia. There are concerns that the raised temperature could result in fertility problems later in life however long-term studies need to be conducted to confirm or eradicate these concerns. Babies can experience nappy rash when using disposable nappies however this is also true of the reusable cotton counterparts. A more serious problem associated with disposable nappies is the ease of spreading enteric viruses causing disease, for example hepatitis, via faeces remaining in the nappy. The nappy is then disposed of in the household rubbish bin. The threat of succumbing to disease is not limited to members of the household as sanitation workers are also at risk.

F

There are alternatives to disposable nappies. The options include products that are similar to disposable nappies but are bio-degradable. Generally these products contain a disposable liner that may be flushed down the toilet. The outer nappy can be washed and reused. Cotton nappies can be flat or shaped. The benefits of buying reusable cotton nappies include reducing landfill waste, they are considered to be healthier for baby and may be reused for siblings. The fact that they are reusable reduces the overall cost to the individual and society. Organic cotton is the choice of environmentally aware parents as the end product is chemical free and the environment has not been damaged through the use of harmful pesticides. Laundering reusable nappies increases a household's water usage however the increased use of this natural resource is offset by the overall reduction of household rubbish.

G

The majority of mothers depend on disposables because they fit with their busy lifestyles. The thought of cloth nappies and the laundering thereof is side-stepped because of the lack of instant convenience. Most people are aware of the environmental hazard of waste but choose to ignore it. However, if the possible negative health concerns of disposable nappies were more widely reported it is possible that more mothers would investigate alternatives. Further independent studies are required to confirm the health concerns or clear the disposable nappy of suspicion.

H

The mounting pile of waste remains an issue. Landfills continue to be filled with disposable nappies. The answer to this escalating issue will be resolved when a product is created that serves both convenience and environment. Consumers demand a high level of convenience and this fact is unlikely to change except for the conscientious few who are prepared to invest time and effort into laundering environmentally sound products. The focus of manufacturers on creating a product that breaks down fully in a shortened space of time would be well-rewarded. Disposable nappies ~ technological advance or environmental disaster? The debate continues and requires sound research in order to reach firm conclusions. Ultimately the answer remains with both consumer and manufacturer to find a path into the future that serves both the demands of the consumer and environment.

Questions 26 ~ 32

The passage has 8 paragraphs.

Choose the best heading for each paragraph from the list of headings below. The first one has been done for you as an example. Note there are headings than are required.

Write your answers in boxes 26~32 on the answer sheet.

List of Headings

(i) The cost of convenience
(ii) Disposable nappy design
(iii) The benefits of organic cotton
(iv) Fears associated with disposable nappies
(v) Introducing the positives and the negatives of nappies
(vi) What will babies of the future be wearing?
(vii) Assessing the alternatives
(viii) A few facts to consider
(ix) Why disposable nappies are so effective?
(x) Waste water increases as nappy laundering increases

For Example Section **A**   (v)

26. Section B

27. Section C

28. Section D

29. Section E

30. Section F

31. Section G

32. Section H

Questions 33~37

Complete the chart to show the cause and effect relationships discussed in the article.

Write your **ONE WORD** answer in boxes 33~37 on the answer sheet.

Cause  *Effect*

- Babies wearing disposable nappies remain dry and comfortable.

- Sodium polyacrylate powder absorbs liquid and swells to many times its original size.

- Nappies may take decades to **35.** _____ down.

- Cotton nappies are an alternative to **36.** _____ .

- Babies are likely to sleep longer and suffer less nappy rash as wetness is pulled away from the skin.

- Studies need to be done to assess the long term effect of sodium polyacrylate powder on the baby's **33.** _____ and what the effect would be if the powder got into the baby's **34.** _____ stream.

- Councils managing landfills have to absorb the cost of disposing of thousands of nappies daily.

- Some consumers argue that cotton nappies are also harmful because of the **37.** _____ and pesticides used in growing and production.

Questions 38~42

Using **NO MORE THAN THREE WORDS** answer the following questions or complete the statement.

Write your answer in boxes 38~42 on the answer sheet.

38. What forms when liquid is added to the crystals in nappies?

39. It is estimated that nappies cost between _____ dollars per child.

40. Hepatitis is an example of a disease caused by an _____ that can be found in disposed nappies.

41. Why are reusable cloth nappies beneficial for larger families?

42. Why do environmentally aware parents like to use chemical free organic cotton nappies?

IELTS READING (Academic Module) ANSWER SHEET

Are You: Female? ▭   Male? ▭

Your first language code: 0 1 2 3 4 5 6 7 8 9

IELTS Reading Answer Sheet

Module taken (shade one box):   Academic ▭   General Training ▭

#		#	
1	✓ 1 ✗	22	✓ 22 ✗
2	2	23	23
3	3	24	24
4	4	25	25
5	5	26	26
6	6	27	27
7	7	28	28
8	8	29	29
9	9	30	30
10	10	31	31
11	11	32	32
12	12	33	33
13	13	34	34
14	14	35	35
15	15	36	36
16	16	37	37
17	17	38	38
18	18	39	39
19	19	40	40
20	20	41	41
21	21	42	42

Checker's Initials   Marker's Initials   Band Score   Reading Total

IELTS PRACTICE TEST

ACADEMIC TRAINING MODULE
READING

TEST 03

Time Allowed : 1 hour

Number of Questions : 42

Instructions

All answers must be written on the answer sheet.

The test is divided as follows :

Section 1	Questions 1~13
Section 2	Questions 14~29
Section 3	Questions 30~42

Start at the beginning of the test and work through it. You should answer all questions. If you cannot do a particular question, leave it and go on to the next question. You can return to it later.

SECTION 1 Questions 1~13

Life Blood

Blood equals life. It is that simple. Often people do not think about the necessity of the blood pumping around their veins until there is a problem. The problems can be multi-faceted. Hospitalised patients may require blood transfusions as a result of an accident or during operations. People suffering from a variety of diseases need regular blood transfusions. Hospitals rely on blood donations to maintain their supply of fresh blood products.

Who can be a blood donor? Basically anyone can donate blood so long as they are between sixteen and sixty years old and weigh over fifty kilos. Different countries have individual requirements. For example New Zealand will not accept blood from individuals who lived in France or the United Kingdom between 1980 and 1996 because of the outbreak of mad cow disease and the fact that this can be transmitted in a human form of the virus. Regrettably only 4% of the population give blood regularly even though 80% of people will require the benefit of blood products some time in their lives.

What happens when a new donor wishes to donate blood? The donor may go to Blood service collection centres or be visited by a mobile unit. Mobile units are particularly useful for workplace donations from a group of donors. The first step requires the potential donor to fill in a questionnaire and have a private interview with a nurse to assess the safety levels of their blood. The nurse will then check blood pressure and haemoglobin levels.

During a standard blood collection 470 ml will be taken and this will take ten minutes usually. Afterwards the donor sits quietly and replenishes their energy levels with a glass of juice and a biscuit. A donor may donate blood once every three months. It takes the body only twenty-four hours to replace the blood volume but does take longer to replenish the red blood cells, between four to six weeks. It is possible to make more regular donations where only certain blood products are collected such as plasma or platelets, and the remainder of the blood is returned to the donor. Naturally blood recovery is faster in these instances although the process takes longer to perform.

Post blood collection, the blood is rushed to a laboratory where it is processed. First it must pass through a filter where leucocytes or white cells and prions are removed. Prions are miniscule particles that may transmit diseases. Samples of the blood are tested for blood type so the blood can be accurately classified and tested for blood-borne diseases such as Hepatitis and HIV. The remainder of the blood is put into a centrifuge. The centrifuge spins and separates out the three blood products. The three blood products are red blood cells, platelets and plasma. Each blood product is destined for a specific task and receives different treatment accordingly.

Red blood cells carry oxygen through the body. This blood product is used for surgical patients who have lost blood in the process of a surgical operation and trauma patients who have suffered an accident. Patients who experience severe anaemia also require transfusions of red blood cells. The red blood cells are chilled to 4 degrees and are then placed in quarantine. Essentially the blood must be thoroughly tested and cleared before use. When the blood is cleared it is taken to hospitals around the country and stored in their blood banks.

Platelets are small cells that help in blood clotting. Leukaemia patients cannot make their own platelets and require transfusions of platelets. Platelets have a short lifespan. They are collected and stored at 22 degrees. The platelets are constantly gently moving to stop them from clotting. They must be used within five days. This product is in high demand and is often used within 24 hours of collection.

Plasma is another component of blood. This liquid is transparent. It carries the red blood cells through the body and carries antibodies. It is frozen to -35 degrees and is processed into a variety of medical products. Plasma is used for patients who require additional help to fight off infections. Patients susceptible to infections are hepatitis patients for example and people who have lowered immune systems such as chemotherapy patients.

The array of end uses for blood products is vast. This is not matched by the quantity of blood donors. Many countries are experiencing blood deficit. Public awareness and action is required to remedy the shortfall. The chance is high that many individuals will require a potentially life saving blood transfusion sometime in their lifetime. A responsible approach would ensure that hospital blood banks are well supplied.

Questions 1 ~ 6

Complete the sentences below.

Use **NO MORE THAN THREE WORDS** to complete the sentence.

Write your answers in boxes 1 ~ 6 on the answer sheet.

1. Anyone can give blood as long as they are aged between _____.

2. The potential donor fills in a _____.

3. Usually the nurses take _____ of blood per session.

4. Blood is separated into _____.

5. Blood volume in the donor is replenished _____.

6. Blood samples must be cleared of the possibility of infectious diseases such as _____ and _____.

Questions 7~13

Complete the chart below.

Use **NO MORE THAN THREE WORDS** to complete the chart.

Write your answers in boxes 7~13 on the answer sheet.

Donor Blood Usage

Blood components

- Red blood cells
- Platelets
- 12. _____

Process

- Freeze at 7. _____ degrees. Stored to 8. _____.
- Platelets are stored at 10. _____ degrees. They are rocked gently to 11. _____.
- Frozen to -35 degrees and processed into various medical products.

Patient Uses

Red blood are used for: Transfusions at accident and emergency centres.
9. _____ Operations.

Platelets support patients with: Leukaemia. Undergoing chemotherapy.

Plasma aids: Haemophiliacs. Lowered 13. _____ patients.

SECTION 2 Questions 14~29

Environmental Newsletter: Connecting with Nature

Biodiversity celebrates the diverse range of animal, bird and plant species, which flourish in sparsely populated areas. However biodiversity is being continuously threatened as populations spread and develop into new areas. Cities spread into areas that previously would have supported a wide range of life forms.

City councils have recognised the dangers of losing native birds, animals and plants as the human invasion spreads. Town planning departments are now supporting wide belts of green areas and native bush to be gradually interlinked throughout cities. These green areas of native bush and trees sustain bird life and insects in addition to giving people a place to relax and unwind in relative quiet and peace.

It is the council's responsibility to protect the remaining biodiversity and actively promote conservation for future generations. This involves controlling pest plants and animals that pose a threat to our natural environment in addition to increasing and maintaining native reserves.

Unfortunately over the past one hundred years travel has had negative as well as positive impacts. True, it has broadened people's minds however it has also spread unwanted plant and animal species into unprotected environments. For example weasels, stoats, rats and possums were introduced into New Zealand. These animals have no natural predators in New Zealand so numbers of the animals increased unchecked. Regrettably, the animals proved to be devastating to entire populations of native birds as they feasted on the unhatched eggs and fledglings. Traps and poisonous bait have been extensively used in bush areas in an attempt to reduce the number of unwanted pests. Though this measure certainly does help to maintain lower levels of pests it will in no way eradicate them permanently.

Fortunately New Zealand has outlying islands off the coast, which have been successfully rid of rodents and small communities of endangered birds now live there safely. Breeding programs are aiding the endangered populations to slowly increase their numbers. Councils are focussed on reducing pest animal numbers to allow native bird populations to recover. Where a city cannot provide a safe environment alternative eco-systems are sought to ensure the continuance of biodiversity.

Plant pests are also invariably introduced species either by intentional means or by seed dispersal via the wind and sea currents. The early settlers to New Zealand bought gorse seedlings to hedge their farms as they had done in their native England. The ladies loved the bright yellow blooms as it reminded them of home. Gorse provided a plant solution that suited both practically and aesthetically. One aspect they hadn't counted on was the climate. In its native environment, gorse is easily controlled by a harsh winter climate however in New Zealand's temperate climate zone, it ravaged native bush and farmland. In addition to optimum growing conditions gorse seeds can lie dormant in the soil for up to forty years making the pest very difficult to eradicate. Further examples of introduced plant pests include, Woolly Nightshade, Columbine, Nasturtium and Jasmine. Once established, these plants quickly spread and smother native species.

A proactive measure on the part of the council is to offer native trees to neighbourhoods, which are attempting to rid their gardens of pest plants. Flax invites native Tuis back to gardens and the bright yellow flower of the Kowhai tree restores a food source for Wax eyes and Fantails. This excellent initiative will benefit the environment by reducing if not eliminating pest plants, replacing dwindling native trees and bushes which in turn will encourage the return of native birds and insects.

Biodiversity has decreased due to human error and population spread. Timely action now on the part of councils, town planners and city dwellers can protect the remaining biodiversity and hopefully support a return of native birds, plants and insects.

Questions 14~17

Choose the correct answer, **A, B, C or D**.

Write your answers in boxes 14~17 on the answer sheet.

14. The article is about

    A. The impact of rodents on native birds.
    B. The importance of biodiversity.
    C. Introducing new species to the New Zealand environment.
    D. The positive impact of introduced species.

15. Biodiversity has decreased due to

    A. Human error and population spread.
    B. A natural reduction in numbers of plant and animal species.
    C. Increased population.
    D. The increased number of rats, weasels and stoats.

16. Gorse was introduced to New Zealand originally because

    A. The seed has a long life span of forty years.
    B. It was well suited to the more temperate New Zealand climate.
    C. It had an attractive flower and was useful for hedging farms.
    D. It grows readily in the temperate New Zealand climate.

17. Councils and Town planners have recognised that green belts

    A. Help to reduce rodent numbers.
    B. Mainly help people to relax.
    C. Are useful population dividers within cities.
    D. Help to sustain bird life and insects.

Questions 18~22

Use **THREE TO FIVE WORDS** to answer the following questions.
Write your answers in boxes 18~22 on the answer sheet.

18. Why is gorse almost impossible to eradicate?

19. What positive steps are city councils taking to help city gardeners?

20. Why have weasels, stoats, rats and possums adapted so successfully to life in New Zealand?

21. What must councils do to protect the remaining biodiversity?

22. How will replanting native plant species help biodiversity.

Questions 23~29

Do the following statements agree with the information given in Reading Passage?
In boxes 23~29 on your answer sheet write

TRUE	if the statement agrees with the information
FALSE	if the statement contradicts the information
NOT GIVEN	if there is no information on this

23. Gorse is a pretty yellow flowered plant useful for hedging on farms in New Zealand.

24. Biodiversity should be encouraged by city councils.

25. Some bird species in New Zealand have become extinct due to rodents.

26. Introducing native tree species into backyards will encourage Tuis and Fantails.

27. Weasels and stoats were first introduced to New Zealand in 1840.

28. Green belts around the city encourage biodiversity.

29. Councils using traps and poison will eradicate animal pests.

SECTION 3   *Questions 30~42*

Buildings for the Future

1.
For as long as humankind have bonded together in groups or clans, the idea of community living has grown. Small communities have expanded from villages to towns and then into the complex and diverse structure of cities. Cities offer a convenient framework complete with every opportunity thought of to date. The fact that cities often have a negative impact on the surrounding environs is often not considered. What is wrong with the world's cities? This interesting question should make us stop and think on what levels our cities waste natural resources. Are we as urban dwellers, actually aware that our cities waste natural resources in the first instance?

2.
Our cities produce biological, technical and chemical wastes that are hazardous to the environment. The burning of fossil fuels, the lack of recycling and the use of clean natural resources combine to form a damaging trio. Without adequate cleansing prior to returning it to the environment, we are directly harming our environment.

3.
First use of a resource is most damaging. Clean water, for instance, is used within households and businesses once and is carried out through drains to sewage ponds where it gets treated and stored. Water input should be halved. There are methods available to us, which enable water conservation. One option is recycling grey water within the household or business. This recycled water can be used for toilet flushing and watering the garden. Another option available to us at little cost is collecting rainwater. Rainwater can be collected in large barrels off the roof and may then be used for watering the garden, cleaning the car or inside the house for toilets and washing.

4.
Unfortunately people don't utilise many of the alternative systems because set-up costs are high. Our current building industry is market driven by transient customers who are uninterested in the long-term future of their building. These customers buy their buildings from developers whose profit margins don't allow for initially more expensive yet ecologically sound systems. Consider the reduction of electricity use through installing solar panels. The initial cost of set-up is high and yet over the years the installation cost will be offset by a reduction in power bills. Combine the use of solar panels with a high level of insulation and the consumer helps the environment and themselves.

5.
Consumer awareness is one avenue of change. Architects with knowledge of the issues around ecology and depleting natural resources can strive to educate the client and persuade them to be more open to ideas that benefit the natural environment. By way of legislation and education the new-built environment can be controlled and encouraged to be more ecologically friendly.

6.
The thing that needs most fixing in the city is the user. Our drive to succeed and gain stature within our community is the one driving factor that breeds the inefficiency of our cities. The desire for personal gain and wealth is what causes most of our waste. We must take responsibility to educate ourselves on issues of ecology, the natural environment and the destruction thereof through laziness and greed.

- ✓ We need to reduce waste.
- ✓ We need to reduce first use of natural resource.
- ✓ We need to improve our infrastructure.
- ✓ We need to become efficient recyclers.
- ✓ We need to become aware of the need for change.

7.
Positive change is inevitable and is currently happening within this generation of consumers. By changing the way we behave within the built environment we can hope to slow down the metabolic rate of our cities and allow them to find equilibrium with the natural environment. Together our cities can become friendly to both environment and those who dwell within its confines.

Questions 30~35

Complete the sentences using words from the box below. Note that there are more words and phrases than are needed.

Write your answers in boxes 30~35 on the answer sheet.

Education	Wasting natural resources	Legislation
Natural resources	Wasted natural resources	Rainwater
More expensive	Awareness	Grey water
Less efficient	Recyclers	Rainfall
Brown water		

30. It is true that our cities are guilty of _____.

31. We need to be efficient _____ and reduce first use of _____.

32. Our first priority should be to raise public _____.

33. With the help of _____ and _____ the new-built environment could be more ecologically friendly.

34. Developers avoid using ecologically friendly systems because they are _____.

90 ● [READING _ Academic Module]

35. Fresh water consumption could be reduced by recycling _____ or using _____ .

Questions 36 ~ 42

Choose the correct answer **A, B or C.**

Write **A, B or C** in boxes 36~42 on the answer sheet.

36. The main idea for paragraph 1

    A. Questions cities' sustainability in the future.
    B. Raises the question of cities wasting natural resources.
    C. Raises the question of rural dwellers awareness of waste.

37. The main idea for paragraph 2 is

    A. Urban production of waste products.
    B. Damage caused by fossil fuels.
    C. Biological and technical waste.

38. The main idea for paragraph 3 is

    A. Grey water recycling systems.
    B. The efficiency of collecting rainwater.
    C. Raising awareness of the 'first use' resources.

39. The main idea for paragraph 4 is

    A. A combination of factors inhibits widespread use of eco-positive products.
    B. The transience of the building market.
    C. Developers find set-up costs of ecologically friendly systems too high.

40. The main idea for paragraph 5 is

   A. Architects responsible for educating clients.
   B. Awareness, education and legislation lead to change.
   C. Clients awareness aided by new legislation.

41. The main idea for paragraph 6 is

   A. A change of focus is required by all city dwellers.
   B. A change of focus is required by all those responsible for city growth and development.
   C. A change of focus is required by the architects and by clients.

42. The main idea for paragraph 7 is

   A. Slowing down the cities metabolic rate.
   B. Creating balance between city planners and dwellers.
   C. Creating balance between nature and urbanisation.

IELTS READING (Academic Module) ANSWER SHEET

Are You: Female? ▢   Male? ▢

Your first language code: 0 1 2 3 4 5 6 7 8 9

IELTS Reading Answer Sheet

Module taken (shade one box): Academic ▢   General Training ▢

#		✓ ✗	#		✓ ✗
1		1	22		22
2		2	23		23
3		3	24		24
4		4	25		25
5		5	26		26
6		6	27		27
7		7	28		28
8		8	29		29
9		9	30		30
10		10	31		31
11		11	32		32
12		12	33		33
13		13	34		34
14		14	35		35
15		15	36		36
16		16	37		37
17		17	38		38
18		18	39		39
19		19	40		40
20		20	41		41
21		21	42		42

Checker's Initials   Marker's Initials   Band Score   Reading Total

IELTS PRACTICE TEST

ACADEMIC TRAINING MODULE
READING

TEST 04

Time Allowed : 1 hour

Number of Questions : 42

Instructions
All answers must be written on the answer sheet.

The test is divided as follows :

Section 1   Questions 1~12

Section 2   Questions 13~28

Section 3   Questions 29~42

Start at the beginning of the test and work through it. You should answer all questions. If you cannot do a particular question, leave it and go on to the next question. You can return to it later.

SECTION 1 Questions 1 ~ 12

Deforestation: Cause and Effect

Deforestation is not new to the human species. Researchers and scientists can date the practice of deforestation using charcoal and pollen samples back through the centuries. Early deforestation was implemented for similar reasons as today's causes. People required land for agriculture and horticulture. The clearing of forests allowed for roads and towns. This enabled populations to grow and be supported by the countryside immediately around them.

Although land clearance practices have been in use for centuries, the problem of deforestation has not become critical until recently. The last few decades has seen immeasurable damage caused to the earth's surface. Like most of the earth's problems today it is not the fact of cutting down trees in itself that is the issue. It is the extremely high degree of deforestation and the speed with which land is being denuded that is at the centre of the crisis.

The dramatic increase in deforestation is due to a variety of reasons. Both population growth and extended life-spans have led to urban sprawl. Contributing to urban sprawl is the lifestyle change experienced by many countries over the past fifty years. Whole populations have left the countryside and instead joined the largely consumer based, industrialised life of urban dwellers. As cities grow, the surrounding countryside shrinks between the ever-expanding borders of sprawling cities.

Political and economic conditions add to widespread deforestation. In many instances, extending farmland into previously forested areas gives the local community short-term profit. This is often seen to be the experience of developing countries. Land is used for grazing cattle and for growing cash crops, for consumption by an increasing world population.

Deforestation Issues:

- During 1990-2000, studies have shown that the net forest loss was 8.9 million hectares per year.
- One fifth of current greenhouse gas emissions are from deforestation.

- There is a correlation between deforestation and climate change. Forests absorb and store the world's carbon dioxide (CO_2). When large tracts of forests are cut and burnt, damage is reflected in two ways. The world's capacity to absorb CO_2 is reduced and large amounts of stored carbon is released into the atmosphere. The changes in carbon levels in the atmosphere is thought to contribute to global warming and climactic change.
- Climate change is seen in a myriad of ways. One illustration of climate change is seen in the Equator. Equatorial rain forests are dying off due to decreased rainfall in these areas.
- Ironically, flooding occurs in deforested areas as land is compacted by machinery allowing for less water absorption by the land and tree canopies. Erosion is then a flow on effect of the flooding.

There are no quick fixes to eradicate the damage caused by large-scale erosion. Fully deforested areas will take between 300 – 1000 years to fully regenerate. In some instances trying to help the earth's atmosphere by extensively replanting has caused more damage. An example of how well-intended planting can backfire is an instance where large scale forestation was implemented in ex-peat marshlands. The marshes were drained of water and planted out into forests. The peat marshlands were also storehouses for methane gas, which has since been released into the atmosphere contributing to global warming. However, that exception aside, many conservation agencies are focused on protecting thousands of hectares of rainforest and old-growth forest.

The issue of deforestation needs a multi-pronged approach. Halting deforestation is paramount. Further steps include afforestation, or planting trees on non-forest land, and reforestation, which is replanting destroyed forests. Promoting consumer awareness and sustainable forest management in many countries is at the top of the political agenda for governments. Developing countries are being offered financial incentives to keep their forests in tact.

Just as the causes of deforestation are many so too must be the approaches to halting deforestation and stabilizing climate change. International communities are working together to address the damage. The end aim is to slow global warming and stabilise the earth's climate.

Questions 1~5

Answer the following questions using **NO MORE THAN THREE WORDS** in your answer.

Write your answers in boxes 1~5 on the answer sheet.

1. What is problematic about planting out the peat marshlands?

2. Stopping deforestation is one immediate goal. Name two other goals relating directly to restoring forestry.

3. How do scientists accurately date the early use of deforestation?

4. How many years will it take for totally deforested areas to regenerate?

5. Why are rain forests in equatorial regions dying?

Questions 6~9

Categorise the following topic areas as being part of the problem or part of the solution.

    P   for problem
    S   for solution
    PS   if the problem and solution are directly linked

Write the correct letter P, S or PS in boxes 6~9 on the answer sheet.

6. Deforestation is destabilizing the climate.

7. Peat marshlands were drained and replanted.

8. Sustainable forest management.

9. Erosion is increased on compacted, bared land.

Questions 10~12

Complete the sentences.

Use **ONE OR TWO WORDS** to complete the sentences.

Write your answers in boxes 10~12 on the answer sheet.

10. An increase in population size and the fact that people are living longer have contributed to _____.

11. Forests are cut down and turned into _____ to feed the increasing population.

12. Forests store and absorb _____.

SECTION 2   Questions 13~28

Inquiry Learning

Students enter pre-school as early as two or three and their education begins. The long road of education continues through primary and then junior and senior college or high schools. During a predominantly sheltered education the students learn to conform to the classroom environment and work hard to live up to the expectations of parent, teacher, school and their own.

Through long years at school the student is given a great deal of information across diverse curriculum subjects. The material is read, absorbed, thought over, questioned, comprehended and at some stage assessed for levels of effort and understanding.

School systems worldwide vary greatly in their approach to student learning. Many countries have advocated a completely teacher directed classroom where the teacher holds the information and gives out suitably portioned pieces to the students. This is the classroom where the teacher stands at the front of the classroom and commands attention and obedience. Retention of information can be limited in this instance as the student does not have the opportunity to engage with the information and is expected simply to absorb it. However assessment methods are clear-cut and easily establishes a pass or fail mark.

Alternative education has offered a select few students the opportunity to be involved in student focused learning. The power in this instance is in the hands of the learner. The learner decides what he or she wants and is ready to learn. The theory behind this style of learning is that the student will learn more effectively if they are completely engaged in what they are learning. The learning is very much student focussed and directed. A minority of students respond well to this system however the majority require more defined boundaries and guidelines. In some cases students may not feel the need to conform to standard areas of learning. Their learning therefore is difficult to assess.

A midway point between teacher and student directed learning is the model of inquiry learning. The model of learning is based upon having a selected topic of inquiry. The topic of inquiry is chosen by the teacher but must be relevant to the student. As such it becomes an authentic learning task. The topic is usually broad with the potential to be stretched in far reaching directions. The teacher introduces the topic and together with the students, they begin to put together a list of known information and questions they would like to explore. Once these are established the students, either individually or in small groups, begin their own investigative process. They learn through asking questions, researching and compiling newly acquired information.

Ideally the inquiry model should bridge across a few curriculum areas. The integrated approach allows the teacher to pull together the different subjects and brings them more into an authentic learning situation. For example, the study of music can reach into technology and how instruments are made and then extend into the scientific world of looking at sound waves. Teaching across the curriculum supports cohesion in learning.

To illustrate this point further if the topic was, for example 'The Ocean' fact finding might begin with establishing what the students already know about the ocean and what questions they may already have. The process of asking questions will of course generate more questions. The teacher can help to guide students towards more relevant areas of study through asking directive questions themselves. The topic might then be extended into the maths curriculum for example by looking perhaps at declining numbers of fish and sea mammals. The statistics gathered could be transposed into graphs to illustrate newfound information. The Ocean topic could then be extended to music. Whale song could be listened to and analysed. Instruments can be brought into the classroom and students may like to attempt recreating the whale sounds. The questions generated will prompt students into new areas of inquiry. The teacher's role is supportive. He or she acts as a sounding board for ideas and as a gentle guide when required but primarily, the role of inquirer must be the role of the student.

Inquiry based learning prompts engaged and focussed students to follow their own paths of learning. At the end of the unit of study, perhaps eight weeks long, the class can share their information to broaden the entire class's knowledge base.

Interestingly, the model of inquiry based learning closely reflects the mind and experience of a pre-school learner. Pre-schoolers, on the whole, dictate their own areas of learning. They learn through being engaged in interesting tasks and their learning is promoted directly through their life experience. Exposing a pre-schooler to a topic that does not capture their attention and prompt them to explore, is a wasted effort and will quickly be discarded, as they are not actively engaged with the topic. The theory applies equally well to school students of all levels.

Studies are showing positive results from schools adopting this proactive approach to learning. Children who are engaged in authentic learning tasks enjoy the process of learning. The assessment results indicate that the authenticity of the task is as important as the student directing their own path of inquiry. An inquiring mind is naturally curious. The ability to ask appropriate questions and seek the answers themselves allows students to direct their path of learning. The student fully engages in the topic and the material that is learnt is retained and becomes part of the student's world knowledge.

Questions 13 ~ 16

Complete the chart showing the benefits and effects of the Inquiry learning model.

Write your answers in boxes 13 ~16 on the answer sheet.

Subject	Effect / Benefit
Inter-curricular Inquiry learning	➡ Supports a **13.** _____ approach.
The Topic of Inquiry	➡ Must be relevant and **14.** _____ .
Inquiry learning	➡ **15.** _____ the student in the topics.
Questions generated by students	➡ Allow the student to **16.** _____ their learning path.

Questions 17~22

Based on inferences gained from reading the text, consider the writer's perspective.

Based on the writer's perspective, suggest an appropriate column for each sentence.

The first one has been done for you. Write Positive, Neutral, or Negative in boxes 17~22 on the answer sheet.

Positive	Neutral	Negative
O		

For Example   O. Assessment methods used in teacher diected classrooms are transparent and accessible.

17. Inter-curricular learning is reflected within the inquiry based model.

18. Student directed classroom allow students to prompt direction of learning.

19. Inquiry based learning exposes students to authentic learning tasks.

20. Preschoolers' learning reflects the inquiry model.

21. The teacher in the Inquiry based classroom is there to guide and support.

22. Teacher directed classrooms allow the teacher to hold the knowledge base.

Questions 23~28

Classify the teaching and learning roles.
Consider whether the following aspects of inquiry learning are performed by the teacher or the student.
In boxes 23~28 on the answer sheet write

    T   for teacher
    S   for student
    S/T if both are involved in the process

The first one is done for you.

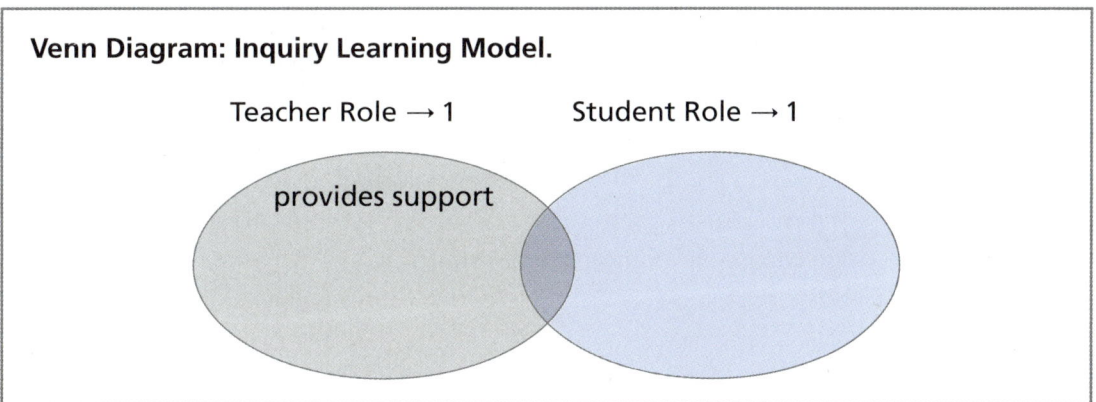

For Example   O. Provides support   T

23. Poses questions

24. Shares newly acquired information

25. Guides process

26. Works in small groups

27. Coordinates inter-curricular areas of study

28. Researches questions

SECTION 3 Questions 29 ~ 42

Supermarket Psychology

Have you ever wondered why the fruit and vegetables in supermarkets are always at the front of the supermarket? Aisles force you to go right around the whole shopping maze and cutting across aisles or trying to skip an aisle will result in you trying to push your trolley through oncoming traffic of angry looking customers.

Or have you ever noticed the vacuous stare on the faces of other shoppers? Perhaps you too are lost in the frightening and psychological world of supermarket shopping. It is possible that before reading this article you thought that you were in charge of your spending habits. Many people charge into the supermarket wielding their carefully thought out shopping list only to get home with many more items than were originally on their list. How is this possible? Even the most careful shopper will come away with an extra luxury item or something that seemed like a good idea at the time. Don't even get me started on sending out husbands with shopping lists. Mine invariably comes home with a new set of screwdrivers or a DVD. I certainly hadn't indicated buying those on my shopping list!

As a supermarket shopper you probably think that you determine what you buy and how much of it you purchase. In fact you don't. Supermarket psychology has been refined over the decades and now our shopping habits are dictated to by psychology.

Let's start in the fruit and vegetables department. Along the left side are the vegetables and they are arranged with colour contrast in mind. There is a plethora of textures, sizes and colours to excite the eye. Red capsicums contrast with green capsicums and the dull florets of broccoli contrast nicely with the shiny red skins of tomatoes. In addition to the visual stimulus a light spray of mist is pumped out regularly to keep the vegetables glistening and looking appetising. Beside the salads are a range of sauces and dressings for me to pick up with my salad in case I forget about the dressings in the appropriate aisle.

The fruit are over to the right but to reach them I need to manoeuvre my trolley around the aisles packed high with the fruit on special. I might well decide to buy peaches and nectarines as well seeing as they are on special. Then I still need to get to the apples and bananas on the other side where I can choose to fill a bag myself or there is the ready packaged option.

As I pause deciding between green and red apples I hear the gentle classical music. It wasn't so loud before that I noticed but now I think how pleasant and relaxing it is. This is fortunate as the supermarket gurus want me to find shopping relaxing because if I'm feeling relaxed I'll spend more time on the premises and buy more while I'm there.

Now I'm passing through the fresh bread section. Actually I was just going to buy sliced bread for the children's school lunches but now that I'm here, the smell of freshly baked bread is just too enticing. Note the fresh bread section is aisles away from the cut bread. The psychologists know that I will be tempted to buy the fresh bread and I will still need to buy the sliced. Oops, I've just bought twice as much bread as I had intended. In the midst of the bakery section there's the demonstrator with freshly sliced bread and infused olive oils and dips. Shoppers gather about the demonstrator to taste test her wares. I notice that three of the five bought the lemon and garlic infused oil.

Let's focus our attention momentarily on the shelves. Vivid red and yellow packaging glare out at us, grabbing the eye remorselessly. The common and cheaper brands tend to be placed on the lower shelves and the more expensive products are eye level so as to catch the shopper's eye and tempt that unintended purchase. Then there are the combinations. Chips and dips are placed together prompting the shopper to buy both products. Pasta and pasta sauces are neatly combined giving the shopper the instant answer to the ever-present question of what to have for dinner. The everyday items that I need are always at the far end of the aisles. I may just need flour and sugar but I will need to go past a vast array of baking supplies before I get to the basics and goodness knows what I'll throw into the trolley on my way.

On reaching the wines and other beverages I listen again for the classical music. Interestingly enough studies have shown that people tend to spend more on wines, purchasing more expensive wines when classical music is played in comparison with pop. Finally I get to the checkout. I have been serenaded by music, my nose and taste buds have been tantalised and visually I'm overstimulated by the sheer range of colours and products available but I still need to run the final gauntlet. At this point in the shopping experience you really need to feel sorry for any mother with children tagging along because at this stage in the proceedings everyone is getting tired and grumpy. Now they pull out the big guns. Guards are lowered and there they are ~ glossy magazines for mum and lollies for the kids. Very few mothers are able to withstand the psychological pressure of supermarket planners and readily give in to pleas from small children buying sweets and chocolate before they even register that they are doing so.

The budget is stretched further than intended. We have been squeezed though the maze of aisles and temptations and are released into the great car park beyond. Later as we unpack unwanted items onto groaning shelves we swear that we won't be pressured in quite the same way again. The fact is we are the successful target of many studies and reports and undoubtedly next week's shopping experience will be much the same.

Questions 29 ~ 32

Answer the questions below using **NO MORE THAN THREE WORDS**.

Write your answer in the boxes 29 ~32 on the answer sheet.

29. Is the tone of the article formal or informal?

30. Give three examples of informal language.

31. Is the writer presenting the article subjectively or objectively?

32. Consider the expression: 'Pull out the big guns.' Is it more likely to mean A, B or C?

   A. Supermarket shoppers are held at gunpoint.
   B. The supermarket tempts consumers with more desirable things.
   C. Shopping can be a violent and stressful experience.

Questions 33 ~ 38

Link the marketing strategies with the intended buying outcome.

Write the correct letter in the boxes 33 ~38 on the answer sheet.

33. Classical music   A. Are placed at eye height.

34. Magazines and sweets   B. Prompt the shopper to buy more than intended.

35. More expensive items   C. Encourage unintentional purchases.

36. Bright reds and yellows   D. Are near the checkout where resistance is low.

37. Demonstrators   E. Attract the eye.

38. Freshly baked bread   F. Relaxes the shopper.

Questions 39 ~ 42

Consider the following statements in the context of the article.

In the boxes 39~42 on the answer sheet write

> **TRUE**   if the statement agrees with the information
> **FALSE**   if the statement contradicts the information
> **NOT GIVEN** there is no information on this

39. It is the writer's intention to provide a light-hearted view of the marketing strategies shoppers are exposed to.

40. The writer infers that shoppers govern their shopping experience.

41. The writer enjoys the use of classical music in supermarkets.

42. The writer demonstrates a thorough knowledge of marketing tools.

IELTS READING (Academic Module) ANSWER SHEET

Are You: Female? ▭ Male? ▭

Your first language code: 0 1 2 3 4 5 6 7 8 9
0 1 2 3 4 5 6 7 8 9
0 1 2 3 4 5 6 7 8 9

IELTS Reading Answer Sheet

Module taken (shade one box): Academic ▭   General Training ▭

#		✓ ✗	#		✓ ✗
1		1	22		22
2		2	23		23
3		3	24		24
4		4	25		25
5		5	26		26
6		6	27		27
7		7	28		28
8		8	29		29
9		9	30		30
10		10	31		31
11		11	32		32
12		12	33		33
13		13	34		34
14		14	35		35
15		15	36		36
16		16	37		37
17		17	38		38
18		18	39		39
19		19	40		40
20		20	41		41
21		21	42		42

Checker's Initials   Marker's Initials   Band Score   Reading Total

IELTS PRACTICE TEST

ACADEMIC TRAINING MODULE
READING

TEST 05

Time Allowed : 1 hour

Number of Questions : 42

Instructions

All answers must be written on the answer sheet.

The test is divided as follows :

Section 1	Questions 1~12
Section 2	Questions 13~27
Section 3	Questions 28~42

Start at the beginning of the test and work through it. You should answer all questions. If you cannot do a particular question, leave it and go on to the next question. You can return to it later.

SECTION 1 **Questions 1 ~ 12**

Outdoor Education

Recent studies have confirmed what seasoned educationalists have known for years. Outdoor education provides children with a unique opportunity to extend their practical skills and flex their problem solving muscles. Traditionally, academic success was attributed solely to the efforts within the classroom walls. Today however that attitude has been put aside in favour of a more dynamic view of education.

The benefits of adding outdoor education to an already crammed curriculum has been queried. Surely it is enough that children dedicate their valuable learning hours to reading, writing and mathematics. How can tree climbing and negotiating confidence courses possibly help these core subjects? Many mathematicians will argue that well developed problem solving skills are fundamental in achieving mathematical success. Problem solving is not however limited to mathematical problems in a text book but can be applied to an outdoor situation. For example managing to pitch a tent while blindfolded presents a unique opportunity for 'thinking outside the box'. The expression 'thinking outside the box' refers to the ability to take a given set of facts and a problem and trying to solve it imaginatively. Creativity, as a higher thinking function can be linked with logic to provide a whole new set of problem solving abilities.

Parents may ask why is it important to develop problem solving as a skill and should this be taught in school? The answer is simply this, the ability to problem solve extends far beyond the academic. It also encompasses life skills. Think for a moment of a child being bullied or caught up in a potentially dangerous situation. A non-problem solver might panic or give up whereas a child who has developed their ability to problem solve will apply these skills to any situation and will realise that if one solution does not at first succeed, another solution may. Studies shows that children who can problem solve are less likely to suffer from depression or frustration. It is their attitude and resilience, which encourages them to apply a new perspective or attempt another solution.

The majority of urban children do not have experience of the great outdoors. Their knowledge is often second hand at best. Taking children out of their comfort zone and placing them in an unfamiliar situation has several advantages. One such advantage is seeing children, who are lacking in confidence, applying themselves to physical challenges and through their efforts overcoming difficulties that previously, may have seemed unsurmountable.

Teamwork is a term frequently bandied about but is rarely seen working at its optimum. Children need to be introduced to the concept of teamwork. This is very successful when children are put together with others they do not normally associate with. They need to be out of friendship groups and preferably in mixed gender groupings. Only then can the team begin to form its true dynamic. Add to the mix then a physical problem like for example, getting the whole team through a tree-climbing course in a set period of time carrying a basketball. In a mixed group there will always be a few children who are less confident of their physical ability. This provides a two-fold opportunity for growth. The children who face their fears and accomplish their goals feel pride and a glow of success that transfers into other physical and academic areas of learning. The more confident children who encourage and provide support develop their ability to feel empathy and be positive. The team needs to find the best way of negotiating the course and this takes discussion, trials and in a word ~ teamwork.

Education outside the classroom can include a myriad of activities. Rock or wall climbing is a favourite as is orienteering and kayaking. Making bivouacs in a bush setting and safely crossing streams and rivers are life skills that could one day save a life. Levels of fitness can be assessed as well as coping strategies in an unfamiliar environment. Activities can be designed for the age and number of students participating. The key then is gathering up new skills and seeing how they apply back at school.

Success experienced during outdoor education transfers to the classroom. The child who was fearful of the flying fox but did it anyway is more likely to take academic risks in the classroom. An example to illustrate this is that in every classroom there will always be a child who has a burning question but is afraid to ask because they think that others will think it silly. If that child experiences fear and then success in an outdoor situation they will transfer that feeling of subsequent bravery to the classroom and is more likely to ask the difficult questions without fear of repercussions.

Questions 1~6

Choose the correct answer from **A, B, C or D**.

Write your answer in boxes 1~6 on the answer sheet.

1. What outdoor activities could protect a person from harm in the bush?

    A. Tree climbing and canoeing.
    B. Confidence course and teamwork.
    C. Making bivouacs and crossing rivers.
    D. None of the above.

2. Teamwork works best when

    A. Boys are together with one strong leader.
    B. Girls communicate with one another.
    C. Boys and girls are together in groups with close friends.
    D. Boys and girls are together in groups without close friends.

3. Outdoor education is particularly beneficial for urban children because

    A. Many children are unfamiliar with outdoor challenges.
    B. Urban children are afraid of heights.
    C. Many children require rock-climbing experience.
    D. All of the above.

4. Teamwork can foster

    A. Feelings of pride and success.
    B. Better communication.
    C. The more able children supporting the less able.
    D. All of the above.

5. 'Thinking outside the box' is an expression

    A. Confirming the belief that all answers lie outside a box.
    B. Encouraging people to think beyond the usual boundaries.
    C. That ignores mathematical conventions.
    D. Encouraging rebellious thoughts.

6. Children who learn to problem solve

    A. Successfully apply these skills inside and outside the classroom.
    B. Suffer less from bullying and teasing.
    C. Are happier individuals.
    D. Have an advanced writing ability.

Questions 7~12

Complete the sentence below using **NO MORE THAN THREE WORDS**.

Write your answer in boxes 7~12 on the answer sheet.

7. Success gained in the outdoors must be _____ to the classroom.

8. Overcoming fear can allow a shy child to _____ in the classroom.

9. The traditional view of education insisted that _____ could only be gained in the classroom.

10. Using creative thinking with _____ contributes to effective problem solving.

11. Giving children _____ provides them with the opportunity to overcome difficulties and barriers.

12. A child who has not been taught to problem solve might _____ if faced with a difficult or dangerous situation.

SECTION 2   Questions 13~27

Personal Satisfaction is a State of Mind

Tymen Tolsma

A

The past and the future are very much present in everyday life. Our past and that of our forebears determines where we are now and who we are. Our future is the result of what we do now. Why then does modern society seem to be so insistent on 'getting ahead' in the present that we overlook what is actually important - the future? After all, without the future our present has no direction and our struggle to get ahead is a futile waste of personal resource. It seems however, that getting ahead to gain some semblance of richness is all we do well collectively.

B

Perhaps our lack of awareness of status anxiety is the problem. In the old days (up to the 1800s) status was something you were born to, rich were rich, poor were poor and never the twain did meet. Poor people didn't aspire to greater heights because it was expected and accepted that that was the way it was and the 'poor' would never become 'rich'. Poor and rich are relative terms. There's another train of thought regarding the level of richness. The French anthropologist Rousseau defined the matter simply. He suggested that if you are always after more than you have, then you feel poor. However if you are happy with what you have and don't feel the need for more, then you are rich.

C

The concept of 'equality' was largely established within democratic societies. We now take this for granted but until recently the western world was run as a feudal society based on hierarchy by birthright. This new social mix allowed every person born to experience the same rights and freedoms as everyone else. This is the turning point of society in a historical sense and the downfall of equilibrium within oneself. Now the 'poor' are faced with opportunities and chances that could make them rich! This new phenomenon drives us to achieve more than what we would have been content with before. We compare ourselves against our peers (that's everybody, as we're all equal) and we naturally want what they have because if we don't, we are less 'rich' than them, hence the term 'keeping up with the Jones's'.

D

As human nature drives us to buy products that are deemed necessary because someone else has one, products themselves take on a different persona. Products are made to last only a few years as consumers are expected to upgrade their gear regularly to keep up with technology. Built-in obsolescence became a new term used to describe the shortened life-span of products. Look at cell phones for example. Cell phone technology progresses so fast that the phone we buy today is out of date next week. Each time a new item is able to be used on a phone all older ones are less desirable and those of us who buy into the 'now' scene will upgrade phones regularly. It is a booming market and does not look to be decreasing in popularity until the next big product comes along.

E

Built-in obsolescence magnifies human's capacity for placing personal gain before environmental needs. The thing that's really disturbing about all of this is that the cost of recycling these items is horrendous! Cell phones receive some recycling attention but the labour involved in retrieving what little resource is inside the humble cell phone is too great for the process to be viable, so few companies will do it. Computers are another commodity that are upgraded and made obsolete with alarming regularity. Computers are partially recycled. Motherboards are taken apart and precious metals are retrieved however most of the plastic casings, screen tubes, wires and circuit boards are cast aside as non-biodegradable waste. What we have to realise in all of this is that control of the ecological state is not in the hands of inanimate objects but the hands of those who create the need for them.

F

As the article's title suggests personal satisfaction certainly is a state of mind. The terms 'rich' and 'poor' are relative. The degree of wealth or poverty one feels should be measured by one's own sense of satisfaction and happiness rather than our neighbours or acquaintances material goods. If one assesses one's own social status materialistically one will always be striving to obtain the next shiny cell phone or car. It was fortunate that society changed to allow personal freedom. People are no longer stranded in their birth strata. What we now do with our relatively new acquired social freedom remains to be seen.

Questions 13 ~ 17

Read the following interview.
Consider the writer's opinion and choose the most likely answer based on inferences made from the text.
Write the letter of the best answers in boxes 13 ~17 on the answer sheet.

	Interviewer	Writer
13.	Do you think that one's sense of poverty or wealth is relative?	A. Yes, people feel wealthier than their neighbours. B. Yes, people compare their material status with others. C. No, people are simply either rich or poor.
14.	Who is responsible for the environmental damage we hear about everyday?	A. Producers, marketers and consumers cause the damage. B. Inanimate objects control environmental damage. C. Consumers and inanimate objects collectively aid the environment.
15.	How does equality work in today's society?	A. Equality means that everyone can buy what they desire. B. Equality offers choice and is the basis of democracy. C. Equality has led to consumerism and debt.
16.	Is built-in obsolescence positive?	A. Yes, it allows the consumer to buy improved products. B. No, because it encourages trendsetting. C. No, because it fills up the landfills with non-recyclable waste.
17.	Historically social freedom is still relatively new, what will happen in the future?	A. I expect to see a return to feudal society. B. Social freedom will result in chaos and revolt. C. Social freedom is still developing. It will be interesting to assess its impact on society over the next fifty years.

Questions 18~23

The passage has 6 paragraphs.

Choose the best heading for each paragraph.

Note there are more headings than paragraphs so all headings will not be used.

Write your answers in boxes 18~23 on the answer sheet.

Headings

(i)	Equality: Positive or Negative?
(ii)	Reassessing One's Personal Wealth
(iii)	Obsolescence Fuels Growing Piles of Waste
(iv)	Looking to the Future
(v)	The Age of Consumerism
(vi)	Personal Satisfaction is a State of Mind
(vii)	Buying a new Cell Phone
(viii)	Perspective Influences Levels of Happiness
(ix)	Rousseau's View

18. Section A

19. Section B

20. Section C

21. Section D

22. Section E

23. Section F

Questions 24~27

Review the following statements.

In boxes 24~27 on the answer sheet write

TRUE if the statement agrees with the information
FALSE if the statement contradicts the information
NOT GIVEN if there is no information on this

24. Anthropology is the study of humanity.

25. Computers are largely non-recyclable.

26. Future societies are not impacted by present societies.

27. The feudal system maintained social stratification.

SECTION 3   Questions 28~42

Management of Urban Flooding

The urbanisation of land has marked many adverse changes on the environment. One such notable distinction is the rapid increase of impermeable land. Permeation is the ability of the land to absorb rainfall. This the land does very effectively and problems usually only arise in extreme weather conditions where there is torrential rainfall within a short period of time. This can certainly result in flooding. Problems arise more readily and frequently however in and around urban areas where impermeable surface areas outweigh the surface area of permeable land. Examples of impermeable surfaces include roads and more specifically driveways and other paved areas around houses.

A change in how we live today has exacerbated this problem. In the past much of society lived spread throughout rural areas. The move into towns and cities over the last fifty years has seen a substantial decline of rural dwellers and a rapid increase in city dwellers. As people have flooded into cities, town planners have increased the density of housing to include multi-level apartment buildings and have decreased the section sizes to allow for more houses.

In New Zealand and Australia through the 1950s, 1960s and 1970s families desired ownership of a home in which to raise their families. The ideal was the quarter acre section, single level dwelling, single garage and the remaining land was garden. What was known as the quarter acre section was approximately 1,100 square metres in size. In direct contrast, today land sections have been reduced to as little as 400 sqm. Much of this land is covered in impermeable surfaces.

Review the following diagram and figures. Compare the following 1,100 and 400 sqm sites with regard to impermeable and permeable land.

Fifty years ago: 1,100sqm per section

House	180-200 sqm single level, 3 bedroom, 1 bathroom
Single garage	Traditionally at the back of the site: 20 sqm
Driveway	60 sqm
Land used	280 sqm / Impermeable
Land remaining	820 sqm / Permeable

Twenty years ago: 800 sqm per section

House	200 sqm two storey, 4 bedroom/study, 2.5 bathrooms
Single garage	Positioned at front of site: 40 sqm
Driveway	Plus turning bay: 40 sqm
Land used	280 sqm / Impermeable
Land remaining	520 sqm / Permeable

Ten years ago: 400 sqm per section

House	200 sqm two storey, 4 bedroom/study, 2.5 bathrooms
Single garage	Positioned at front of site: 40 sqm
Driveway	Plus turning bay: 40 sqm
Land used	280 sqm / Impermeable
Land remaining	120 sqm / Permeable

Visually, the reduction of permeable land may be pictured thus. Note that positioning of house, garage and driveway changes as living requirements alter but more importantly the quantity of permeable land decreases with in-fill housing.

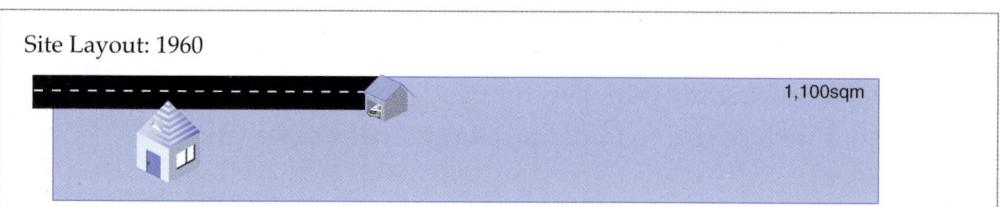

Site Layout: 1960

1,100sqm

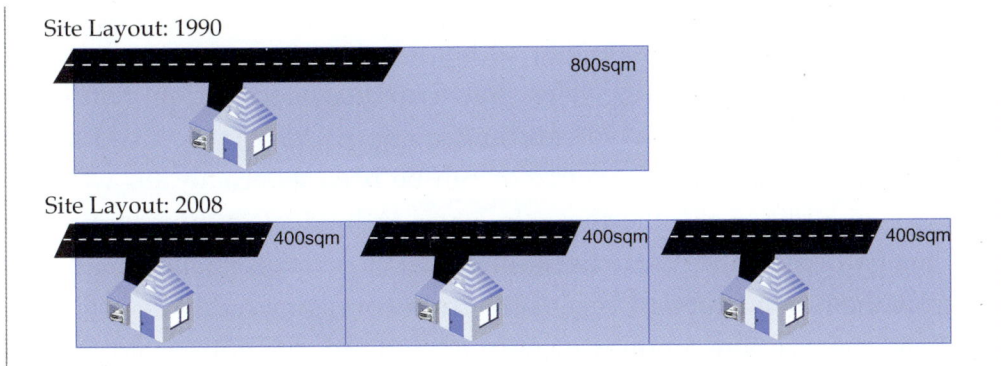

How has this change in society been reflected in the environment? Generally speaking it takes less rainfall to create substantial flooding. Due to the increase of impermeable surfaces, the rainfall instead is channelled over footpaths, along driveways and as there is no escape for the water, the result is often seen in the flooding of houses and basements.

Councils are primarily responsible for averting the flooding crisis. There are several ways in which this issue can be resolved. One obvious place to start is to ensure that storm water drainage facilities are updated and can manage the cities' needs for channelling and ridding the city of excess water. Secondly, the council needs to work co-operatively with town planners to allow for the maintenance of open spaces. These can be parks, street verges and bush reserves. These natural green spaces offer many benefits for city dwellers in terms of relaxation, exercise and play areas but also importantly increase the permeable surface area within suburbs.

Furthermore, councils have allowed section sizes to be much reduced in size and have promoted cross-lease housing. Note this is when a section may be divided in half or even thirds and additional houses can be built on the cross-leased sections. The council may be required to call a halt to further sub-division and state that 400 square metres is the minimum section size. In controlling the size of the section it is possible to restrict the complete decimation of permeable land.

Individuals are also able to be proactive in averting urban flooding. The collection of rainwater is one way of helping the environment as well as managing the flow of excess water. Water can be collected from house and garage rooves and stored in raintanks. The water can be used as the household's primary water source or can be used externally for watering gardens. In addition to collecting rain water, individuals can be encouraged to plant gardens. Gardens can be decorational or practical in allowing people to grow their own fruit and vegetables. By encouraging individuals to plant gardens the average amount of permeable land per household may be increased and maintained.

Urban flooding has increased dramatically over the past thirty years. This is predominantly due to the decrease in permeable land as demand for city housing increases. With care on the part of local government and the individual damage to property and the environment can be minimalised.

Questions 28~33

Answer the following short answer questions using **NO MORE THAN THREE WORDS** in your answer.

Write the answers in boxes 28~33 on the answer sheet.

28. When building a house, what is the smallest section size currently allowed?

29. What is cited as being the main cause of urban flooding?

30. How can planting a garden deter flooding?

31. What is the purpose of storm water drainage?

32. Permeation is the term given to describe what process?

33. How can town planners help cities reduce the possibility of flooding?

Questions 34 ~ 39

Complete the chart.

Write your answers in boxes 34 ~ 39 on the answer sheet.

Year	1960	1985	1998
Average site size	34. _____	35. _____	400 sqm
Number of bedrooms	36. _____	4	37. _____
Driveway size	38. _____	40 sqm	40 sqm
Permeable land remaining	39. _____	520 sqm	120 sqm

Questions 40~42

Choose a word from the box and complete the sentences.

There are more words to choose from than are necessary. Each word may be used more than once.

Write your answers in boxes 40~42 on the answer sheet.

Reduction	Increased	Reduce	Decreased
Incremental	Growth	Devolved	Exponential

40. Over the past fifty years the size of the average driveway has _____ in size.

41. Town planners acknowledge that there has been a general _____ in permeable land over the past few decades.

42. _____ in the housing market has contributed to the loss of permeable land.

IELTS READING(Academic Module) ANSWER SHEET

Are You: Female? ▭   Male? ▭

Your first language code: 0 1 2 3 4 5 6 7 8 9

IELTS Reading Answer Sheet

Module taken (shade one box):   Academic ▭   General Training ▭

#	Answer	✓/✗	#	Answer	✓/✗
1		✓ 1 ✗	22		✓ 22 ✗
2		2	23		23
3		3	24		24
4		4	25		25
5		5	26		26
6		6	27		27
7		7	28		28
8		8	29		29
9		9	30		30
10		10	31		31
11		11	32		32
12		12	33		33
13		13	34		34
14		14	35		35
15		15	36		36
16		16	37		37
17		17	38		38
18		18	39		39
19		19	40		40
20		20	41		41
21		21	42		42

Checker's Initials   Marker's Initials   Band Score   Reading Total

PART 3

정답 및 해설

IELTS PRACTICE TEST 01

1	breed	22	x
2	social sound	23	v
3	eyesight	24	T
4	Reduced reproduction ability	25	C
5	Nylon fishing nets	26	C
6	Noise pollution	27	T
7	Reduced krill numbers	28	C
8	50	29	T
9	layers of wax	30	N
10	are not	31	C
11	12	32	W
12	Orca	33	TRUE
13	Humpback whale	34	FALSE
14	Krill	35	NOT GIVEN
15	5000 – 7000	36	NOT GIVEN
16	iv	37	FALSE
17	viii	38	TRUE
18	ii	39	relaxing and calming
19	vii	40	sombre
20	vi	41	contrast
21	iii	42	mood

SECTION 1 Questions 1 ~ 15

Human Impact on the Humpback Whale

There are around eighty types of whales swimming the seas and these can be divided into two subgroups, toothed whales and baleen whales. Humpback whales belong to the baleen group.

Humpback Whales, or by their scientific name Megaptera novaeangliae, remain an object of both study and awe. [1]These great mammals of the ocean migrate annually from Alaska to Hawaii, Mexico, Baja California, and the Southern Islands off Japan. The warmer waters provide suitable conditions for breeding and the young calves although is not so hospitable to the mother. Hawaiian waters, for example are less plentiful and the mother often loses substantial weight, up to a third of her body weight, and needs to return to Alaska to replenish at the end of the breeding season.

Humpback whales are thought to live for [8]fifty or more years and this supposition is supported by study of the whale's waxy ear plug. Similar to the growth rings of trees, a [9]layer of wax is added with each migration to Alaska. These may be counted as the colour varies from Alaska to Hawaii, which gives an approximate indication of age. Humpback whales [10]are less gregarious than other breeds known to travel in family pods. Humpbacks appear to be more solitary in nature and the primary bond is between mother and calf. The [11]mother stays with the calf for its first year of life and then separates from it.

There is some argument as to how many Humpback whales exist. Some researchers claim that numbers are down to a mere [15]5000 – 7000 whales, while others suggest the numbers reflect that between 12,000-14,000 whales remain. The statistical debate aside, it certainly can be agreed that Humpback whales are endangered as it was originally thought that around 115,000 whales existed. In 1963 Humpback whales received full protection from the International Whaling Commission. While protection is granted, in fact this does little to reprieve the Humpback whales due to humankind's impact on the environment.

[12], 13]Humpback whales are subject to natural predators, those being large sharks and Orca whales. However more recent threats to the whale's environment have taken a much larger toll on its lifespan. The pollution of the ocean is threatening the whales' existence in two ways. Firstly, marine pollution has minimised fish resources upsetting the natural balance of delicate food chains and secondly the presence of Persistent Organic Pollutants (or POPs) have had a detrimental effect on the whales. Studies of whale blubber have shown [4]increased quantities of POPs and this is thought to greatly

reduce the possibility of reproduction. Marine debris is constantly increasing. Marine debris includes everything from rubbish, lost containers floating just below the surface to the 5)nylon fishing nets that entangle all manner of marine life including whales. Once entangled the large animals suffocate.

Global warming is threatening the Arctic and Antarctic ice shelves. The Arctic is home to the Humpback whales and is their grazing ground. 7)However, as the water warms, krill, the whales' main source of food are becoming threatened.

An aspect of humankinds' impact on the planet often not considered is that of noise pollution. 3)The Humpback whale's eyesight and sense of smell is not strong and hence the whale relies heavily on its acute hearing. The noise levels in the ocean are increasing and this disturbance is exacerbated by the fact that sound carries four times further in water than on land. Noise pollution is comprised of underwater explorations for oil and gas, ships and underwater sonar systems. Noise pollution is thought to impact on the whales' ability to successfully migrate and breed. There appears to be 6)a correlation between the increased incidences of whales becoming stranded on beaches and increased noise pollution.

Noise pollution also negatively impacts whale song. There are two strains of whale sound. 2)One is called social sound and is a series of seemingly unconnected sounds often heard between a mother and calf. The other is known as whale song. Whale songs can be extremely complex and often contain up to five or six motifs. The motifs or short phrases are repeated and gradually become a theme. Songs are shared by whales living in the same area. Often the song is built upon over time. The songs are mainly sung by bull males and can last as long as three hours. Sadly whale songs, which used to travel great distances are now interrupted by noise pollution decreasing communication between whales.

The human experience has caused devastation to the population of Humpback whales and its individual life experience. Once the humpback whales migrated freely and 14)grazed on abundant krill. Now its numbers continue to dwindle and it joins the ever-growing list of endangered species.

인간이 혹등고래에 끼친 영향

바다에는 80여종의 고래들이 헤엄치고 있는데 이들은 두 개의 하위 그룹, 이빨고래와 수염고래로 나눌 수 있다. 혹등고래는 수염고래 그룹에 속한다.

학명 Megaptera novaeanglia으로 불리는 혹등고래는 연구와 경외의 대상으로 남아있다. 대양의 이 거대 포유동물은 매년 알래스카에서 하와이, 멕시코, 바하 캘리포니아 그리고 일본 남쪽 도서연안으로 이동한다. 따뜻한 수온은 비록 어미 고래에게는 맞는 조건은 아니지만 번식과 어린 고래새끼들에게 적합한 조건을 제공한다. 예를 들어 하와이 해역은 먹이가 풍부하지 못해 어미 고래의 체중은 보통 상당히, 즉 체중의 1/3까지 줄어, 번식기가 끝날 즈음 영양보충을 위해 알래스카로 돌아가야만 한다.

혹등고래는 50년 혹은 그 이상 사는 동물로 추정되며 이런 가정은 고래의 귀지층 연구에 의해 입증된다. 나무의 나이테와 유사하게, 귀지층은 알래스카로 이주한 만큼 층이 더해지게 된다. 이 층은 알래스카에서 하와이까지 가는데 색깔이 변하기 때문에 셀 수 있는데, 대략적인 나이의 지침이 된다. 혹등고래는 가족 떼로 이동하는 것으로 알려진 다른 종들 보다는 덜 떼지어 다닌다. 혹등고래는 천성적으로 무리를 짓지 않는데 어미와 새끼 사이에 원초적인 유대만이 보여진다. 어미고래는 새끼고래와 태어나고 첫 해 동안만 함께 지내고 그 다음은 새끼고래로부터 떨어진다.

어느 정도의 혹등고래가 존재하는지에 관해 논란이 있다. 일부 연구가들은 5000-7000마리까지 줄어들었다고 하는 반면 다른 학자들은 12,000-14,000 사이의 혹등고래가 존재한다고 주장한다. 통계 논쟁을 차치하더라도, 원래 115,000 마리 정도의 고래가 존재한다고 생각되었는데, 혹등고래가 멸종위기에 처해 있다는 것에 확실히 동의할 수 밖에 없다. 1963년 혹등고래는 국제포경협회로부터 철저한 보호를 받게 되었다. 그러나 보호를 받음에도, 인간이 환경에 미치는 영향 때문에, 사실상 혹등고래를 구제하는 데는 거의 효과가 없었다.

혹등고래는 거대한 상어와 오카고래와 같은 천적에 의해 조절된다. 하지만 고래를 둘러싼 환경에 대한 최근의 위협이 고래의 수명을 앗아갔다. 대양의 오염은 두 가지 면에서 고래의 존재를 위협하고 있다. 첫 번째, 해양오염은 정교한 먹이 사슬의 자연균형을 파괴시키면서 어종자원을 축소시켰고, 두 번째 POPs(잔류성 유기오염물질)의 출현은 고래에 치명적인 영향을 끼쳤다. 고래 지방층에 대한 연구는 늘어난 잔류성 유기오염물질과 이로 인해 번식 능력이 현격하게 줄어들었음을 보여준다. 해양쓰레기가 지속적으로 증가하고 있다. 해양쓰레기는 해수면 바로 아래에 떠다니는 유실된 컨테이너같은 잡동사니부터, 고래를 포함해 모든 종류의 해양 동물들을 얽어 매는 나이론 어망에 이르기까지 모든 것을 일컫는다. 일단 어망에 휩싸인 거대한 동물들은 질식사하게 된다.

지구온난화가 북극과 남극 빙산을 위협하고 있다. 북극은 혹등고래의 서식지이자 먹이를 얻는 지역이다. 하지만 수온이 따뜻해져서 고래의 주요 먹이인 크릴이 위협받고 있다.

인간이 지구에 미치는 영향 중에 흔히 간과되는 것은 소음공해이다. 혹등고래의 시력과 후각은 예민하지 않아서 예리한 청력에 많이 의존한다. 대양의 소음수준이 점점 심해지는데, 이런 소음은 수중에서는 육지보다 4배 가량 더 멀리 소리가 전달된다는 사실로 인해 피해가 가중된다. 소음공해에는 석유와 가스 수중 탐사, 선박 그리고 수중음파탐지 시스템이 포함된다. 소음공해는 고래의 성공적인 이동과 번식능력에 영향을 미치는 것으로 생각된다. 고래들이 해변에 출몰하는 사고들이 늘어나고 있는 것과 늘어난 소음공해는 상호연관이 있는 것으로 보여진다.

소음공해는 또한 고래 노래에 부정적인 영향을 끼친다. 고래 소리는 두 가지의 선율이 있다. 하나는 사회적인 소리로 불려지는 것으로, 주로 어미고래와 새끼고리 사이에서 들을 수 있는, 표면상 산만한 소리의 연속이다. 다른 하나는 고래 노래로 알려져 있다. 고래 노래는 굉장히 복잡하며 보통 다섯 개에서 여섯 개 모티브로 구성된다. 모티브 혹은 작은 악절이 반복되어 점차적으로 주요 테마로 변한다. 노래는 같은 지역에 살고 있는 고래들에 의해 공유된다. 종종 노래는 오랜 시간 동안 지속된다. 그 노래는 주로 수컷이 부르며 세 시간까지 지속할 수 있다. 유감스럽게도, 예전에 먼 거리까지 전달되었던 고래 노래는 지금은 소음공해로 인해 방해를 받아 고래 사이의 의사소통이 줄어들고 있다.

인간의 활동은 혹등고래 수와 그들의 생활을 황폐화시키는 원인이 되고 있다. 한때는 혹등고래가 자유롭게 이동하며 풍부한 크릴을 먹었다. 현재 그들의 숫자는 지속적으로 줄어들어, 계속 증가하는 멸종동물 종의 목록에 올랐다.

Questions 1~3

*Using **NO MORE THAN THREE WORDS**, complete the following sentences.*
3 단어 이내로 다음 문장을 완성하시오.

Write your answers in boxes 1~3 on the answer sheet.
문제 1~3의 답안지를 작성하시오.

1. Whales migrate from Alaska to the warmer waters of Hawaii, Baja California, Mexico and islands off Japan to _____.

   고래들은 번식을 위해 알래스카에서 하와이, 바하 캘리포니아, 멕시코 그리고 일본 도서연안의 따뜻한 바다로 이동한다.

   정답 breed

   해설 지문에 이동의 주 목적은 고래들이 번식에 적합한 조건을 찾기 위해서라고 명시되어 있다.

2. Mother and calves communicate through what is known as _____.

   어미고래와 새끼고래는 사회적인 소리로 알려진 것을 통해 의사소통을 한다.

   정답 social sound

   해설 어미고래와 새끼고래 사이의 의사소통에 대해 설명한 부분을 찾도록 한다.

3. Humpback whales have poor _____ because of the low light levels in the water but excellent hearing ability.

   혹등고래는 수중의 어두침침한 빛으로 인해 시력은 나쁘지만 예리한 청력을 갖고 있다.

   정답 eyesight

   해설 이 문제는 다른 문제와 달리 정답을 찾기 쉽지 않다. Sense of smell은 정답이 될 수 없다. 그 이유는 수중의 어두침침한 빛과 관련된 능력은 후각이 아니라 시각이기 때문이다.

Questions 4~7

*Complete the table below using **NO MORE THAN THREE WORDS**.*
3단어 이내를 사용하여 아래 도표를 완성하시오.

Write your answers in boxes 4~7 on the answer sheet.
문제 4~7의 답안지를 작성하시오.

Cause and Effects of Pollution on the Humpback Whale
오염이 혹등고래에 미치는 원인과 결과

Pollutant 오염물질	Effect 결과
Persistent Organic Pollutants 잔류성 유기오염물질	4. _____ 줄어든 번식능력
5. _____ 나일론 어망	Entanglement and suffocation 혼란과 질식
6. _____ 소음 공해	Beach Stranding 해변 출몰
Global Warming 지구 온난화	7. _____ 줄어든 크릴의 수

4. **정답** Reduced reproduction ability
   해설 Persistent Organic Pollutants의 약자 POPs는 scan하기가 수월하며 수중의 POPs는 혹등고래의 번식 능력을 위협한다고 명기되어있다.

5. **정답** Nylon fishing nets
   해설 Entanglement과 suffocation의 단어를 찾아 그 부분에서 정답을 찾도록 한다. 해양쓰레기는 모든 해양 생태계에 나쁜 영향을 미치며 특히 어망은 고래를 얽어 매고 그 결과 숨을 막히게 한다.

6. **정답** Noise pollution
   해설 늘어나는 소음공해로 인해 고래들의 해변에서 바다로 돌아가지 못하는 사고들과 상호연관이 있는 것으로 보인다고 설명되어 있다.

7. **정답** Reduced krill numbers
   해설 지구 온난화 현상과 직접적인 상호연관이 있는 단락을 찾도록 한다. 지구 온난화에 따른 수온이 따뜻해지는 것은 크릴의 숫자를 감소시키는 원인이 된다.

Questions 8 ~ 15

Review the following fact sheet on the Humpback whales.
혹등고래에 관한 다음 도표를 살펴보시오.

Choose the correct answers in boxes 8~15 on the answer sheet.
문제 8~15의 답안지를 고르시오.

Fact Sheet: Humpback Whales 도표: 혹등고래

Lifespan 수명
Humpback whales live for around **8.** _50 / 150_ years.
혹등고래는 50년 동안 산다.
Researchers age the whales by looking at the
9. _concentric rings / layers of wax._
연구가들은 귀지층을 보면서 고래나이를 매긴다.

Socialisation 사회성
Humpback whales **10.** _are / are not_ social animals.
혹등고래는 사회적인 동물이 아니다
The maternal bond lasts for the first **11.** _6 / 12 / 18_ months
of life. 어미와의 유대는 생애 첫 해만 함께 지낸다.

Food Chain 먹이사슬
Top   **12.** _Humpback whale / Orca / Krill_
Middle   **13.** _Humpback whale / Orca / Krill_
Bottom   **14.** _Humpback whale / Orca / Krill_
혹등고래 / 오카고래 / 크릴

Estimated Current Whale Numbers
측정되는 현재 고래의 수

15. _5000 - 7000 / 7000 - 9000_

8. 정답 **50**
해설 고래의 수명에 대한 언급한 부분을 보면 fifty or more years로 되어있다. 하지만 more는 몇 년 정도의 차이를 말하는 것으로 100년 이후까지 연장해서 생각할 수 없다. 그러므로 50년을 정답으로 선택해야 한다.

9. 정답 **layers of wax**
해설 혹등고래의 수명을 독자의 이해를 돕기 위해 나무의 나이테와 비교 설명을 했다. 고래의 경우 수명은 귀지층 색깔의 차이에 따라 결정된다.

10. 정답 **are not**
해설 고래의 사회성에 관한 질문으로 다음 지문에서 답을 찾을 수 있다.

11. 정답 **12**
해설 새끼고래의 생후 첫해 'first year of life'는 12개월에 해당한다.

12. 정답 **Orca**
해설 거대상어와 함께 오카는 혹등고래의 천적으로 먹이사슬의 최상단에 위치한다.

13. 정답 **Humpback whale**
해설 혹등고래는 오카와 상어의 먹이의 근원이 되면서 크릴을 먹고 살기 때문에 먹이사슬에서 중간단계에 속하게 된다.

14. 정답 **Krill**
해설 크릴은 혹등고래의 먹이 공급원이고 먹이사슬의 말단에 속한다. 12번과 13번이 각각 Orca와 Humpback이므로 14번의 답은 남은 krill이 된다.

15. 정답 **5000-7000**
해설 잔존하는 혹등고래 숫자에 대한 논란이 되고 있는 부분을 찾으면 된다. 특히 주어진 지문이 숫자이므로 숫자를 Scan하도록 한다.

SECTION 2 Questions 16~29

New Zealand: The Process of Discovery

A

From 1600 through to the end of that century, many of the world powers at the time raced each other on voyages of discovery in the hope of new wealth and territory. England, France, Spain and Holland sent fleets across unknown waters and waited anxiously for news of exotic countries.

B

In the early years of the 17th century the Dutch nation won their independence from Spain and immediately sought to expand their own dominions. The East Indies were taken from Portugal and Batavia, now known as Jakarta. The East Indies became home to many Dutch merchants who became wealthy trading spices and goods.

C

Over time, Dutch focus became firmly fixed on southern Pacific waters. It was believed that there was an undiscovered southern land that existed east of Australia. Two reasons initiated the exploration of southern Pacific seas. There was the hope that a shorter route would be found through to Chile enabling easy access for preying on Spanish ships and untapped wealth. The lure of possible financial gains to be made through the discovery of land and precious minerals prompted the East India Company to set forth on a voyage of discovery.

D

Abel Janzoon Tasman was chosen to head the expedition. He had been born in Holland and was considered a seasoned sailor having sailed extensively in Pacific and Asian waters. 27)The expedition left Batavia on two ships named the Heemskerck and the Zeehaen manned by a crew of 110 men. Tasman sailed south-west discovering Tasmania en route. Then he sailed eastwards across the later named Tasman Sea. He first saw what was most probably the Southern Alps of the South Island of New Zealand on the 13th of December 1642. 29)He described in his diary having seen "an uplifted" land referring to the height of the mountains.

E

Tasman followed the coast northwards and anchored at the top of the South Island. In need of fresh water he sent off a small boat towards land. 24)Unfortunately a cultural misunderstanding ensued when the crew encountered a Maori canoe resulting in the death of both Maori people and four Dutch crewmen. Tasman named the bay Murderer's Bay and sailed on. It was later renamed the more pleasant sounding Golden Bay.

F

Initially Tasman named New Zealand 'Staten Landt' thinking that it might be connected to a place named Staten Landt off Cape Horn. Later this was found not to the case so a new name was given to the land - 'Nieuw Zeeland.' It was named after the coastal province of Zeeland in Holland and was referred to the 'new' Zeeland. The spelling changed over time but the name stuck. A second voyage took place during the years of 1643 and 1644 however Tasman was limited to the northern coast of Australia and his Nieuw Zeeland discovery was not explored further.

G

Englishman, James Cook, is best associated with the further exploration of New Zealand. 25)Over the course of his life he was to make three expeditions to New Zealand fully navigating both main islands. He discovered the strait between the southern and northern islands making only two mistakes thinking that Banks Peninsula was an island and that Stewart Island was a peninsula.

H

Captain Cook's first voyage is known to all New Zealand school children. He left from Plymouth on the 26th of August in 1768 on a ship named the Endeavour with a crew of 94 men. Cook's voyage was seen as exploration in the name of science and knowledge rather than for mercenary means 28)although it should be remembered that the British Isles were open to the opportunity for British colonisation. 26)As a scientific expedition he carried the botanist Joseph Banks, responsible for capturing the images of many unknown plant species.

I

James Cook's circumnavigation of New Zealand confirmed that the land was not part of a vast southern continent and he continued his exploration further south on his subsequent second and third voyages. Captain James Cook left his lasting footprint on the land and is best known to New Zealanders and Australians alike. However Abel Tasman must be credited with New Zealand's first discovery and certainly deserves his place in the historical limelight.

뉴질랜드: 발견경로

A
1600년부터 그 세기 말까지, 그 당시 여러 강대국들은 서로 각기 새로운 부와 영토에 대한 희망으로 앞다투어 탐험 항해에 올랐다. 영국, 프랑스, 스페인 그리고 네덜란드는 미지의 대양을 가로질러 함대를 보내고 이국에 대한 소식을 열망하며 기다렸다.

B
17세기 초반 네덜란드는 스페인으로부터 독립을 하며 바로 영토를 확장하고자 했다. 인도네시아와 지금은 자카르타로 알려진 바타비아를 포르투칼로부터 획득했다. 인도네시아는 향신료와 물자를 교역하여 부를 축적한 많은 네덜란드 상인들의 본거지가 되었다.

C
시간이 지나, 네덜란드는 남태평양으로 눈을 돌리게 되었다. 오스트레일리아 동쪽에 위치한 알려지지 않은 남쪽 섬이 있다고 믿었다. 두 가지 이유로 남태평양의 탐험이 시작되었다. 스페인 선박을 대항하여 칠레로 직행하는 지름길을 찾는 것과 미개발의 부에 접근할 수 있으리라는 희망이었다. 새로운 땅과 귀중한 광산의 발견을 통해 이루어질 경제적인 부에 대한 욕망이 동인도 회사들로 하여금 탐험항해를 떠나게 했다.

D
아벨 잰준 테즈만이 탐험대 대장으로 발탁되었다. 그는 네덜란드 출신으로 태평양과 아시아 해역을 광범위하게 항해했던 경험 많은 선원으로 알려져 있었다. 탐험대가 힘스커크(Heemskerck)와 지핸(Zeehaen)으로 불리는 두 척의 선박에 110명의 선원을 태우고 바타비아를 떠났다. 테즈만은 남서쪽으로 항해했고 타즈마니아 경로를 발견했다. 그리고 나서 그는 후에 테즈만 해로 이름 붙여진 해역을 건너 동쪽으로 항해를 했다. 그는 1642년 12월 13일, 뉴질랜드 남 섬의 남알프스로 생각되는 곳을 처음 발견했다. 그는 산들의 높이를 일컬어 '융기된' 대륙을 보았다고 일기에 기록했다.

E
테즈만은 해안을 따라 북쪽으로 항해해 남 섬의 최북단에 돛을 내렸다. 신선한 물이 필요해서 그는 작은 보트를 내륙으로 보냈다. 선원들이 마오리 카누와 만났을 때 불행하게도 문화적 오해로 마오리족과 네 명의 네덜란드 선원들의 죽음에 이르렀다. 테즈만은 그 지역을 Murder's Bay로 명명하고 항해를 떠났다. 이후에 그것은 듣기에 더 좋은 Golden Bay로 이름이 바뀌었다.

F
처음 테즈만은 뉴질랜드를 'Staten Landt' 라고 불렀는데 이는 케이프 혼 연안의 Staten Landt 지역과 관련이 있으리라고 생각했기 때문이었다. 이후 이것이 사실이 아니라고 판명되어서 새로운 이름 'Nieuw Zeeland' 이 붙여졌다. 이것은 네덜란드의 해안 지방인 Zeeland에 'new' 를 붙인 것이었다. 시간이 지남에 따라 철자가 변했지만 이름은 여전히 그대로이다. 1643과 1644년에 두 번째 항해가 이루어졌지만 테즈만은 오스트레일리아의 북쪽 연안 쪽에 국한되었고 그의 Nieuw Zeeland 발견은 더 이상 이루어지지 않았다.

G
영국인 제임스 쿡은 뉴질랜드의 자세한 탐험과 가장 관련이 깊은 사람이다. 그는 일생 동안 뉴질랜드의 두 주요 섬을 세 번이나 철저히 항해하였다. 그는 남 섬과 북 섬 사이의 해협을 발견했는데, 단지 Banks Peninsula를 섬으로, Stewart Island를 반도로 착각한 실수만을 했을 뿐이다.

H
쿡선장의 최초 항해는 모든 뉴질랜드 학생들에게 잘 알려져 있다. 그는 Endeavour로 명명된 선박에 선원 94명과 함께 1768년 8월 26일에 플리머쓰를 떠났다. 쿡 선장의 항해는 이 영연방 섬이(뉴질랜드를 가리킴) 영국의 식민지가 된 기회를 열었다고 기억되어야 하지만, 돈을 목적으로 한 항해라기보다는 과학과 지식의 이름으로 행해진 탐험인 것 같았다. 과학 탐사의 일환으로 그는 알려지지 않은 여러 식물 종을 채집하는 책임을 맡은, 식물학자 조셉 뱅크스를 데려갔다.

I
제임스 쿡은 뉴질랜드를 일주한 뒤 뉴질랜드가 광대한 남쪽 대륙의 일부가 아니라고 확신하고, 더 남쪽을 향해 잇단 두 번째 세 번째 항해를 계속했다. 제임스 쿡 선장은 대륙에 자신의 영원한 발자취를 남겨서 뉴질랜드인과 호주인에게 똑같이 잘 알려져 있다. 하지만 아벨 테즈만이 뉴질랜드의 최초 발견자로 여겨져야 하며, 분명 역사적 지위를 차지할 자격이 있는 것이다.

Questions 16~23

*The passage has 9 paragraphs, **A-I**.*
이 글은 A – I 까지 9개의 단락을 가지고 있습니다.

Choose the best heading for each paragraph from the list of headings below. Note there are more headings than are required. The first one has been done for you as an example.
각 단락에 가장 적절한 제목을 아래 제목 중에서 고르시오. 필요보다 더 많은 제목이 있으므로 모든 제목이 사용되지 않습니다. 첫번째는 참고로 완성된 것입니다.

*Write the correct number **i- ix** in boxes 16~23 on the answer sheet.*
문제 16–23의 답안지에 i– ix 를 적으시오.

List of Headings

i	A Century of Discovery 발견의 세기
ii	Tasman's Discovery 테즈만의 발견
iii	An English Captain Takes the Helm 영국인 선장이 배의 키를 잡다.
iv	The Dutch Take the East Indies 네덜란드인이 인도네시아를 차지했다
v	A Shared Discovery by Two Great Explorers 두 명의 위대한 탐험가에 의한 발견
vi	A Dutch Name for a Southern Land 남 섬에 붙여진 네덜란드 이름
vii	An Encounter with the Indigenous People 원주민과의 마주침
viii	Dutch Focus turns Southward 네덜란드인이 남쪽으로 눈을 돌리다.
ix	The Spice Merchants 향신료 상인들
x	In the Name of Science and Knowledge 과학과 지식의 이름으로

For Example   Section **A**   i

16. Section B

정답 iv. The Dutch Take the East Indies

해설 네덜란드가 그들의 독립을 선언하고 즉각적으로 포루투칼의 지배에 있던 영역 즉 인도네시아를 점령한 내용을 설명한 문단이다. 주어진 제목 중 'The Spice Merchants'는 이 문단의 제목이 될 수 없다. 이 문단에 향료 상인들이 언급이 되었지만 이 단락의 주제가 되지 않는다.

17. Section C

정답 viii. Dutch Focus turns Southward

해설 이 기사에 이미 강대국 네덜란드가 인도네시아에 영향을 미쳤다고 언급(16번)이 되었다. 우월한 지위에서 네덜란드는 남쪽을 향한 탐험이 유리할 수 있으므로 그 쪽으로 새로운 방향을 설정하게 되었다.

18. Section D

정답 ii. Tasman's Discovery

해설 테즈만이 처음 등장한 부분이다. 이 단락은 그의 배경을 간단히 설명한 후 그가 뉴질랜드 발견한 것에 초점을 맞추었다.

19. Section E

정답 vii. An Encounter with the Indigenous People

해설 'indigenous'는 그 지역에 살고 있는 원주민을 의미한다. 이 단락에서 마오리족이 뉴질랜드의 원주민으로 소개되었다. Encounter의 원래 의미는 조우(만남)로서 부정적인 의미를 내포하지는 않는다. 하지만 이 문단에서는 테즈만이 신선한 물을 구하기 위해 보트를 보냈고, 그들과 마오리의 조우가 마오리와 네덜란드 선원의 죽음을 가져왔으므로 부정적으로 사용되었다.

20. Section F

정답 vi. A Dutch Name for a Southern Land

해설 이 단락은 네덜란드 이름의 기원을 설명한 글이다. 'Nieuw'는 New를 의미하는 네덜란드어고 Zeeland는 네덜란드의 해안지역을 말한다.

21. Section G

정답 iii. An English Captain Takes the Helm

해설 제임스 쿡 선장이 소개되는 부분으로 영국인이 제목을 고르는데 힌트가 된다. 주어진 제목 안에 'taking the helm'는 상황을 통제하는 권력을 가진 의미로서 Helm은 배의 키로 설령 그 의미를 정확하게 알지 못하더라도 Captain과 관련된 단어로 선장은 'taking the helm'를 가지면서 선박을 책임지는 역할을 한다고 추정할 수 있다.

22. Section H

정답 x. In the Name of Science and Knowledge

해설 17세기의 많은 항해들이 부와 영토를 획득하기 위해서가 대부분이었는데 반해 영국의 항해는 상업적인 면보다는 과학적인 동기였다고 이 단락에 설명되어 있다. 이를 뒷받침하는 것으로 식물학자의 동행을 언급했다.

23. Section I

정답 v. A Shared Discovery by Two Great Explorers

해설 이 단락의 주제는 뉴질랜드를 두 번이나 발견했다는 점이다. 비록 쿡 선장이 연안을 철저히 탐험했지만, 그 전에 테즈만에 의해 뉴질랜드가 발견되었다는 사실을 기억해야 한다고 했다. 즉 뉴질랜드는 두 명의 위대한 탐험가에 의해서 발견되었다는 내용이 이 단원의 제목이다.

Questions 24~29

The following statements refer to James Cook (C), Abel Tasman (T) or both explorers (C/T).
다음 진술문은 제임스 쿡(C), 아벨 테즈만 (T) 혹은 두 명의 탐험가(C/T)에 해당됩니다.

Match each statement with the correct person C, T or C/T.
각각의 진술문에 맞는 사람 C, T 혹은 C/T와 연결하시오.

Write the correct letters C, T or C/T in boxes 24~29 on the answer sheet.
C, T 또는 C/T를 문제 24~29의 답안지에 작성하시오.

24. A skirmish resulted in several deaths.

작은 충돌이 여러 명의 사망자를 냈다.

정답 T

해설 'skirmish'는 육체적인 충돌(전쟁)을 의미한다. 문맥 전후를 살펴보면 생명의 손실과 관련됨을 알 수 있다. 죽음이 언급된 것은 단락 E의 Murderers' Bay에서 테즈만이 경험한 사건뿐이다.

25. Three voyages were made to New Zealand.

뉴질랜드를 세 번 항해했다.

정답 C

해설 테즈만은 두 번의 항해를 했고 처음으로 뉴질랜드를 발견한 사람이다. 제임스 쿡이 세 번 항해했다고 단락 G에 기록되어 있다.

26. A botanist was employed to record new plant species.

식물학자가 새로운 식물 종을 기록하기 위해 고용되었다.

정답 C

해설 제임스 쿡의 탐험은 자연을 연구하기 위함이었고 식물학자를 고용한 것이 이 진술문을 뒷받침하는 사항으로 단락 H에서 언급되었다.

27. He departed from Batavia with a crew of 110 men.

그는 110명의 선원과 함께 바타비아를 출발했다.

정답 **T**

해설 단락 D에 나와 있듯 바타비아는 자카르타의 이전이름으로, 아벨 테즈만이 110명의 선원을 데리고 바타비아에서 출발했다.

---

28. The expedition sought to assess the possibility of future colonisation.

탐험은 미래의 식민지 가능성을 찾기 위해서였다.

정답 **C**

해설 쿡 선장의 항해는 과학적인 면에 중점을 두었지만 영국사람들은 식민지를 목적으로 새로운 영토를 획득하고자 했다.

---

29. On his first sighting he was recorded to have described the land as "uplifted".

처음 발견했을 때 그는 대륙을 융기된 것으로 묘사했다고 기록되어있다.

정답 **T**

해설 아벨 테즈만이 처음으로 뉴질랜드를 발견했을 때, 그는 남알프스로 생각이 되는 곳을 '융기된' 대륙으로 묘사한 사실은 단락 D에서 볼 수 있다.

SECTION 3 Questions 30~42

Colour Psychology in Marketing

Marketers are well-versed in the psychology of colours, that is the effect of colour on the consumer mind. Think for a moment of fast food chains. Often the colours are bright, bold and garish. Colours like red and yellow instantly spring to mind. Bright colours like these have two effects. Firstly they are attention grabbing, it is difficult to pass by a fast food outlet displaying vivid colours without at least acknowledging them, if not stopping to consume their wares. Secondly, they are uncomfortable to stay in for any length of time. People tend to, either drive through and pick up their food or if entering the premises they eat quickly and vacate the premises allowing for a rapid turn-over of clientele.

Professional marketeers pay close attention to their choice of colour, where it is used and how it is contrasted. They debate whether underlying symbolism of colours support or detract from their product or message. Designers of websites on the other hand are often not professional marketeers and hence the importance of colour may not be given the highest priority.

Consider the layout of a website. Websites, first and foremost, need to be user-friendly. They should supply the required information, any supporting links need to be relevant, and it is desirable that the end product looks attractive to the consumer. The use of colour on a website is imperative to how well your website functions. The first time web designer may make the mistake of underestimating the end effect of colour.

[42)]Colour can positively or negatively affect the mood of your consumer. [40)]Too much grey or black may be too sombre or depressing, too many bright colours used together can distract from your message, a single colour can become irritating or boring.

When choosing colours think first which palette is more appropriate, warm or cool colours. Warm colours include red, yellow and orange whereas cool colours include green, blue and purples. Warm colours are vibrant and contain energy and cool colours are soothing and relaxing. The product or message will dictate which colour palette is more appropriate. [31)]For example a spa resort will use cool blues to indicate relaxation and [32)]a dance club is more likely to incorporate reds and oranges to excite and energise.

Colours contain feelings, produce mood related responses and have symbolic associations. [30)]Black is associated with mortality in many cultures but in a different context may promote sophistication. [35)]White is often associated with purity and innocence but may look uninteresting if not combined effectively.

The chart provides web designers with a starting point for colour related symbolism and usage.

	Colour	Symbolises	Positioning and Psychology
Warm	Red	Passion, love, lust, war, blood, violence, anger and aggressive behaviour.	Motivates action, conveys warnings. Red is thought to stimulate the appetite. Objects may appear to be closer and larger.
	Pink	Romantic, [33]cute, cuddly, soft and feminine.	Conveys romance and femininity. [33]Targets younger female demographic. Effective but use sparingly as overuse can be off-putting.
	Yellow	Sunshine, light, happiness, cheerful, warmth, energetic. The negative association is of cowardice.	Too much yellow can be irritating. It is best used as a highlighter of key points or to attract attention to a specific detail. Excellent contrast colour. [37]Avoid having text in yellow as it can be difficult to read.
	Orange	Vibrant and warm. Associated with autumn, falling leaves, citrus. Can be symbolic of a time of change.	Conveys warmth and energy. Stimulates the appetite but with a greater focus on health and vitality. Objects stand out and demand attention. Good as a contrast colour rather than a base colour.
Cool	Blue	Water and sky. Associations with calm but also depression.	Blue is natural, pure and clean. Can imply antiseptic degree of cleanliness. Blue can add a degree of formality to a website. (Navy or royal blue)
	Green	Spring, nature, a time of renewal, good health, fitness, growth and wealth.	[31], [39]Green is relaxing and calming. It can be restorative of serenity. It focuses the mind on nature and natural approaches. Good base colour as it is generally non-irritant.
	Purple	Creative, spiritual and has mystical properties. Can be regal or romantic.	Purple has two definite extremes. Deep purples are powerful and should be used sparingly as a detail colour through to lavender and violet, which have nostalgic, positive old-fashioned connotations.

	Colour	Symbolises	Positioning and Psychology
Neutral	Black	Death, evil, mortality, [30]sophistication, elegance.	Black is powerful and should be used with care. [38]Excellent to add contrast to colour and to give definition.
	White	Pure and clean. Untainted and innocent.	White is indispensable as a contrast and to provide the eye with some relief from strong colours.
	Grey	Aged, sombre, dull.	Use sparingly. Conservative.
	Brown	Earth, wisdom, natural.	Brown can represent nature and growth but is not usually eye-catching enough in itself. Combines well with greens.

A further aspect to consider is the fact that modern computers are capable of displaying almost uncountable colours on the screen but web design is limited to only 216 colours. The reason for this is that Mac computers and PC's both use different colour palettes. [34]There are however 216 colours that are common to both Macs and PC's. The commonality of these 216 colours means that they are generally safe to use in web design. Web designers should limit their choices to the web safe colours to ensure that websites look the same or similar on different computers as well as different browsers.

Consider the product or message being promoted. Appropriate symbolism will support and promote the message or product. Choose colours from the suggested 216 options available to both computer systems. Limit the number of colours chosen per website. [41]Think about base or foundation colours, highlight and contrast colours. By following simple colour etiquette it is possible to enhance websites and encourage lengthier visits. Colour affects your consumer so use it wisely.

마케팅의 색채 심리학

마케팅 담당자는 색깔이 소비자 심리에 끼치는 영향에 관한 색상심리학에 정통하다. 잠시 패스트푸드 체인점을 생각해 보자. 대개 색깔이 밝고 대담하며 화려하다. 빨강과 노랑같은 색이 즉각적으로 떠오른다. 이렇게 밝은 색깔은 두 가지 효과가 있다. 첫째로 그것들은 시선을 끌어, 그들의 상품을 사용하지 않으려고 마음먹지 않는 한, 선명한 색으로 간판을 내건 패스트푸드점을 알아채지 못하고 지나치기는 어렵다. 둘째로 그 색깔들은 일정 시간 머무르는데 불편함을 준다. 자동차를 탄 상태로 음식만 가져가거나 가게에 들어가서, 사람들이 재빨리 먹고 나오기 때문에 신속한 손님 회전이 가능하다.

전문 영업인들은 색상 선택과 그것을 어디에 사용하고 어떻게 부각시킬지에 주의를 많이 기울인다. 그들은 색깔이 갖고 있는 상징이 그들의 상품 혹은 내용을 지지하는지 방해하는지에 대해 논쟁한다. 반면에 웹사이트 디자이너들은 전문 영업인들이 아니어서 색깔의 중요성을 최우선 순위로 생각하지 않을 수도 있다.

웹사이트의 페이지 배치를 생각해 보자. 무엇보다도, 웹사이트는 사용자 중심적이어야 한다. 그것은 필요한 정보를 공급하고, 관련 웹사이트와 연계가 되어야 하며, 소비자에게 최종상품이 매력적으로 보여야 한다. 웹사이트에 사용되는 색깔은 웹사이트의 기능을 어떻게 잘 살리는지가 중요하다. 초보 웹 디자이너들은 색깔의 최종효과를 과소평가하는 실수를 범할 수 있다.

색깔은 소비자의 기분에 긍정적 혹은 부정적으로 영향을 미칠 수 있다. 회색 혹은 검정색을 많이 사용하는 경우 음울하게 혹은 우울하게 할 수 있고, 여러 가지 밝은 색깔을 너무 많이 함께 사용하면 내용을 분산시킬 수 있고 단색은 자극적이거나 무료할 수 있다.

색깔을 선택할 때 우선으로 생각해야 하는 것은 차가운 색 혹은 따뜻한 색 중 어떤 색깔조화가 더 적합한지 여부이다. 따뜻한 색깔은 빨강, 노랑 그리고 오렌지 색깔이며 반면에 차가운 색깔은 녹색, 파랑 그리고 보라색을 포함한다. 따뜻한 색깔은 생동감과 원기가 있고 차가운 색깔은 마음을 진정시키고 평온하다. 상품 혹은 내용이 어떤 색깔조화가 가장 적합한지를 결정할 것이다. 예를 들면 온천휴양지는 차가운 파란색을 사용하여 평온함을, 댄스 클럽은 빨강색과 오렌지색으로 흥미와 열기를 더 극대화 시킬 수 있다.

색깔은 감정을 포함하고, 소비자 반응과 관련된 분위기를 만들고, 상징적 연상을 가진다. 검은색은 많은 문화에서 죽음과 관련이 있지만 다른 상황에서는 세련미를 줄 수 있다. 흰색은 대개 순결과 정직과 관련이 있지만, 효과적으로 사용되지 않으면 지루하게 보여질 수 있다.

다음 도표는 웹 디자이너들에게 색깔과 관련된 상징과 사용법에 대한 기준을 제공한다.

	Colour	Symbolises	Positioning and Psychology
Warm	Red 빨강	정열, 사랑, 유혹, 전쟁, 피, 폭력, 분노와 도전적 행동	행동을 자극하고, 경고를 준다. 빨강은 식욕을 자극한다고 생각된다. 물체가 더 가깝고 크게 보여진다.
	Pink 분홍	낭만적, 귀여움, 꼭 껴안고 싶은, 부드러움과 여성스러움	낭만과 여성스러움을 시사. 젊은 여성인구 대상. 효과적이지만 과도한 사용은 거부감이 있으므로 적절하게 사용.
	Yellow 노랑	태양, 빛, 행복, 활기, 온화, 원기왕성함. 부정적인 면으로 소심.	너무 많은 노랑색 사용은 자극적. 요점을 강조하거나 특정세부사항에 주목을 끌어야 할 때 사용. 훌륭한 대조색. 노랑색 글자사용은 읽기가 어려우므로 사용금지.
	Orange 주황색	활력과 온화. 가을, 낙엽, 밀감과 관련. 시간의 변화를 상징할 수 있음	온화와 기운을 전달. 식욕을 돋구지만 건강과 활력에 더 비중을 둠. 물체가 두드러져 보이고 주목을 끔. 바탕색보다는 대조색으로 좋음

	Colour	Symbolises	Positioning and Psychology
Cool	Blue 파랑	물과 하늘. 침착 하지만 우울과도 관련	파랑은 자연, 순수, 청결. 지나칠 정도의 청결을 의미할 수 있음. 파랑은 웹사이트에 격식을 더해줌 (진한파랑 혹은 감청색)
	Green 녹색	봄, 자연, 생성의 시기, 건강, 체력, 성장과 부귀	녹색은 안정과 침착. 고요의 회복. 마음을 자연과 자연 접근에 집중. 일반적으로 자극적이지 않아 바탕색으로 좋음.
	Purple 보라	창조적인, 심령의, 신비로운 속성을 가짐. 장엄한 혹은 낭만적인	보라색은 두 가지 극단성 있다. 짙은 보라는 강렬해서 적절하게 사용해야 하며, 보라색은 회고적이고, 긍정적인 고풍스러움을 내포한다.
Neutral	Black 검정	죽음, 악마, 죽을 운명, 세련, 우아	검정은 강렬해서 조심스럽게 사용해야 함. 색깔을 대조시키고 명확함을 주기에 훌륭함.
	White 하양	순수와 정결. 순결과 정직	하양은 대조에 꼭 필요한 색깔로 강한 색깔로부터 눈을 편안하게 함.
	Grey 회색	오래됨, 음울, 둔감	적절하게 사용. 보수적
	Brown 갈색	지구, 지혜, 자연	갈색은 자연과 성장을 나타내지만 보통 그 자체로 눈길을 끌지 않는다. 녹색과 조화가 잘됨

더 고려해야 할 점은 현대 컴퓨터는 화면에 거의 셀 수 없을 정도로 많은 색을 표시할 능력이 있지만 웹 디자인은 단지 216개 색에 국한되어 있다는 사실이다. 그 이유는 맥 컴퓨터와 PC는 서로 다른 색깔 조합을 사용하기 때문이다. 하지만 이 216개 색깔이 맥 컴퓨터와 PC에 공통으로 사용되는 색깔이다. 216개 색깔을 공통으로 쓴다는 것은 일반적으로 그 색깔들을 웹 디자인에 사용하는 것이 안전하다는 것을 의미한다. 웹 디자이너들은 웹 사이트가, 다른 컴퓨터나 다른 브라우저에서도 동일하거나 유사하게 보이도록 확실히 하기 위해 웹의 안전한 색깔을 선택하는데 제한을 두어야 한다.

광고할 상품과 내용을 고려해 보아라. 적절한 상징은 내용 혹은 상품을 지원하고 증진시킬 것이다. 두 가지 컴퓨터 시스템에서 사용이 가능한 216개의 색깔 중에 색상을 선택하라. 각 웹 사이트에 사용될 색깔의 수를 제한하라. 기본색 혹은 바탕색, 강조색 그리고 대조색에 대해 생각해라. 색깔 사용에 관한 간단한 에티켓을 따르면 웹사이트를 활성화하고 장기 방문을 장려할 수 있다. 색깔은 소비자에게 영향을 미치므로 현명하게 사용해야 한다.

Questions 30 ~ 32

Classify the following environments as most likely to be decorated in Warm (W), Cool (C) or Neutral (N) colours.
다음 환경을 따뜻한 색(W), 차가운 색(C) 혹은 중간색(N)으로 꾸며야 할지 구분하시오.

Write the correct letters W, C or N in boxes 30~32 on the answer sheet
W, C 또는 N을 문제 30~32의 답안지에 작성하시오.

30. Sophisticated restaurant.
세련된 레스토랑

정답 **N**

해설 중심어 sophisticated를 scan하도록 한다. 이 단어는 문장과 도표에서 찾을 수 있다. 중간색은 하양, 검정, 회색과 갈색으로 색상의 기능이 사뭇 다르다.

---

31. Relaxing pool and spa complex
평온한 수영장과 온천장

정답 **C**

해설 중심어 relax 혹은 spa complex를 찾아 그 주변 문장 속에서 정답을 찾는다. 도표에서 녹색이 고객에게 평온함을 느끼게 해준다고 나와 있고 휴양지는 차가운 파란색을 사용하여 평온함을 준다.

---

32. Lively nightclub
활기찬 나이트 클럽

정답 **W**

해설 지문에서 댄스클럽은 빨간색과 오렌지색을 사용하여 활기찬 느낌을 갖도록 한다고 했다. 도표에서 빨강과 주황색이 따뜻한 색깔로 분류되었다.

Questions 33 ~ 38

When designing a website the designer needs to consider several factors.
웹사이트를 설계할 때 디자이너는 여러 가지 요소를 고려해야 합니다.

Do the following statements agree with the information given in Reading Passage?
위의 문단에 일치하는 진술은 무엇입니까?

In boxes 33~38 on your answer sheet write
문제 33~38의 답안지를 작성하시오.

TRUE   *if the statement agrees with the information* 진술이 정보와 일치할 경우
FALSE   *if the statement contradicts the information* 진술이 정보와 불일치할 경우
NOT GIVEN *if there is no information on this* 이에 관한 정보가 없을 경우

33. Pink appeals to a younger female market and has cute, warm connotations.
   분홍색은 젊은 여성들의 시장에 인기있고 귀여움, 온화함과 관련된다.
   정답 TRUE
   해설 지문에 분홍색은 젊은 여성에게 호소력이 있고 귀여움, 부드러움, 여성스러움과 연결되므로 이 문장은 참이다.

34. There are 218 safe colour options to suit both PC's and Mac computers.
   218가지의 색깔이 PC와 맥 컴퓨터 양쪽에 적합한 안전한 색이다.
   정답 FALSE
   해설 이 문제는 우선 숫자를 scan하여야 한다. 이런 종류의 문제는 언뜻 보기에 쉽게 보이고 숫자 역시 미묘한 차이라서 참이라고 생각하기가 쉽지만, 정답은 항상 지문 속에 있고 지문을 통해 확인해야 한다는 사실을 기억해야 한다.

35. White is funereal in some cultures.
   하양은 어떤 문화에서는 장례를 의미한다.
   정답 NOT GIVEN
   해설 이 문제를 명확하게 대답하기 위해서는 White가 설명된 지문과 도표를 동시에 찾아봐야 한다. 하양과 관련된 Funerals은 지문의 어디에도 언급이 되지 않았으므로 정답은 NOT GIVEN이다.

36. Orange is an ideal colour for kindergartens as it stimulates creativity.
   주황색은 창의력을 고무하므로 유치원에 이상적인 색깔이다.
   정답 NOT GIVEN
   해설 도표에 주황색과 관련된 많은 정보들이 있지만 창조성 creativity과 관련되어 묘사된 것이 없다. 지문에 주어지지 않은 내용이므로 NOT GIVEN으로 적어야 한다.

37. Yellow should be used as a small text colour.
   노랑은 작은 글자색으로 사용되어야 한다.
   정답 FALSE
   해설 지문에 노랑은 읽기에 불편하다 can be difficult to read라고 나왔으므로 글자색으로 노랑색은 적절한 색이 아니니다.

38. Black can be used effectively when contrasted with other colours.
   검정은 다른 색과 대조시킬 때 효과적으로 사용될 수 있다.
   정답 TRUE
   해설 문제에 나온 단어와 도표에 나온 단어를 비교해 봐야 한다. 도표에 excellent to가 문제에서는 used effectively로 사용되었다.

Questions 39~42

A web designer has made notes on the importance of colour when designing websites.
웹 디자이너가 웹사이트를 설계할 때 색깔의 중요성에 관해 메모를 한 내용입니다.

Complete the notes.
노트를 완성하시오.

Write your answers in boxes 39~42 on the answer sheet.
문제 39~42의 답안지를 작성하시오.

Website design
웹사이트 설계

Important Note: Colour has an impact on consumers.
중요사항: 색깔은 소비자에게 영향력이 있다.

   a. Warm reds and yellows energise.
       따뜻한 빨강과 노랑은 활기를 돋운다.
   b. Cool greens are usually **39.** _____ and _____ .
       차가운 파랑과 녹색은 보통 안정적이고 침착하다.
   c. Blacks and greys can be **40.** _____ and depressing.
       검정과 회색은 음울하고 우울할 수 있다.

General rules to remember:
기억해야 할 일반적인 법칙

   a. Limit colours to those feasible for PC's and Mac computers.
       PC와 맥 컴퓨터에 적합한 색으로 제한하라.
   b. Limit number of colours on any given website.
       어떤 웹 사이트에도 가능한 색상의 수로 제한하라.
   c. Think about foundation colours, highlights and **41.** _____ colours carefully.
       바탕색, 강조색 그리고 대조색에 주의 깊게 생각하라.
   d. Colours strongly affect customer **42.** _____ .
       색깔은 소비자 기분에 강하게 영향을 준다.

39. 정답 **relaxing and calming**
해설 Relaxing과 calming는 도표에 바로 명시가 되어있다.

40. 정답 **sombre**
해설 주어진 문제를 살펴보면 접속사 and가 depressing과 함께 사용됨을 알 수 있다. depressing은 부정적인 의미를 갖는 단어로 and와 함께 사용될 수 있는 또 다른 부정적인 의미를 갖는 단어를 찾아야 한다. blacks과 함께 언급된 문장을 스캔하면서 찾아본다.

41. 정답 **contrast**
해설 지문의 마지막 부분으로 웹사이트의 색상 선택 시에 기억해야 할 중요사항을 요약한 것이다. 문제 속의 foundation, highlights가 scan을 해야 할 단어들이다.

42. 정답 **mood**
해설 지문의 주제는 색깔이 소비자에게 미치는 영향에 대한 고찰이다. 키워드인 affect를 찾고 그것과 관련된 것이 무엇인지 파악해야 한다. affect와 관련된 문장이 두 군데 있는데 두 번째 문장인 Colour affects your consumer so use it wisely.는 내용을 전반적으로 요약하는 것으로 정답을 제시하지 않는다.

IELTS PRACTICE TEST 02

1	TRUE	22	motorised
2	NOT GIVEN	23	Original purpose
3	FALSE	24	Steel (or) pre-stressed concrete
4	FALSE	25	Tension, compression (and) torsion
5	NOT GIVEN	26	(viii)
6	TRUE	27	(ii)
7	B	28	(ix)
8	A	29	(iv)
9	C	30	(vii)
10	A	31	(i)
11	B	32	(vi)
12	C	33	Skin
13	Beam, arch, suspension	34	Blood
14	Suspension	35	Break
15	Aqueduct	36	Disposables
16	Truss bridge	37	Chemicals
17	Arch bridge	38	Polymeric gel
18	Kobe	39	$3000 – $4000
19	Firth of Forth Bridge	40	Enteric virus
20	1964	41	Siblings reuse nappies.
21	suspension	42	Less environmental damage

SECTION 1   Questions 1~12

Newspaper Article

Children Failing in Maths does Add Up

A

Mathematics in primary schools is becoming a concern for many educationalists. A world trend showing children struggling with basic mathematical concepts from primary school has prompted extensive research and analysis. There are various theories as to why this has become more prevalent in recent years and no one theory has supplied a comprehensive fix-it solution.

B

Learning basic number facts has, in some countries, taken a back seat to applying conceptual strategies to mathematical problems. Mr Steve Frost, principal of Seaview School noted the swing away from learning basic number facts in the early 1980s. Mr Frost stated, "The shift away from classroom emphasis on learning the multiplication tables by rote was seen as a negative by both teachers and parents alike. However the worldwide educational trend persisted and we are seeing the results of that decision now." He continued on to say that many children leave after their six years at primary school unable to supply the answer to the equation seven times eight, or any other multiplication fact excluding perhaps the two, five and ten times tables. Mr Frost is saddened by the decline in mathematical knowledge and has reinstated maths clubs in his school to promote and support knowledge of basic facts.

C

However the shift from rote learning basic facts is seen as a positive by some educational researchers. Miss April Trothers is considered to be one of the foremost educational analysts of this decade. When asked about the worth of rote learning the multiplication tables she responded by saying, 3)"Rote learning is a mindless waste of time. Facts that are learned by rote are done so without adding meaning or knowledge. Remembering the facts is short-term at best and very little retention is seen after a period of mere months."

D

Two such strongly opposed opinions only plunge the matter into further unhelpful speculation. In the hope of shedding light on the reasons for the decline of mathematical knowledge, I visited a number of schools and interviewed teachers. The teachers taught mathematics from school entry to year six students. 6)As might be expected there were a diverse range of opinions offered for the apparent decline while other teachers argued that mathematical knowledge was in fact increasing. One such opinion was put forward by Mr Thompson, of Glendon Primary School.

E

Mr Thompson has taught primary level maths for seventeen years and felt that students currently have a wider range of mathematical knowledge than previously seen. He showed assessment sheets for his current class and the results certainly confirmed that 92% of his class were above the national average. When asked what his magic secret was for attaining high grades Mr Thompson responded, "Get the parents involved from day one. Have after school sessions with the parents once a term so they know what units of study will be covered and ensure that they will be able to support their children." 4)He acknowledged that school time is cram-packed already and often does not allow for the rote learning of basic facts. Mr Thompson explained that parental support with learning basic facts is invaluable.

F

1)In conclusion then, it would appear that the inclusion of parents as supporters of learning at home is one key to ensuring mathematical success. Students may benefit from some rote learning in the early years particularly if the experience is made more meaningful by including mathematical equations the students can relate to. Mathematicians need to be able to strategise and it certainly must be acknowledged that there are often more ways to solve a problem than just using a straight algorithm. Perhaps a multi-pronged approach is the best solution, a mix of old and new teaching methodology.

신문사설

수학을 어려워하는 아이들이 증가하고 있습니다.

A

초등학교 수학이 많은 교육자들에게 관심이 되고 있습니다. 아이들이 초등학교에서 배우는 기본적인 수학개념들을 어려워하는 세계적 경향 때문에 광범위한 연구와 분석이 이루어져왔습니다. 이런 현상이 최근에 왜 널리 퍼졌는지에 대한 다양한 이론들이 있지만 완전한 해결책을 제시하는 이론은 없습니다.

B

일부 국가에서는 기초연산학습이 수학문제에 개념적인 전략 적용에 밀려났습니다. 씨뷰 학교의 교장선생님인 스티브 프로스트는 1980년대 초에 있었던 기초 연산 학습의 약화에 주목했습니다. 프로스트는 "곱셈표 암기를 강조하던 학급에서 멀어진 현상은 교사나 학부모 모두에게 부정적으로 보였습니다. 하지만 세계적인 교육 추세의 변화는 계속되었고 우리는 현재 그 결정의 결과를 보고 있는 것입니다." 그는 초등학교 6년을 마치고 학교를 떠나는 많은 어린이들이 2단 5단 10단을 제외하고는 7곱하기 8같은 곱셈을 하지 못한다고 말을 이었습니다. 프로스트는 수학 지식이 감소되는 것을 안타깝게 느끼고 있으며, 기초 연산 지식을 가르치고 지도하기 위해 학교에 수학클럽을 다시 열었습니다.

C

하지만 기초 연산을 암기하는 학습에서 벗어나는 것은 일부 교육연구가들에게 긍정적으로 비춰집니다. 에이프럴 트로터스는 최근 십 년간 가장 훌륭한 교육분석가 중 한 사람으로 평가됩니다. 곱셈표를 암기하는 것에 대한 가치를 질문했을 때 그녀는 다음과 같이 말했습니다. "기계적 암기는 어리석은 시간 낭비입니다. 기계적 암기에 의한 학습은 의미와 지식을 동원하지 않고 이루어집니다. 그 지식을 기억하는 것은 기껏해야 단기간이며 몇 달만 지나면 기억할 수 있는 것이 거의 없습니다."

D

이 두 가지 완전히 상반된 견해는 문제를 더욱 무익한 고찰에 빠지게 합니다. 수학 지식이 감소하는 이유를 설명해줄 것을 기대하며, 나는 많은 학교를 방문하여 선생님들을 인터뷰했습니다. 선생님들은 신입생에서 6학년 학생까지 수학을 지도하고 있었습니다. 예상대로, 수학 지식의 확연한 감소에 대한 이유로 제공되는 다양한 의견이 있는 반면, 어떤 선생님들은 수학 지식이 사실상 증가하고 있다고 주장했습니다. 글렌돈 초등학교의 톰슨 선생님이 이 의견을 내놓았습니다.

E

톰슨 선생님은 초등학교 수준의 수학을 17년간 지도해왔는데 현재 학생들이 예전보다 더 광범위한 수학적 지식을 가지고 있다고 했습니다. 그는 그의 현재 학급의 시험지를 보여주었는데 시험결과는 분명 학급의 92%가 전국 평균을 상회한다는 것을 확인시켜주었습니다. 고득점을 획득하는 비결이 무엇인지 질문했을 때 톰슨 선생님은 "첫날부터 학부모를 참여시키는 것입니다. 한 학기에 한 번 학부모와 면담을 갖게 되면 그들이 어떤 학습 내용이 다뤄지게 될지를 알고 자신들이 자녀를 도와 줄 수 있다는 것을 확신합니다."라고 대답했습니다. 그는 학교 시간이 이미 빡빡해서 종종 기초 연산의 암기를 고려하지 않는다는 것을 인정했습니다. 톰슨 선생님은 기초 연산 학습은 부모의 도움이 절대적이라고 설명했습니다.

F

결론적으로, 가정에서 학습을 도와주는 부모의 참여가 수학의 성공을 보장하는 관건인 것 같습니다. 암기 학습이 학생들과 관련 있는 수학 등식을 포함함으로써 더 의미 있게 된다면, 특히 어린 나이의 암기 학습은 이로울 수 있습니다. 수학 학습자들은 전략을 세울 줄 알아야 하고, 문제를 해결하는데 바로 연산을 하는 것 외에 더 많은 방법이 있다는 것을 확실하게 인식해야 합니다. 아마도 전통적 교육과 새로운 교육방법이 혼합된, 다각적 접근이 최상의 해결책일 것입니다.

Questions 1~6

Do the following statements agree with the information given in the context of the article?
기사의 내용이 다음 진술문과 일치합니까?

In the boxes 1~6 on the answer sheet write
문제 1~6의 답안지를 작성하시오.

TRUE　　　*if the statement agrees with the information* 진술이 본문과 일치하는 경우
FALSE　　 *if the statement contradicts the information* 진술이 본문과 일치하지 않을 경우
NOT GIVEN　*if there is no information on this* 이것에 관한 정보가 없을 경우

1. Parents helping at home is beneficial for students.
부모들이 가정에서 도와주는 것이 학생들에게 이롭습니다.

정답 **TRUE**

해설 F문단의 첫문장에서 부모들이 자녀의 학습을 도와주는 것이 사실상 이로움이 있다고 했다. 중심어 parents/helping/home이 있는 곳을 찾아서 정답을 찾도록 한다. 톰슨 선생님은 부모의 학습개입을 옹호하고 부모의 도움이 평균이상의 수학점수를 얻는데 실질적인 도움이 된다고 언급했다.

2. Multiplication tables should be fully understood by year three of primary school.
곱셈표는 초등학교 3학년까지 완전히 이해되어야 합니다.

정답 **NOT GIVEN**

해설 단순한 암기가 어릴 적에 이로울 수 있다고 했지만 곱셈표를 암기하는데 특정한 학년과 시기는 언급하지 않았다.

3. Miss Trothers supports repetitive rote learning of mathematical facts.
트로더스씨는 수학적 사실의 반복적인 암기 학습을 지지합니다.

정답 **FALSE**

해설 키워드인 Miss Trothers를 scan하도록 한다. 단순한 암기는 시간낭비(waste of time)라고 했으므로 위의 진술문은 거짓이다.

4. There is sufficient time available in the school day to rote learn basic mathematics facts.
학교에서 수업하는 동안 단순한 수학적 사실을 암기하는데 충분한 시간이 있습니다.

정답 **FALSE**

해설 톰슨 선생님이 말한 부분에 정답이 있다. 학교시간 내에 단순한 사실을 암기할 만한 충분한 시간이 없다고 했다. Cram-packed는 기초 연산을 공부할 만한 여유가 없음을 나타내는 표현이다. 그는 단순한 수학적 사실 학습은 가정에서 부모의 도움으로 이루어진다고 설명하고 있다.

5. Studies show that poor quality maths teaching is responsible for the resulting low level of mathematical knowledge.

연구에 의하면 수준 낮은 수학지도가 낮은 수학점수에 책임이 있습니다.

정답 NOT GIVEN

해설 지문의 어디에도 poor quality maths teaching이 나온 곳이 없다. 수준 낮은 수학지도가 시험의 결과에 영향을 미칠 수 있다고 추측할 수는 있겠지만 본문에 언급되어 있지 않으므로 정답은 NG이다.

6. Teachers interviewed provided a mixed response.

인터뷰를 한 교사들은 다양한 반응을 보였습니다.

정답 TRUE

해설 단락 D에서 작가는 여러 선생님을 인터뷰했고 다양한 의견(a diverse range of opinions)을 수집했다. 문제의 a mixed response는 Diverse range of opinions와 유사어로 사용되었다.

Questions 7~12

Decide which statement best sums up the main idea of the paragraph.

다음 어떤 문장이 각 단락의 주제를 가장 잘 요약한 것인지 결정하십시오.

*Choose the best answer from option **A, B or C**.*

A, B, C중에서 고르시오.

Write your answer in the boxes 7~12 on the answer sheet.

문제 7~12의 답안지를 작성하시오.

7. The main idea of paragraph A is

   A. Theories on why children are struggling with mathematical knowledge are currently being discussed.
   B. Children worldwide are struggling with mathematical knowledge.
   C. One theory to solve the decreasing level of mathematical knowledge is required.

   A단락의 주제는
   A. 아이들이 수학적인 지식을 어려워하는 이유에 관한 이론이 현재 논의되고 있습니다.
   B. 세계적으로 아이들이 수학적 지식을 힘들어하고 있습니다.
   C. 떨어지고 있는 수학적 지식을 해결할 이론이 필요합니다.

   정답 B

   해설 이 단락의 주제는 전 세계 아이들이 수학에 어려움을 겪고 있다는 사실을 말하고자 한다. C는 정답에서 제외되어야 한다. 선택형 문제는 한 눈에 봐서 오답일 경우, 그 항목을 제외하고 나머지 항목에서 정답을 찾도록 한다.

8. The main idea of paragraph B is

   A. In recent times there has been a shift away from learning basic facts in favour of conceptual strategising.
   B. Mr Frost suggests that all mathematical learning should take place in school based maths clubs.
   C. Mr Frost is in favour of the widely recognised trend of mathematical strategising.

   B단락의 주제는
   A. 최근에 개념적 전략이 우세하여 기초 연산 학습이 밀려나고 있습니다.
   B. 프로스트 선생님은 모든 수학 학습이 학교의 수학클럽에서 이루어져야 한다고 제시합니다.
   C. 프로스트 선생님은 광범위하게 인식되고 있는 수학적 전략 경향을 지지합니다.

   정답 A

   해설 기초 연산 학습이 개념적 수학전략에 의해 밀려나고 있음을 말하고자 한 문단이다. 이것이 기본적인 수학개념을 약화시키고 있다는 사실이 프로스트 선생님의 지도 경험으로 확인되고 있다. 그러므로 프로스트 선생님의 지도 경험은 주제를 지지하기 위한 예로서 언급된 경우이다.

9. The main idea of paragraph C is

   A. Miss Trothers supports both rote learning and mathematical strategising.
   B. Rote learning is a positive way of enhancing mathematical knowledge.
   C. The shift away from rote learning is seen as a positive step.

   C단락의 주제는
   A. 트로더스 선생님은 단순한 암기학습과 수학적 전략 모두를 지지합니다.
   B. 단순한 암기학습은 수학적 지식을 확장시키는 긍정적인 방법입니다.
   C. 단순한 암기 학습에서 벗어나는 것이 긍정적인 발전처럼 보입니다.

   정답 C

   해설 주제 문장은 보통 문단의 첫 번째 문장이거나 두 번째 문장인 경우가 많다. 이 경우 첫 번째 문장이 주제를 포함하고 있다.

10. The main idea of paragraph D is

    A. Amidst clashing views, some teachers believe that mathematical knowledge is increasing.
    B. Teachers agree that mathematical knowledge is increasing.
    C. Researchers maintain opposing views.

    D단락의 주제는
    A. 분분한 의견 중에, 일부 교사들은 수학적인 지식이 증가하고 있다고 믿습니다.
    B. 교사들은 수학적 지식이 증가하고 있다는데 동의합니다.
    C. 연구가들은 상반된 견해를 보이고 있습니다.

    정답 A

    해설 A의 'clashing views'를 주목하면 'clashing'은 'opposing'으로 대체되어 사용할 수 있다. 상반된 의견이 있지만 수학적 지식이 어느 정도 향상되고 있는 경우도 있다고 했다. 이런 견해는 톰슨 선생님에 의해 제기된 것이다. B의 경우는 모든 선생님들이 수학적 지식이 증가되고 있다고 말하지 않았으므로 오답이다. C의 경우는 의견이 상이함을 내포하고 있지만 전체 문단의 주제 문장을 표현하지는 않았다. 그러므로 정답은 A이다.

11. The main idea of paragraph E is

   A. Children respond well to a wider range of mathematics.
   B. Children today have a wider range of mathematical knowledge, which needs to be supported by both school and parents.
   C. Parents are solely responsible for their child's success.

   E단락의 주제는
   A. 어린이들은 더 광범위한 수학에 잘 적응하고 있습니다.
   B. 오늘날 아이들은 더 많은 수학 지식을 가지고 있는데, 이는 학교와 학부모들에 의해 도움을 받아야 합니다.
   C. 아이의 성공은 부모만의 책임입니다.

   정답 B

   해설 주어진 항목 A, B, C 중 C를 우선 제외시킨다. 아이들이 수학을 잘하는 이유가 단지 학부모가 단독(solely)으로 되지 않는다. 최근에 더 많은 수학적 지식은(결과) 학교와 학부모의 노력의 결과로(원인)으로 아이들이 수학에 성공할 확률이 높아졌음을 나타내는 주제문은 B가 된다.

12. The main idea of paragraph F is

   A. Quality teaching is essential to a child's mathematical success.
   B. Rote learning, maths clubs and excellent maths teachers are essential to a child's mathematical success.
   C. Teachers combining meaningful rote learning, maths strategies and supportive parents are essential to a child's mathematical success.

   F단락의 주제는
   A. 양질의 교육이 아이들의 수학 성공에 필수입니다.
   B. 단순한 암기 학습, 수학클럽 그리고 우수한 수학 교사들이 아이들의 수학 성공에 필수입니다.
   C. 의미있는 암기 학습과 수학 전략을 결합시키는 교사와, 도움을 주는 부모가 아이의 수학 성취에 필수적입니다.

   정답 C

   해설 수학의 성공을 보장하기 위해 필요한 요소들을 혼합한 내용을 요약한 것이 주제문이다. A의 경우 교육이 수학적 성공을 이끄는 주요 요소이지만 학부모의 도움을 누락시켰고 B 역시 그럴듯해 보이지만 수학 클럽은 이 단락에 포함된 내용이 아니므로 정답이 되지 않는다. 그러므로 정답은 C가 된다.

SECTION 2   Questions 13~25

Bridges of the World

From earliest times in human history natural bridges have been utilised to negotiate rivers or streams. A log fallen over a stream is a bridge for humans and animals alike. Bridges were first intentionally built using natural materials such as wood and bound twigs and even straw. As these bridges would have been prone to being swept away by the forces of nature, more permanent structures began to be designed and built.

Bridges are generally designed to transport people, vehicles and goods across water and land. In ancient times the Greeks and Romans were renown for their bridge building ability. 15)They even developed innovative systems to carry water called aqueducts, in addition to using bridges to hasten the delivery of imports and exports. Today bridges span vast distances and are built in a variety of styles. As materials are developed and technology changes the spans become greater and the beauty of bridges unsurpassed.

Bridge engineering is a highly specialised field requiring precision, knowledge of materials and expertise in large-scale construction. Bridges mainly consist of struts, ties, attachments, cables, beams, towers, piers, and of course the deck. Bridges need to be able to support their own weight, known as dead load and the traffic, which is known as live load. 25)The bridge must be designed and built in such a way to resist stresses like tension, which is stretching and compression, which is squeezing. In addition to pressure in the form of weather, and torsion stresses created by rotation or twisting.

Auckland Harbour Bridge, New Zealand

A simplified view of the various types of bridges illuminates their differences. Essentially there are three types of bridges upon which most designs today are founded. 13)Beam, arch and suspension bridges form the basis of bridge design and cable-stayed, truss and cantilever bridges have evolved from these.

Beam bridges
Beam bridges are horizontal beams laid across an open area and the ends of the beams are supported by piers. The weight of the bridge pushes down onto the piers. As mentioned previously, early bridges were simply logs lying across a stream. In basic terms this structure would be defined as a beam bridge. Naturally the design has become more complex over time as bridges have grown and materials have changed.

Cantilever bridges
Cantilevers are horizontal beams built into both sides of the area to be bridged. The cantilever arms then support the weight of the bridge. The cantilever arms meet in the middle. Cantilever bridges are often admired for their beauty as they appear to be floating midair with little support. 24)Usually cantilever bridges are made from steel or pre-stressed concrete.

Arch bridges
Arch bridges are arched in shape. 17)The Greeks and Romans are known through Europe for their arch bridges. It was found that the arch shape had strength and was aesthetically pleasing. Many examples are still in existence and feature building techniques that are hundreds of years old. The Shanghai Lupu Bridge in China is currently the longest arch bridge with a span of 550 metres. It was completed in 2003 and spans the Huangpu river.

Suspension bridges
Suspension bridges are suspended from cables. Usually the cables are stretched, anchored and supported by two large towers. The longest suspension bridge in the world was completed in 1998. 18)It is the 3,911 metre long Akashi Kaikyo Bridge which joins the islands of Kobe and Awaji in Japan. 21)Another suspension bridge worthy of note is the very famous Golden Gate Bridge with its length of 2,737 metres. It was completed in 1937, and the supporting cables are lodged into anchorages built with more than one million tons of concrete.

Cable-stayed bridges
14)Cable-stayed bridges are similar to suspension bridges, in that, they are held up by cables. However, in a cable-stayed bridge, less cable is required and therefore the towers holding the cables are shorter. This allows the bridges to be built in less time than the comparatively long build time of suspension bridges. At this time, the Tatara Bridge in Japan is the longest cable-stayed bridge and 22)the Milau Bridge in France is the tallest cable-stayed bridge in the world for motorised traffic.

Truss bridges
16)Truss bridges are composed of a skeletal frame, which often has a triangular module

shape. Early bridges were made from wood but nowadays most truss bridges are made from metal. Trusses are very strong and can support great weight. [19), 20)]The Firth of Forth Bridge of Scotland, completed initially in 1964, utilises cantilever design and is supported also by trusses.

Extraordinary feats of engineering
[23)]Bridge structures have grown in size and dominance and yet, interestingly their role stays very true to their original purpose. They still transport people and goods across spans of water or land. Spectacular examples of engineering combining function and beauty are dotted all around the world. They include the ancient and the modern and are too numerous to mention here. Bridges offer a fascinating insight into human obstinacy if you choose to see it that way. Bridges overcome obstacles and allow for ease of transportation. The fact that bridges are beautiful and awe-inspiring is simply a bonus to the feats of engineering that they truly are.

세계의 다리

인류역사의 초창기부터 자연적인 다리들이 강이나 개울을 건너는데 사용되었습니다. 개울에 쓰러진 통나무가 인간에게나 동물들에게나 똑같이 다리입니다. 다리는 처음에 나무와 묶은 나뭇가지, 심지어는 밀짚과 같은 자연적인 재료를 사용하여 의도적으로 만들어졌습니다. 이 다리들이 자연의 힘에 의해 쉽게 떠내려가곤 했기 때문에, 더 영구적인 다리들이 설계되고 건설되기 시작했습니다.

다리는 일반적으로 물이나 땅을 가로질러 사람, 차량 그리고 물건을 실어 나르기 위해 설계됩니다. 고대 그리스사람들과 로마사람들은 교량 건설 능력으로 이름을 떨쳤습니다. 그들은 수출입품을 빨리 운반하기 위해 다리를 사용했을 뿐 아니라, 수도교(水道橋)로 알려진, 물을 운반하는 혁신적인 시스템을 개발하였습니다. 오늘날 다리들은 방대한 길이로 놓여지고 다양한 모양으로 건설되고 있습니다. 자재가 발전하고 기술이 변화하면서 다리 길이는 더 길어지고 다리의 아름다움은 탁월해졌습니다.

교량 공학은 정확성, 자재에 관한 지식과 거대한 규모의 건설에 관한 전문기술이 요구되는 고도의 전문 분야입니다. 다리는 주로 버팀목, 이음나무, 연결장치, 케이블, 들보, 주탑, 교대 그리고 교면으로 이루어집니다. 다리는 사하중(死荷重)으로 알려진 교량자체 무게와 활하중(活荷重)으로 알려진 교통량을 견뎌야 합니다. 교량은 늘어나는 장력과 줄어드는 압축력과 같은 물리적인 힘을 견디도록 설계되고 건설되어야 합니다. 기후의 영향 이외에 회전과 뒤틀림에 의해 생기는 비틀림(捻力)도 영향을 줍니다.

다양한 형태의 다리를 단순화시켜보면 그것들간의 차이가 드러납니다. 근본적으로 오늘날 볼 수 있는 대부분 디자인은 3가지 유형으로 나눌 수 있습니다. 단순교, 아치교, 현수교는 다리 디자인의 기본이 되고 사장교, 트러스교 그리고 캔틸레버교가 이것들로부터 발전했습니다.

단순교
단순 교량은 수평 들보가 아무것도 없는 빈 공간에 떠 있는 다리로 들보의 양 끝은 교각에 의해 지탱됩니다. 다리의 무게가 교각에 가해집니다. 앞에서 언급한 바와 같이 초창기 다리는 개울을 가로질러 통나무를 걸쳐놓은 것이었습니다. 기본적인 이런 구조를 단순 교량으로 명명합니다. 자연히 시간이 지남에 따라 다리가 커지고 자재들이 바뀌면서 디자인이 더 복잡해졌습니다.

캔틸레버교
캔틸레버 교량은 수평 들보가 두 지점을 연결한 다리입니다. 캔틸레버 팔이 교량의 무게를 지지합니다. 캔틸레버 팔은 중앙에서 만납니다. 캔틸레버교는 대개 그것들이 작은 버팀으로 공중에 떠 있는 것처럼 보이기 때문에 아름다움으로 정평이 나있습니다. 보통 캔틸레버교는 강철 혹은 PSC콘크리트로 만듭니다.

아치교
아치교량은 아치모양입니다. 그리스 사람과 로마 사람들은 아치교량으로 유럽 전체에 이름을 떨쳤습니다. 아치 모양은 강하고 심미적으로 아름답다고 여겨졌습니다. 많은 아치 교량들이 아직까지 존재하고 수 백 년의 건축기술을 보여주고 있습니다. 중국에 있는 상해 루포 다리는 길이가 550미터에 달하는 현재 가장 긴 아치교입니다. 그것은 2003년에 완공되었고 황포 강을 가로지릅니다.

현수교
현수교량은 케이블로 매달려있습니다. 대개 케이블이 두 개의 커다란 주탑으로 연결되어, 고정되고 지지됩니다. 세계에서 가장 긴 현수교량은 1988년에 완공되었습니다. 그것은 길이가 3,911 미터인 아카시 가이쿄 해협대교로 일본의 코베 섬과 아와지 섬을 연결하고 있습니다. 기억할 만한 또 다른 현수교량은 그 유명한 골든 게이트 브리지로 길이가 2,737 미터에 이릅니다. 그것은 1937년에 완공되었으며, 다리를 지탱하는 케이블이 백 만 톤 이상의 콘크리트로 만들어진 고정대에 고정되어 있습니다.

사장교
케이블에 의해 지지된다는 점에서 사장교량은 현수교량과 유사합니다. 하지만, 사장교량은 케이블이 덜 사용되므로 케이블을 지지하는 주탑이 낮습니다. 그래서 현수교량을 건설하는데 걸리는 오랜 기간보다 상대적으로 짧은 시간에 건설할 수 있습니다. 현재, 일본에 있는 타타라교가 가장 긴 사장교량이고 프랑스에 있는 미요 브릿지는 세계에서 자동차 다리로 가장 높은 사장교량입니다.

트러스교
트러스 교량은 뼈대 구조로 구성되어 있으며 대개 삼각형 모양입니다. 초기 다리들은 나무로 만들어졌지만 오늘날 대부분 트러스 교량은 금속으로 만듭니다. 트러스는 아주 강해서 거대한 무게를 지탱할 수 있습니다. 1964년에 처음으로 완공된 스코틀랜드의 퍼스포스브릿지는 캔틸레버 디자인을 사용하였고 트러스에 의해 지탱되었습니다.

공학의 놀라운 업적
교량 구조는 규모가 커지고 우수해졌지만, 흥미롭게도 다리의 역할은 원래 목적과 거의 같습니다. 다리는 여전히 바다와 육지를 통해 사람과 물건을 실어 나르고 있습니다. 기능과 아름다움을 결합시킨 공학의 장관은 세계 곳곳에 산재되어 있습니다. 고대의 다리와 현대적인 다리가 있으며 너무 많아서 이곳에 다 언급할 수 없습니다. 미적인 면에서 본다면 교량들은 인간의 고집스러움에 매혹적인 통찰력을 제공합니다. 교량들은 장애물을 극복하고 운송을 수월하게 하였습니다. 교량들이 아름답고 경외심을 자아낸다는 사실은 공학이 이룬 업적의 참 모습에 대한 보너스에 불과합니다.

Questions 13~17

Use NO MORE THAN THREE WORDS to answer the following questions.
세 단어 이내로 다음 질문에 답하시오.
Write your answers in boxes 13~17 on the answer sheet.
문제 13~17의 답안지에 정답을 작성하시오.

13. What are the three basic bridge styles called?
세 가지 기본적인 다리 유형은 무엇입니까?

정답 Beam, arch, suspension

해설 지문에는 여섯 개의 다양한 교량들이 소개되었지만 네 번째 단락에서 기본적인 다리 유형은 세 가지로 구분되고 있다. 즉 Beam, arch 그리고 suspension교이다.

14. Which bridge type would require the lengthiest use of cable?
어느 다리가 가장 긴 케이블을 사용해야 합니까?

정답 Suspension bridge

해설 케이블이 사용되는 교량은 사장교와 현수교이다. 지문에 사장교는 현수교와 유사하지만 케이블을 덜 사용한다고 했다. 그러므로 현수교가 더 많은 케이블을 사용하리라고 추측할 수 있다.

15. What is the name given for bridges that transport water?
물을 운반하는 다리에 붙여진 이름이 무엇입니까?

정답 Aqueduct

해설 다리는 사람이나 탈 것 그리고 물건 등을 실어 나르는 기본적인 용도 외에 물을 나르도록 설계되기도 한다. 즉 관개수로를 일컫는 것으로 이런 구조들을 수도교(Aqueduct)라고 한다. 보통 Aqua는 물, 액체, 용액을 말하므로 물과 관련이 있다. 또한 duct은 관, 도관, 수송관이다.

16. What bridge type has a skeletal frame?
어떤 다리가 뼈대구조를 가지고 있습니까?

정답 Truss bridge

해설 주어진 문제에서 키워드는 skeletal frame이다. 그 중심어를 지문에서 scan하여 정답을 찾도록 한다.

17. What bridge style is commonly associated with Romans?
어떤 다리가 로마사람들과 가장 관련이 있습니까?

정답 Arch bridge

해설 중심어 Romans이 나타나 있는 곳을 scan한다. 지문에는 그리스 사람(the Greeks)과 로마 사람(the Romans) 으로 나와 있더라도 질문은 로마사람들과 관련되어 있으므로 혼돈하지 않도록 한다.

Questions 18~22

Fill in the gaps in the chart.
차트의 빈 곳을 채우시오.
Write your **ONE WORD** answers in boxes 18~22 on the answer sheet.
문제 18~22의 답안지를 한 단어로 작성하시오.

Name of Bridge 교량이름	Location 위치	Statistics(Approximate) 통계(유사치)	Interesting Facts 특징
Akashi-Kaikyo Bridge 아카시 가이쿄 해협교	Connects the Japanese islands of **18.** _____ and Awaji 일본 섬인 코베와 아와이를 연결	Height: 282.8 meters Length: 3910 meters 높이: 282.8 미터 길이: 3910 미터	Wind and earthquake resistant 바람과 지진에 견딤
19. _____ 퍼스포스 브리지	Edinburgh, Scotland 스코틀랜드의 에든버러	Length: 2512 metres 길이: 2512 미터	Truss bridge. Opened in **20.** _____ but by 1985, the flow of traffic doubled so each tower leg required strengthening 트러스교량. 1964년에 개통했지만 1985년경 교통량이 두 배로 되어 각 주탑 다리의 내구력을 보완함
Golden Gate Bridge 골든 게이트 브리지	Highway 101 between San Francisco and Marin counties of America 미국의 샌프란시스코와 마린 지방을 연결하는 101고속도로	Length: 2742 meters 길이: 2742 미터	Longest **21.** _____ bridge in the world at the time of its completion Colour: Orange vermilion. Completed May 27th, 1937 준공 당시 세계 최장의 현수교량 색상: 주홍색. 1937년 5월 27일에 완공됨
Great Belt Bridge 그레이트 벨트 브리지	Denmark 덴마크	Length: 6790 metres 길이 6790 미터	Road suspension bridge, which also has a railway tunnel 현수교량으로, 철도 터널이 있음
Milau Viaduct 미요고가	Near Milau in the south of France and passes over the valley of River Tarn 남부 프랑스 미요지방에 있고 타탄강 해협을 가로지는 다리	Weight: 36,000 tons Length: 2460 meters 너비: 36,000 톤 길이: 2460 미터	Cable-stayed road bridge. The tallest cable-stayed road bridge in the world for **22.** _____ transport 사장교량 세계에서 자동차 운행다리로 가장 높은 사장교량

18. 정답 Kobe
    해설 도표를 우선 분석해야 한다. 다리 이름은 Akashi-Kaikyo 다리이므로 Akashi-Kaikyo를 scan하여 그 부분에서 정답을 찾도록 한다.

19. 정답 Firth of Forth Bridge
    해설 다리 이름을 찾는 문제로 도표에 나타난 정보(Scotland/Truss Bridge)를 이용하여 관련 지문을 찾아야 한다. 트러스 교량부분으로 직접 가서 Scotland부분을 읽게 되면 정답인 Firth of Forth Bridge을 찾을 수 있다.

20. 정답 1964
    해설 퍼스포스 브리지와 관련된 문제로 숫자를 완공된 연도를 찾으면 된다.

21. 정답 suspension
    해설 중심어인 Golden Gate Bridge를 scan하도록 한다.

22. 정답 motorised
    해설 사장교로 미요고가에 관한 문제이다. 주어진 정보(Milau Viaduct/Cable-stayed road bridge)를 바탕으로 지문을 찾아야 하는데, 위의 차트는 특징으로 구분되어 각 각의 교량을 설명하는 형태이므로 Milau Bridge를 scan하는 것 보다 사장교(cable-stayed bridge)가 설명된 부분으로 가서 Milau Bridge와 관련된 문제의 해답을 찾는 것이 훨씬 수월한 방법이다.

Questions 23~25

Complete the following sentences.
다음 문장을 완성하시오.
Write your answers in boxes 23~25 on the answer sheet.
문제 23~25의 답안지를 작성하시오.

23. Bridge size and complexity has grown dramatically in recent decades and yet bridges have remained true to their _____.
    최근 몇 십 년간 다리 규모와 복잡성이 획기적으로 성장했지만 여전히 다리는 그들의 원래의 목적과 거의 같습니다.
    정답 Original purpose
    해설 문제와 지문에 나타난 문장이 똑 같지는 않지만 유사하게 표현되었음을 알 수 있다. 본문의 'dominance'는 문제의 'complexity'를 포함하는 것으로 대체사용이 가능하다. 즉 현대의 교량은 광대하게 건축되므로 그 구조 역시 복잡하고, 정교해야 함을 함축하고 있다.

24. Cantilever bridges are most commonly made from _____ or _____ _____.

캔틸레버 교량은 대부분 강철 혹은 PSC콘크리트로 만들어집니다.

정답 Steel (or) pre-stressed concrete

해설 캔딜레버교 설명부분에서 교량의 재료로 쓰이는 것이 무엇인지 확인해야 한다.

25. Bridges need to be able to withstand pressure from the weather as well as the stresses of _____ , _____ and _____ .

교량은 기후뿐만 아니라 장력, 압력 그리고 뒤틀림에도 견뎌야만 합니다.

정답 Tension, compression (and) torsion

해설 정확한 해답을 찾기 위해 학생들은 이 문장을 제대로 이해해야 한다. 기후와 관련된 것은 이미 문제에 주어졌고, 그 밖에 다리에 영향을 주는 요소를 찾아야 한다. 전문 기술용어는 대부분 독자의 이해를 돕기 위해 다른 방식으로 다시 설명을 하는 경우가 많다. 이 지문에도 각 용어에 대한 설명부분이 관계대명사를 사용하여 다시 풀이되었다. (tension, which is stretching and compression, which is squeezing./torsion is stated as a being rotation or twisting) 그러므로 학생들은 교량에 가해지는 요소들의 설명부분이 아닌 개념을 찾아 적어야 한다.

SECTION 3   Questions 26 ~ 42

The Great Nappy Debate
Disposable Versus Non-disposable

A

Nappies, otherwise known as diapers, stimulate high levels of debate amongst consumers and environmentalists alike. There is an undeniable convenience associated with disposable nappies. Babies are kept hygienically dry and comfortable. It is relatively easy to change baby and throw the nappy into the rubbish bin. Conversely there are environmental impacts to consider if this product is to be used in the long term. In addition to the adverse effects on the environment, some studies have indicated that there are potential health concerns for children. Both sides of the argument must be carefully considered.

B

Let's begin with some basic concepts:

- A baby will need up to six thousand nappy changes for the first two and half years of their life. (Most children are toilet trained between eighteen months and three years old.)
- 39) At approximately fifty cents per nappy, it is possible that between three to four thousand dollars worth of used nappies are deposited into a landfill per child.
- Around a million nappies are deposited in a landfill every day in New Zealand. (*Based on 145,000 children under two and half in NZ using 6-7 disposables per day.*)
- City councils are required to spend thousands of rate-payer's dollars annually to manage waste.
- Decomposing matter in landfills creates methane gas, which is thought to contribute to the issue of global warming.
- 35) Nappies take decades to break down in a landfill. Some studies have suggested that 500 years may be required for complete breakdown.

C

How do disposable nappies work? Disposable nappies are designed and manufactured to the highest possible degree of comfort for babies. Thick pads of wadding are shaped for the perfect fit, soft elastic gathers the leg to prevent leakage, absorbent liners nestle delicate baby skin and a tough outer plastic holds the whole product together. Tabs on the sides of the nappy allow for easy fastening and unfastening. Nappies come in a variety of sizes from newborn and premature babies to toddler size. They accommodate the immobile baby right through to the active toddler. Nappies are aesthetically pleasing, soft to the touch and have colourful graphics on them to not only amuse the baby but to help parents put them on the correct way round. Nappies are available in gender-specific designs.

D
The main product contained within most nappies, which causes modern day nappies to be so effective, is called sodium polyacrylate powder, a super absorbent polymer. The white powder, or more commonly in nappies ~ crystals, are contained within the wet zone of the nappy within the cotton wadding. [38)]When urine is added to the white crystalline polymer, the crystals absorb many times their size and a polymeric gel forms. The gel that forms then swells to many times its original size. Disposable nappies use small amounts of sodium polyacrylate to absorb baby urine. The more polymer powder in the nappy, the more urine it can absorb.

E
The health concerns that exist in conjunction with the use of sodium polyacrylate is related directly to its extreme absorbency. [34)]If there are any small tears in the baby's skin the powder could be absorbed into the blood stream. [33)]Studies have not been done as yet to show whether there are any long-term negative effects for baby when their skin is subjected to extreme dryness. Additional fears have been expressed regarding the fact that nappies retain heat and raise the temperatures of male genitalia. There are concerns that the raised temperature could result in fertility problems later in life however long-term studies need to be conducted to confirm or eradicate these concerns. Babies can experience nappy rash when using disposable nappies however this is also true of the reusable cotton counterparts. [40)]A more serious problem associated with disposable nappies is the ease of spreading enteric viruses causing disease, for example hepatitis, via faeces remaining in the nappy. The nappy is then disposed of in the household rubbish bin. The threat of succumbing to disease is not limited to members of the household as sanitation workers are also at risk.

F
[36)]There are alternatives to disposable nappies. The options include products that are similar to disposable nappies but are bio-degradable. Generally these products contain a disposable liner that may be flushed down the toilet. The outer nappy can be washed and reused. Cotton nappies can be flat or shaped. The benefits of buying reusable cotton nappies include reducing landfill waste, they are considered to be healthier for baby and [41)]may be reused for siblings. [37), 42)]The fact that they are reusable reduces the overall cost to the individual and society. Organic cotton is the choice of environmentally aware parents as the end product is chemical free and the environment has not been damaged through the use of harmful pesticides. Laundering reusable nappies increases a household's water usage however the increased use of this natural resource is offset by the overall reduction of household rubbish.

G

The majority of mothers depend on disposables because they fit with their busy lifestyles. The thought of cloth nappies and the laundering thereof is side-stepped because of the lack of instant convenience. Most people are aware of the environmental hazard of waste but choose to ignore it. However, if the possible negative health concerns of disposable nappies were more widely reported it is possible that more mothers would investigate alternatives. Further independent studies are required to confirm the health concerns or clear the disposable nappy of suspicion.

H

The mounting pile of waste remains an issue. Landfills continue to be filled with disposable nappies. The answer to this escalating issue will be resolved when a product is created that serves both convenience and environment. Consumers demand a high level of convenience and this fact is unlikely to change except for the conscientious few who are prepared to invest time and effort into laundering environmentally sound products. The focus of manufacturers on creating a product that breaks down fully in a shortened space of time would be well-rewarded. Disposable nappies ~ technological advance or environmental disaster? The debate continues and requires sound research in order to reach firm conclusions. Ultimately the answer remains with both consumer and manufacturer to find a path into the future that serves both the demands of the consumer and environment.

기저귀에 대한 중대 논쟁
일회용 기저귀 대 재사용 기저귀

A

Nappies 혹은 Diapers로 알려진 기저귀는 소비자와 환경주의자 모두에게 첨예한 논쟁이 되고 있습니다. 일회용 기저귀와 관련된 부정할 수 없는 것은 편리성입니다. 아기들을 위생적으로 건조하고 편안하게 유지시킵니다. 아기의 기저귀를 갈고 쓰레기통에 버리면 되기 때문에 상대적으로 수월합니다. 반대로 만일 이런 제품을 오랜 기간 사용할 경우 환경적 영향이 있습니다. 환경에 부정적인 영향을 주는 것 이외에, 일부 연구는 어린이들에게 잠재적인 건강문제가 된다고 지적해왔습니다. 이 논쟁의 양 측면을 신중하게 고려해야 합니다.

B

몇 가지 기본적인 개념으로 시작합시다.

- 아기는 생후 2년 반 동안 6,000개의 기저귀를 갈아야 합니다. (대부분 아이들이 18개월에서 3살 사이에 용변훈련을 받게 됩니다.)
- 기저귀 한 장에 대략 50센트이고 한 아이당 아마도 3,000-4,000 달러 가치의 기저귀가 사용되고 쓰레기 매립지에 버려집니다.
- 매일 뉴질랜드에서는 백만 장 정도의 기저귀가 매립지에 버려집니다. (뉴질랜드에 두 살 반 이하의 145,000 어린이가 매일 6-7장을 사용하고 있습니다.)
- 시의회는 쓰레기를 관리하기 위해 매년 수 천 명의 납세자들의 돈이 필요합니다.
- 매립지 쓰레기가 분해되며 메탄가스를 만드는데, 이는 지구 온난화 문제에 일조하는 것으로 생각되고 있습니다.
- 기저귀는 매립지에서 몇 십 년에 걸쳐 분해됩니다. 일부 연구는 완전하게 분해되기 위해 500년이 필요할 것이라고 제시했습니다.

C

어떻게 일회용 기저귀가 작용할까요? 일회용 기저귀는 아기들에게 가장 착용감이 뛰어나도록 디자인되고 제조됩니다. 두꺼운 솜 패드는 완벽하게 맞는 형태로, 부드러운 탄력주름이 다리 사이로 새는 것을 방지하고, 흡수력 있는 안감이 연약한 아기 피부를 감싸주고, 질긴 외부 비닐이 전체를 단단하게 잡아줍니다. 기저귀 양 옆에 붙은 잠금 장식이 기저귀를 쉽게 채우고 풀 수 있게 합니다. 기저귀는 신생아와 조산아에서부터 걸음마 아기까지 크기가 다양합니다. 그것들은 움직임이 적은 아기에서 활동이 많은 걸음마 아기까지 사용할 수 있습니다. 기저귀는 미적으로 즐겁게 하며, 부드러운 촉감과 화려한 그림이 있어 아기들을 즐겁게 할 뿐만 아니라 부모들도 올바른 방향으로 기저귀를 채울 수 있게 합니다. 성별에 따라 디자인 된 기저귀도 있습니다.

D

대부분의 기저귀에 포함되어, 기저귀를 매우 효과적으로 만드는 주요 성분은 나트륨 폴리아크릴레이트 파우더로 불리는 흡수성이 아주 강한 폴리머입니다. 기저귀에 보통 알갱이 형태로 쓰이는 이 하얀색 가루는 면 솜 속 오줌 싸는 부분에 포함됩니다. 오줌이 하얀 폴리머 알갱이에 닿으면, 그 알갱이들이 자신의 크기의 몇 배를 흡수해 중합체 젤 형태로 됩니다. 젤이 만들어지고 나면 자신의 원래 크기보다 몇 배로 부풉니다. 일회용 기저귀는 적은 양의 나트륨 폴리아크릴레이트를 사용하여 아기 오줌을 흡수합니다. 폴리머 가루가 많으면 많을수록 더 많은 오줌을 흡수할 수 있습니다.

E

나트륨 폴리아크릴레이트 사용과 관련된 건강문제는 그 성분의 아주 강한 흡습성과 직접 관련이 있습니다. 만일 아기 피부에 작은 상처가 있으면 그 가루는 피 속으로 흡수될 수 있습니다. 아기들의 피부가 극도로 건조할 때 장기적으로 부정적인 영향이 있는지에 대한 연구는 아직 이루어지지 않았습니다. 또 다른 우려는 기저귀가 열을 붙잡아두어 남아의 음낭의 온도를 상승시킨다는 사실입니다. 체온이 올라가면 그로 인해 나중에 생식기능 장애를 일으킬 수 있다는 염려가 있는

데, 이 염려를 확인하거나 없애기 위해 장기적인 연구가 이루어져야 합니다. 일회용 기저귀를 사용할 때 아기들이 기저귀 발진을 경험할 수 있는데, 이것은 재사용이 가능한 천 기저귀에서도 발생합니다. 일회용 기저귀 사용과 관련된 더 심각한 문제는 기저귀에 남아있는 배설물에 의해 간염과 같은 질병을 일으키는 장바이러스가 쉽게 퍼진다는 것입니다. 기저귀는 가정의 쓰레기통에 버려집니다. 질병의 위험은 단지 가족들에게만 있는 것이 아니라 청소요원 역시 위험에 놓이게 됩니다.

F
일회용기저귀에 대안이 있습니다. 대안 중 하나는 일회용기저귀와 유사하지만 분해될 수 있는 제품이 있습니다. 일반적으로 이런 제품들은 변기에 버려도 되는 일회용 안감을 포함합니다. 외부기저귀는 씻어서 다시 사용할 수 있습니다. 면 기저귀는 일자형 기저귀와 팬티형 기저귀가 있습니다. 재 사용이 가능한 면 기저귀를 사는 장점은 매립 쓰레기를 줄일 수 있고, 아이들의 건강에 좋다고 생각되며 형제들에게 다시 사용할 수도 있다는 것입니다. 그들은 재사용이 가능해서 전반적으로 개인과 사회의 비용을 절감할 수 있습니다. 유기농 면 기저귀는 최종제품이 화학약품을 사용하지 않고 유해한 살균제 사용으로 인한 환경적인 피해가 없기 때문에 환경을 생각하는 부모들의 선택입니다. 재사용 기저귀의 세탁이 가정의 물 사용을 늘리지만, 전체적으로 가정 쓰레기의 감소에 의해 물 사용의 증가가 상쇄됩니다.

G
대부분의 엄마들은 바쁜 생활 때문에 일회용에 의존합니다. 순간의 편리함이 없어 천 기저귀와 그로 인한 세탁을 회피합니다. 대부분의 사람들이 쓰레기의 환경적인 피해를 알고 있지만 그것을 무시해버립니다. 하지만, 만일 일회용 기저귀에 부정적인 건강 문제가 있을 수 있다는 것이 더 널리 알려진다면, 더 많은 엄마들이 대안을 찾을 것입니다. 건강문제를 확인해 주거나 일회용기저귀에 대한 의심에서 벗어나려면 독립적인 연구들이 더 이루어져야 합니다.

H
쌓여가는 쓰레기더미도 문제로 남아있습니다. 매립지가 일회용-기저귀로 메워지고 있습니다. 이 확대되어가는 문제에 대한 해답은 편리성과 환경의 두 가지 요구에 합당한 제품이 만들어질 때 해결될 수 있습니다. 소비자들은 최대의 편리성을 요구하는데, 이 사실은 환경적으로 안전한 제품을 세탁하는데 노력과 시간을 투자할 준비가 되어 있는 극소수의 인식 있는 사람들을 제외하고는 거의 변하지 않을 것 같습니다. 짧은 시간 안에 완전 분해되는 제품을 생산하는데 관심을 갖는 제조업체들에게 보상을 해야 합니다. 일회용 기저귀는 과학기술의 진보입니까, 환경의 재앙입니까? 논쟁은 계속되고 있고 확실한 결론에 이르기 위해 타당한 연구가 필요합니다. 해답은 궁극적으로 소비자와 제조업자가 소비자와 환경의 요구에 맞는 미래의 길을 찾는데 달려있습니다.

Questions 26~32

The passage has 8 paragraphs.
지문은 8개 단락으로 되어있습니다.

Choose the best heading for each paragraph from the list of headings below. The first one has been done for you as an example. Note there are headings than are required.
각 단락에 가장 적절한 제목을 아래 제목 중에서 고르시오. 첫 번째는 참고로 완성된 것입니다. 필요한 것보다 더 많은 제목이 있습니다.

Write your answers in boxes 26~32 on the answer sheet.
문제 26~32의 답안지를 작성하시오.

List of Headings

(i)   The cost of convenience 편리함의 대가
(ii)   Disposable nappy design 일회용 기저귀 디자인
(iii) The benefits of organic cotton 유기농 면 기저귀의 이점
(iv)   Fears associated with disposable nappies 일회용 기저귀에 관련된 두려움(공포)
(v)   Introducing the positives and the negatives of nappies 기저귀의 긍정적인 면과 부정적인 면의 소개
(vi)   What will babies of the future be wearing? 미래의 아기들은 어떤 것을 사용할까?
(vii) Assessing the alternatives 대안책의 평가
(viii) A few facts to consider 고려해야 할 몇 가지 사항
(ix)   Why disposable nappies are so effective? 왜 일회용 기저귀가 효과적일까?
(x)   Waste water increases as nappy laundering increases 기저귀 세탁이 증가함에 따른 물 사용의 증가

For Example Section **A** (v)

26. Section B
정답 (viii) A few facts to consider
해설 이 단락은 독자에게 몇 가지 목록을 제시한 포맷임을 쉽게 알 수 있다. 첫 문장인 Let's begin with some basic concepts는 A few facts to consider와 유사한 의미를 갖고 있다. 즉 concepts과 facts는 유사어로 대체사용이 가능하다. 이 단락은 주제와 관련된 몇 가지 정보를 제시하는 단락이다.

27. Section C
정답 (ii) Disposable nappy design
해설 문단의 첫 문장인 How do disposable nappies work?은 수사학적 의문(rhetorical question)형태이다. 이는 문장 형식이 의문문이지만 해답을 요구하지 않으며, 강조의 용법으로 사용되는 것을 말한다. 두 번째 문장이 주제문이다. 이 단락은 기저귀의 디자인과 기능을 설명하고 있다.

28. Section D

정답 **(ix) Why disposable nappies are so effective?**

해설 앞 단락에서는 일회용 기저귀의 전반적인 디자인에 관한 설명이었다. 이 단락은 어떻게 일회용 기저귀가 그렇게 효과적인지 그 이유에 초점을 두고 있다. 중심어는 첫 문장에 나타난 sodium polyacrylate powder이다.

29. Section E

정답 **(iv) Fears associated with disposable nappies**

해설 문단의 첫 문장을 보자. The health concerns …… in conjunction with sodium polyacrylate.의 주제문과 상응하는 주제 문은 Fears associated with disposable nappies이다. Concerns과 fears / conjunction with와 associated with / disposable nappies와 sodium polyacrylate는 유사어로 쓰였다.

30. Section F

정답 **(vii) Assessing the alternatives**

해설 이 문제의 결정적인 힌트는 중심어인 alternatives가 주어진 제목 목차와 단락 첫문장과 똑같이 사용되어서 정답을 찾기가 수월하다. 또한 계속 이어지는 문장을 읽게 되면, 일회용 기저귀의 대용으로 사용되는 여러 가지 대안방법이 묘사되었음을 알 수 있다.

31. Section G

정답 **(i) The cost of convenience**

해설 중심어는 convenience이지만 반드시 다음 문장에도 간단하게 편리성을 언급했음을 알아야 한다. 'cost'는 두 가지 의미를 가지고 있다. 즉 경제적인 측면과 환경적인 측면이다.

32. Section H

정답 **(vi) What will babies of the future be wearing?**

해설 이 단락 역시 편리성도 언급했지만 결론 문단임을 고려해서 나머지 중 어느 것이 가장 합당한지를 생각해보아야 한다. 보통 결론 문단은 앞 부분을 요약하고 또한 미래를 고찰하는 경우가 대부분이다. 이로 미루어 미래지향적인 What will babies of the future be wearing?이 정답이다.

Questions 33~37

Complete the chart to show the cause and effect relationships discussed in the article.
이 지문에서 논의된 원인과 결과 관계를 보여주는 차트를 완성하시오.

Write your ONE WORD answer in boxes 33~37 on the answer sheet.
문제 33~37 답안지를 한 단어로 작성하시오.

Cause

o Babies wearing disposable nappies remain dry and comfortable.
일회용 기저귀를 착용한 아기는 건조하고 편안함을 유지합니다.

o Sodium polyacrylate powder absorbs liquid and swells to many times its original size.
나트륨 폴리아크릴레이트 파우다는 액체를 흡수하여 원래 크기의 몇 배로 부풀게 됩니다.

o Nappies may take decades to 35. _____ down.
기저귀는 분해되는데 몇 십 년이 걸립니다.

o Cotton nappies are an alternative to 36. _____ .
면 기저귀는 일회용 기저귀의 대안 방법입니다.

Effect

o Babies are likely to sleep longer and suffer less nappy rash as wetness is pulled away from the skin.
아기는 더 오랫동안 잘 수 있고 피부에서 습기를 제거할 수 있으므로 기저귀 습진으로 덜 고통을 받습니다.

o Studies need to be done to assess the long term effect of sodium polyacrylate powder on the baby's 33. _____ and what the effect would be if the powder got into the baby's 34. _____ stream.
연구는 나트륨 폴리아크릴레이트 파우더가 아기의 피부에 미치는 장기적인 효과와 파우더가 아기의 혈류에 닿게 되면 어떤 영향이 있는지를 평가할 필요가 있습니다.

o Councils managing landfills have to absorb the cost of disposing of thousands of nappies daily.
시의회의 매립지 관리는 매일 수 천 개의 일회용 기저귀 처리비용으로 사용되어야 합니다.

o Some consumers argue that cotton nappies are also harmful because of the 37. _____ and pesticides used in growing and production.
일부 소비자들은 늘어나는 제품생산에 사용되는 화학제품과 살균제 때문에 면 기저귀 역시 유해하다고 주장합니다.

---

33. 정답 Skin

해설 단락 E에서 나트륨폴리아크릴레이트가 아기 피부에 장기적인 영향을 평가하는 연구가 필요하다고 언급했다.

34. 정답 Blood
해설 작가는 또한 초강력 흡수제가 피부의 작은 상처를 통해 아기의 혈류에 닿게 될 경우에 대해서도 연구할 필요가 있다고 했다.

35. 정답 Break
해설 문제에서 주어진 take decades to _____ down을 통해 일회용 기저귀가 분해되기 위해 소요되는 기간이 언급된 문장을 찾아야 한다. break down은 지문 곳곳에 사용되었다.

36. 정답 Disposables
해설 혼돈을 일으킬 만한 문제이다. 선택사항으로 일회용 기저귀 혹은 유기농 기저귀를 생각할 수 있다. 하지만 전반적으로 지문 내용에 나타난 선택사항은 일회용 기저귀와 재사용이 가능한 면기저귀에 대한 내용이다. 유기농 면기저귀는 재사용이 가능한 면기저귀 그룹에 포함된다. 그러므로 면기저귀와 유기농 면기저귀는 같은 종류로 생각할 수 있어야 한다.

37. 정답 Chemicals
해설 이 문제에 답하기 위해서는 추론을 하는 것이 중요하다. 면기저귀와 유기농 기저귀의 비교에 관한 것으로 환경적으로 인식을 가지고 있는 부모들이 유기농 기저귀를 선택하기도 하는데 그 이유는 화학제품을 사용하지 않아서 환경에 무해하기 때문이라고 언급했다. 독자는 수요가 증가하는 친환경 면제품을 생산하기 위해서는 살균제와 화학제품을 사용하지 않아야 한다고 추론할 수 있다.

Questions 38 ~ 42

*Use **NO MORE THAN THREE WORDS** to answer the following questions or complete the statement.*
3단어를 사용하여 다음 질문에 답하거나 문장을 완성하십시오.

Write your answer in boxes 38~42 on the answer sheet.
문제 38~42 답안지를 작성하시오.

38. What forms when liquid is added to the crystals in nappies?
기저귀 안의 수정체에 물기가 닿으면 어떤 형태가 됩니까?
정답 Polymeric gel
해설 액체가 수정체(알갱이)에 닿게 되면, 젤 모양으로 변한다고 했다. 키워드인 crystals를 scan하도록 한다.

39. It is estimated that nappies cost between _____ dollars per child.

한 어린이당 기저귀 비용은 $3,000-$4,000달러 사이로 추정합니다.

정답 $3000 - $4000

해설 주어진 문장을 완성하기 위해서는 두 가지의 숫자가 필요함을 알 수 있다. 즉 between으로 미루어 (between A and B) 정답은 두 개의 숫자임을 알아야 한다. 숫자는 지문에 아라비아 숫자로 표시되었을 경우에는 scan하기가 수월하다.

---

40. Hepatitis is an example of a disease caused by an _____ that can be found in disposed nappies.

간염은 일회용 기저귀에서 발견되는 장바이러스에 의해 생기는 질병 중에 한 예입니다.

정답 Enteric virus

해설 간염은 바이러스에 의해 전염되는 질병이라는 일반상식에서 출발하면 해답을 찾기가 쉽다. 키워드인 Hepatitis를 단락 E에서 찾고 virus와 어떻게 연관되어 있는지 파악하도록 한다. 그 다음 빈 칸이 있는 문장을 완성하기 위해 의학용어인 enteric virus를 찾아야 한다.

---

41. Why are reusable cloth nappies beneficial for larger families?

왜 대가족에게 재사용이 가능한 면기저귀가 이로울까요?

정답 Siblings reuse nappies.

해설 형제 자매가 많은 대가족은 재사용이 가능한 기저귀를 다시 사용할 수 있다는 장점이 있다. 단락 F에서 재사용이 가능함 면기저귀는 형제들에게 다시 사용할 수 있다는 문장을 찾아서 정답을 작성하도록 한다.

---

42. Why do environmentally aware parents like to use chemical free organic cotton nappies?

왜 환경적인 인식이 있는 부모들은 화학제품을 사용하지 않은 유기농 면 기저귀를 사용하는 것을 좋아할까요?

정답 Less environmental damage.

해설 이 문제를 살펴보고 문제의 중심어가 무엇인지 파악하도록 한다. 고려해야 할 사항이 두 가지가 있는데 Environmentally aware parents와 chemical free organic nappies이다. 왜 이런 선택을 하게 되었을까? 다음 문장을 보자. The environment is less likely to be harmed를 3단어 이내로 작성하도록 한다.

IELTS PRACTICE TEST 03

#	Answer	#	Answer
1	16 and 60	22	Encourages native birds and insects (or Reduction of plant pests)
2	questionnaire	23	FALSE
3	470 ml	24	TRUE
4	three blood products (or three components)	25	NOT GIVNE
5	within 24 hours	26	FALSE
6	Hepatitis and HIV	27	NOT GIVEN
7	four (4)	28	TRUE
8	hospital blood banks	29	FALSE
9	surgical	30	Wasting natural resources
10	22 degrees	31	Recyclers , Natural resources
11	prevent clotting	32	Awareness
12	plasma	33	Education , Legislation
13	immunity (or immune)	34	More expensive
14	B	35	Grey water , Rainwater
15	A	36	B
16	C	37	A
17	D	38	C
18	Seeds dormant for forty years	39	A
19	Offering native trees(to neighbourhoods)	40	B
20	(They have) no natural predators	41	A
21	Control pests and encourage natives	42	C

SECTION 1 Questions 1~13

Life Blood

Blood equals life. It is that simple. Often people do not think about the necessity of the blood pumping around their veins until there is a problem. The problems can be multi-faceted. Hospitalised patients may require blood transfusions as a result of an accident or during operations. People suffering from a variety of diseases need regular blood transfusions. Hospitals rely on blood donations to maintain their supply of fresh blood products.

Who can be a blood donor? 1)Basically anyone can donate blood so long as they are between sixteen and sixty years old and weigh over fifty kilos. Different countries have individual requirements. For example New Zealand will not accept blood from individuals who lived in France or the United Kingdom between 1980 and 1996 because of the outbreak of mad cow disease and the fact that this can be transmitted in a human form of the virus. Regrettably only 4% of the population give blood regularly even though 80% of people will require the benefit of blood products some time in their lives.

What happens when a new donor wishes to donate blood? The donor may go to Blood service collection centres or be visited by a mobile unit. Mobile units are particularly useful for workplace donations from a group of donors. 2)The first step requires the potential donor to fill in a questionnaire and have a private interview with a nurse to assess the safety levels of their blood. The nurse will then check blood pressure and haemoglobin levels.

3)During a standard blood collection 470 ml will be taken and this will take ten minutes usually. Afterwards the donor sits quietly and replenishes their energy levels with a glass of juice and a biscuit. A donor may donate blood once every three months. 5)It takes the body only twenty-four hours to replace the blood volume but does take longer to replenish the red blood cells, between four to six weeks. It is possible to make more regular donations where only certain blood products are collected such as plasma or platelets, and the remainder of the blood is returned to the donor. Naturally blood recovery is faster in these instances although the process takes longer to perform.

Post blood collection, the blood is rushed to a laboratory where it is processed. First it must pass through a filter where leucocytes or white cells and prions are removed. Prions are miniscule particles that may transmit diseases. 6)Samples of the blood are tested for blood type so the blood can be accurately classified and tested for blood-borne diseases such as Hepatitis and HIV. The remainder of the blood is put into a centrifuge. ⁴⁾The centrifuge spins and separates out the three blood products. The three blood products are red blood cells, platelets and plasma. Each blood product is destined for a specific task and receives different treatment accordingly.

Red blood cells carry oxygen through the body. ⁹⁾This blood product is used for surgical patients who have lost blood in the process of a surgical operation and trauma patients who have suffered an accident. Patients who experience severe anaemia also require transfusions of red blood cells. ⁷⁾The red blood cells are chilled to 4 degrees and are then placed in quarantine. Essentially the blood must be thoroughly tested and cleared before use. When the blood is cleared it is taken to hospitals around the country and ⁸⁾stored in their blood banks.

Platelets are small cells that help in blood clotting. Leukaemia patients cannot make their own platelets and require transfusions of platelets. Platelets have a short lifespan. ¹⁰⁾They are collected and stored at 22 degrees. ¹¹⁾The platelets are constantly gently moving to stop them from clotting. They must be used within five days. This product is in high demand and is often used within 24 hours of collection.

¹²⁾Plasma is another component of blood. This liquid is transparent. It carries the red blood cells through the body and carries antibodies. It is frozen to –35 degrees and is processed into a variety of medical products. Plasma is used for patients who require additional help to fight off infections. ¹³⁾Patients susceptible to infections are hepatitis patients for example and people who have lowered immune systems such as chemotherapy patients.

The array of end uses for blood products is vast. This is not matched by the quantity of blood donors. Many countries are experiencing blood deficit. Public awareness and action is required to remedy the shortfall. The chance is high that many individuals will require a potentially life saving blood transfusion sometime in their lifetime. A responsible approach would ensure that hospital blood banks are well supplied.

생명력

피는 생명이다. 아주 간단한 사실이다. 흔히 사람들은 문제가 생기기 전까지는 정맥을 따라 피가 흐르는 필요성에 대해 생각하지 않는다. 문제들은 다각적이다. 입원 환자들은 사고로 인해 혹은 수술 중 수혈이 필요하기도 하다. 여러 가지 질병들로 고통 받고 있는 사람들은 정기적인 수혈이 필요하다. 병원은 신선한 혈액제제를 공급하기 위해 혈액 기증자에 의존한다.

누가 혈액 기증자가 될 수 있을까? 기본적으로 16세에서 60세까지 체중이 50kg가 넘는 사람이면 혈액을 기증할 수 있다. 국가들은 각기 조건들이 있다. 예를 들면 뉴질랜드는 1980년과 1996년 사이에 영국이나 프랑스에서 살았던 사람들로부터는 혈액을 받지 않는데 광우 병의 발발과 이것이 인간 바이러스 종으로 전이될 수 있다는 이유 때문이다. 유감스럽게도, 인구의 80%가 일생의 어느 시점에서 혈액제제 혜택을 필요로 할 것임에도 불구하고 인구의 4%만이 정기적으로 수혈을 하고 있다.

새로운 기증자가 혈액을 기증하고자 할 때는 어떻게 되나? 기증자는 헌혈단체를 방문하거나 이동 헌혈용 차량 방문을 받게 된다. 이동 헌혈 차량은 특히 일터에서 단체로 헌혈받는데 유용하다. 첫 단계는 혈액의 안정성 수준을 평가하기 위하여, 예정기증자가 설문지를 기입하고 간호사와 개인 면접을 하게 된다. 그리고 나서 간호사가 혈압과 헤모글로빈 수치를 확인한다.

보통 수혈은 470ml 채취를 하게 되며 10분이 소요된다. 그리고 나서 혈액 기증자는 차분하게 앉아 주스와 비스킷으로 열량수준을 보충한다. 혈액 기증은 3개월에 한 번씩 가능하다. 신체는 단지 24시간이면 혈액량을 본래대로 되돌리지만 적혈구를 보충하기 위해서는 4주에서 6주 정도 더 오래 걸린다. 단지 일정 혈액제제 즉 혈장 혹은 혈소판을 채취하는 경우 더 정기적인 혈액기증이 가능한데, 나머지 혈액은 기증자에게 반환된다. 당연히 이런 경우는 헌혈을 하는 절차는 더 걸리더라도 혈액회복은 더 빠르다.

혈액 채취 후, 피는 혈액처리를 하는 실험실로 빠르게 옮겨진다. 우선 혈액은 백혈구와 프리온을 제거하기 위해 필터를 통과해야만 한다. 프리온은 질병을 옮기는 미세입자이다. 견본 혈액으로 혈액형을 감별하여 혈액을 정확하게 분류하고, 간염과 에이즈 같이 혈액을 통해 감염되는 질병이 있는지 검사한다. 나머지 혈액은 원심분리기에 넣는다. 원심분리기를 회전시켜 세 가지 혈액제제를 분리해 낸다. 세 가지 혈액제제는 적혈구, 혈소판 그리고 혈장이다. 각각의 혈액제제는 특정한 역할을 위해 지정되고 그에 따라 다른 처리를 받는다.

적혈구는 신체에 산소를 운반한다. 이 혈액제제는 수술과정 중에 혈액의 손실이 있는 외과환자 그리고 사고로 인한 외상환자에게 사용된다. 심각한 빈혈 환자들 역시 적혈구 수혈이 필요하다. 적혈구는 4도까지 냉각시킨 후 검역소로 보내진다. 기본적으로 혈액은 사용 전에 치밀하게 검사되고 정화되어야 한다. 혈액이 정화되면 전국의 병원에 보내져 혈액은행에 저장된다.

혈소판은 혈액응고를 돕는 작은 세포이다. 백혈병 환자들은 자신의 혈소판을 만들 수 없어 혈소판 수혈이 필요하다. 혈소판은 짧은 수명을 가지고 있다. 그것은 채취되어 22도에 보관된다. 혈소판은 응고를 막기 위해 지속적으로 가볍게 움직여줘야 한다. 그들은 반드시 5일 이내에 사용해야 한다. 이 제제는 수요가 많아 흔히 채취 후 24시간 이내에 사용된다.

혈장은 또 다른 혈액성분이다. 이 유동체는 투명하다. 이것은 온 몸에 적혈구를 운반하고 항체를 운반한다. 이것은 영하 35도로 얼려서 다양한 의학제품으로 가공된다. 혈장은 염증과 싸우는 데 부가적인 도움이 필요한 환자들에게 사용된다. 염증에 감염되기 쉬운 환자들은 예를 들어 간염환자들과, 화학요법 환자들과 같이 면역력이 약화된 사람들이다.

혈액제제의 최종 용도의 범위는 광대하다. 혈액기증자의 수가 이 수요를 따라가지 못하고 있다. 많은 국가들이 혈액부족을 겪고 있다. 혈액부족을 해결하려면 대중의 자각과 행동이 요구된다. 대부분 개인들에게 그들의 일생 중 언젠가 수혈이 필요할 확률이 매우 높다. 병원 혈액 은행에 공급이 잘 될 수 있도록 책임감 있는 해결방법이 보장되어야 한다.

Questions 1~6

Complete the sentences below.
아래 문장을 완성하시오.
Use **NO MORE THAN THREE WORDS** to complete the sentence.
세 단어 이내로 문장을 완성하시오.
Write your answers in boxes 1~6 on the answer sheet.
문제 1~6의 답안지를 작성하시오.

1. Anyone can give blood as long as they are aged between _____.
   나이가 16-60사이인 사람들은 헌혈할 수 있다.
   정답 **16 and 60**
   해설 예정 기증자의 조건이 명시된 곳을 보면 체중 50Kg이상과 16-60세 사이이다. 나이에 관한 질문이므로 정답은 16 and 60이다.

2. The potential donor fills in a _____.
   헌혈 예정자는 설문지를 작성한다.
   정답 **questionnaire**
   해설 예정 기증자가 헌혈 전에 해야 할 절차에 관한 질문이다. 지문에서 정답을 찾도록 한다. Interview with nurse는 정답이 될 수 없다. 왜냐하면 작성해야 할 양식을 적어야 한다.

3. Usually the nurses take _____ of blood per session.
   보통 간호사들은 한 번에 470ml의 혈액을 채취한다.
   정답 **470 ml**
   해설 스캔을 통해 정답을 찾는다. 특정 정보에 관한 것으로 숫자는 일반적으로 찾기가 수월하다.

4. Blood is separated into _____.
   혈액은 세 가지 혈액 제재로 나누어진다.
   정답 **three blood products (or three components)**
   해설 헌혈 기증자에게 채취된 혈액은 세 가지 혈액제제 혹은 혈액 구성요소로 분리된다. 정답기재 시에 반드시 3이란 숫자가 포함되어야 한다.

5. Blood volume in the donor is replenished _____.
   기증자의 혈액량은 24시간 이내 회복된다.
   정답 **within 24 hours**
   해설 replenished와 유사어는 to fill up, refill이다. 이 경우는 헌혈 후에 유실된 혈액을 보충하기 위해서 필요한 시간을 고르는 문제이다.

6. Blood samples must be cleared of the possibility of infectious diseases such as
_____ and _____.
혈액 견본은 간염과 에이즈 같은 전염성 질병의 가능성을 반드시 없애야 한다.

정답 Hepatitis and HIV

해설 문제의 빈칸에 들어갈 가능성 있는 답은 질병과 관련이 있고 질병의 명칭일 확률이 높다. 이렇게 추정할 수 있는 이유는 Such as 혹은 For example 다음에는 주로 관련된 예가 나오기 때문이다.

Questions 7~13

Complete the chart below.
아래 차트의 빈칸을 채우시오.

Use **NO MORE THAN THREE WORDS** to complete the chart.
세 단어 이내로 차트를 완성하시오.

Write your answers in boxes 7~13 on the answer sheet.
문제 7~13의 답안지를 작성하시오.

Donor Blood Usage 헌혈된 피의 사용

Blood components 피의 성분	**Process** 과정	**Patient Uses** 의학적 사용
Red blood cells 적혈구	Freeze at 7. _____ degrees. 4°에서 저장. Stored to 8. _____. 혈액은행에 보내짐	Red blood are used for: Transfusions at accident and emergency centres. 9. _____ Operations. 적혈구 사용처: 사고나 응급환자 수혈, 외과 수술
Platelets 혈소판	Stored at 10. _____ degrees. 22°에서 저장됨. They are rocked gently to 11. _____. 응고를 막기 위해 가볍게 흔들어준다.	Platelets support patients with: Leukaemia. Undergoing chemotherapy. 혈소판은 백혈병 환자를 돕는다. 화학 요법에 쓰임.
12. _____ 혈장	Frozen to -35 degrees and processed into various medical products. -35까지 얼림. 다양한 의학 제품으로 가공	Plasma aids: Haemophiliacs. Lowered 13. _____ patients. 혈장은 면역이 약해진 환자와 혈우병 환자들을 돕는다.

7. 정답 **four (4)**
해설 학생들은 우선 차트를 분석해야 한다. 문제 7번과 8번은 Red blood cells에 관한 질문임을 인지하고 Red blood cells의 단락을 찾아 온도(degree)를 scan해야 한다.

8. 정답 **hospital blood banks**
해설 혈액 구성요소, 특히 적혈구 저장과 공급과정에 관한 문제로 distribute to를 통해 공급되는 장소임을 알 수 있다. 지문에 distribute to의 유사어로 taken to를 찾을 수 있다.

9. 정답 **surgical**
해설 9번 문제는 Patient Use가 문제의 실마리이다. 적혈구가 필요한 경우가 설명되어 있는 부분을 찾도록 한다. 정답은 Operations앞에 위치하고 있으며, 가능성 있는 정답의 품사는 형용사이다.

10. 정답 **22**
해설 혈소판에 관한 단락을 찾아서 platelets 주변을 읽도록 한다. 특히 바로 위의 화살표 안에 있는 문제 형태를 보면 (stored at ____ degree.) 온도와 관련된 문제임을 쉽게 알 수 있다.

11. 정답 **prevent clotting**
해설 질문의 키워드는 rocked gently이고 유사어를 본문에서 찾으면 gently moving이다. 혈소판 platelets을 scan해서 가볍게 움직여 줘야 하는 이유를 찾도록 한다.

12. 정답 **plasma**
해설 혈액의 세 가지 구성요소 중에 나머지 하나에 관한 문제이다.

13. 정답 **immunity (or immune)**
해설 혈장에 관한 문제로 키워드인 lowered와 관련된 환자가 무엇일까 생각해 본다.

SECTION 2   Questions 14~29

Environmental Newsletter: Connecting with Nature

Biodiversity celebrates the diverse range of animal, bird and plant species, which flourish in sparsely populated areas. [15)]However biodiversity is being continuously threatened as populations spread and develop into new areas. Cities spread into areas which previously would have supported a wide range of life forms.

[17)]City councils have recognised the dangers of losing native birds, animals and plants as the human invasion spreads. Town planning departments are now supporting wide belts of green areas and native bush to be gradually interlinked throughout cities. [28)]These green areas of native bush and trees sustain bird life and insects in addition to giving people a place to relax and unwind in relative quiet and peace.

[14)]It is the council's responsibility to protect the remaining biodiversity and actively promote conservation for future generations. [21)]This involves controlling pest plants and animals that pose a threat to our natural environment in addition to increasing and maintaining native reserves.

Unfortunately over the past one hundred years travel has had negative as well as positive impacts. True, it has broadened people's minds however it has also spread unwanted plant and animal species into unprotected environments. For example weasels, stoats, rats and possums were introduced into New Zealand. [20)]These animals have no natural predators in New Zealand so numbers of the animals increased unchecked. Regrettably, the animals proved to be devastating to entire populations of native birds as they feasted on the unhatched eggs and fledglings. Traps and poisonous bait have been extensively used in bush areas in an attempt to reduce the number of unwanted pests. [29)]Though this measure certainly does help to maintain lower levels of pests it will in no way eradicate them permanently.

Fortunately New Zealand has outlying islands off the coast, which have been successfully rid of rodents and small communities of endangered birds now live there safely. Breeding programs are aiding the endangered populations to slowly increase their numbers. Councils are focussed on reducing pest animal numbers to allow native bird populations to recover. Where a city cannot provide a safe environment alternative eco-systems are sought to ensure the continuance of biodiversity.

Plant pests are also invariably introduced species either by intentional means or by seed dispersal via the wind and sea currents. The early settlers to New Zealand bought gorse seedlings to hedge their farms as they had done in their native England. [16)]The ladies loved the bright yellow blooms as it reminded them of home. Gorse provided a plant solution that suited both practically and aesthetically. One aspect they hadn't counted on was the climate. In its native environment, gorse is easily controlled by a harsh winter climate however [23)]in New Zealand's temperate climate zone, it ravaged native bush and farmland. [18)]In addition to optimum growing conditions gorse seeds can lie dormant in the soil for up to forty years making the pest very difficult to eradicate. Further examples of introduced plant pests include, Woolly Nightshade, Columbine, Nasturtium and Jasmine. Once established, these plants quickly spread and smother native species.

[19)]A proactive measure on the part of the council is to offer native trees to neighbourhoods, which are attempting to rid their gardens of pest plants. [26)]Flax invites native Tuis back to gardens and the bright yellow flower of the Kowhai tree restores a food source for Wax eyes and Fantails. This excellent initiative will benefit the environment by reducing if not eliminating pest plants, [22)]replacing dwindling native trees and bushes which in turn will encourage the return of native birds and insects.

Biodiversity has decreased due to human error and population spread. [24)]Timely action now on the part of councils, town planners and city dwellers [22)]can protect the remaining biodiversity and hopefully support a return of native birds, plants and insects.

환경신문: 자연과 연결하기

생물의 다양성이란 동물, 조류 및 식물 종들이 종류가 다양함을 말하는데, 인구가 적은(저밀도) 지역에서 발달한다. 하지만, 생물 다양성은 인구가 새로운 지역으로 퍼지고 늘어나면서 계속해서 위협을 받고 있다. 예전에 다양한 종류의 생명체의 기반이 되었던 지역으로 도시가 뻗어가고 있는 것이다.

시의회는 사람들의 침범이 늘어나면서 토종 조류, 동물 및 식물들이 사라질 위험을 인식했다. 도시계획당국은 현재 광대한 그린벨트와 원시 수목지대가 도시들과 점차적으로 연결되도록 지원하고 있다. 원시 수목과 나무들로 이루어진 이 그린벨트들은 사람들에게 비교적 평화와 정적 속에서 휴식과 긴장을 푸는 장소를 제공하는 외에 조류와 곤충의 삶을 지속시켜준다.

미래세대를 위해 남아있는 생물다양성을 보호하고 적극적으로 환경보존을 장려하는 것은 시의회의 책임이다. 여기에는 자연보호지역을 늘리고 유지하는 것뿐만 아니라 우리 자연생태계를 위협하는 유해 식물과 동물을 억제하는 것도 포함된다.

불행하게도 지난 백 년간, 여행은 긍정적 영향과 더불어 부정적 영향을 가져왔다. 여행이 사람의 시야를 넓힌 건 사실이지만, 원하지 않은 식물과 동물 종을 무방비의 자연환경에 퍼트린 것도 사실이다. 예를 들면, 족제비, 담비, 쥐 그리고 펠란저가 뉴질랜드로 유입되었다. 이들 동물은 뉴질랜드에 천적이 없어서 이 동물들의 숫자는 통제되지 않고 증가했다. 유감스럽게도, 이들 동물은 부화되지 않은 알과 갓 깨어난 새끼들을 즐겨먹기 때문에 전체 토종 조류 집단을 황폐시키는 것으로 드러났다. 원하지 않는 유해동물의 숫자를 줄이기 위해 덫과 독성이 있는 미끼가 산림지역에 광범위하게 사용되어 왔다. 비록 이 방법이 확실하게 유해동물을 낮은 수준으로 유지하는데 도움이 되고 있지만 그것들을 영구적으로 박멸시키지는 못할 것이다.

다행스럽게 뉴질랜드는 해안에서 동떨어져 있는 섬들이 있어 성공적으로 설치류를 근절시켰고 그래서 현재 멸종위기에 처한 조류들의 적은 무리들이 그곳에서 안전하게 살고 있다. 번식 프로그램들이 멸종위기 종들의 수가 서서히 늘도록 돕고 있다. 시의회는 유해 동물의 수를 줄여 토종 조류의 개체 수를 회복하는데 중점을 두고 있다. 도시는 안전한 환경을 제공할 수 없는 상황에서, 생물다양성의 지속을 보장하기 위해 대안적인 생태계가 모색되고 있는 것이다.

유해식물들은 또한 의도적인 방법에 의해 혹은 바람과 해류에 의한 씨의 전파 등을 통해 다양하게 유입된다. 뉴질랜드의 초기 이민자들은 그들의 고향인 영국에서 했던 것처럼 농장울타리를 치기 위해 가시금작화 묘목을 사들여왔다. 여자들은 그것들이 고향을 생각하게 하여서 샛노랗게 핀 가시금작화를 좋아했다. 가시금작화는 실용적이면서 동시에 미적으로 적합한 해결책이었다. 그들이 생각하지 못했던 한 가지는 기후였다. 본래의 환경에서, 가시금작화의 개체 수는 혹독한 겨울에 쉽게 통제되었지만, 온화한 기후지역인 뉴질랜드에서는 토종 숲과 농장을 파괴시켰다. 최적의 성장 조건이 아니더라도, 가시금작화의 씨는 땅 속에서 최장 40년까지 동면할 수 있어서 그 식물을 근절시키는 것은 매우 어려운 일이다. 유입된 또 다른 유해식물의 예로는 노박덩굴, 매발톱꽃, 한련과 자스민이 있다. 이 식물들은 일단 자리를 잡게 되면, 빠르게 퍼져 본래의 숲을 덮어버린다.

시의회는 사전 대책으로 주민들에게 토종 나무를 제공하는데, 이 나무들이 정원에서 유해 식물을 제거하고자 시도 중이다. 아마는 정원에 토종새 튜이를 불러들이고 코화이나무의 샛노란 꽃은 다시 왁스아이와 공작 비둘기들에게 먹이 공급원이 되어 준다. 이러한 훌륭한 시도는 유해 식물을 근절시키지는 못해도 수를 줄임으로써, 그리고 감소된 토종 나무와 숲으로 되돌리고 이로 인해 토종 조류와 곤충들이 돌아오도록 함으로써 환경에 도움이 될 것이다.

생물다양성은 인간의 실수와 인구 확산 때문에 감소했다. 현재 시의회 기관과 도시 계획자 그리고 도시 주민들이 때맞춘 행동이 남아있는 생물다양성을 보호하고 토종 조류, 식물 그리고 곤충들이 돌아오도록 도울 수 있기를 희망한다.

Questions 14~17

Choose the correct answer, **A, B, C or D.**
A–D 중 정답을 고르시오.
Write your answers in boxes 14~17 on the answer sheet.
문제 14~17의 답안지에 A, B, C 또는 D를 쓰시오.

14. The article is about

   A. The impact of rodents on native birds.
   B. The importance of biodiversity.
   C. Introducing new species to the New Zealand environment.
   D. The positive impact of introduced species.

   이 글은 무엇에 관한 글인가?
   A. 설치류가 토종 조류에 미친 영향
   B. 생물의 다양성의 중요성
   C. 뉴질랜드 환경에 새로운 종의 도입
   D. 수입종의 긍정적 영향

   정답 B
   해설 이 기사의 주요내용은 생물다양성이 무엇인지를 설명하고 그것을 위협하는 요소와 유지하는 최상의 방법을 고찰한 글이다. 기사는 생물다양성의 중요성에 초점을 두고 있다.

15. Biodiversity has decreased due to

   A. Human error and population spread.
   B. A natural reduction in numbers of plant and animal species.
   C. Increased population.
   D. The increased number of rats, weasels and stoats.

   생물의 다양성이 감소한 이유는?
   A. 인간의 잘못과 인구 확산
   B. 식물과 동물 종 수의 자연감소
   C. 인구증가
   D. 쥐, 족제비 그리고 담비 수의 증가

   정답 A
   해설 생물다양성이 사람들에 의해 어떻게 감소되었는지를 설명하고 있다.

16. Gorse was introduced to New Zealand originally because

   A. The seed has a long life span of forty years.
   B. It was well suited to the more temperate New Zealand climate.
   C. It had an attractive flower and was useful for hedging farms.
   D. It grows readily in the temperate New Zealand climate.

   가시금작화가 처음 뉴질랜드에 도입된 이유는?
   A. 씨가 40년의 긴 수명을 가지고 있다.

B. 온화한 뉴질랜드 기후에 아주 적합했다.
C. 아름다운 꽃이며 농장울타리로 쓸모있었다.
D. 온화한 뉴질랜드 기후에서 쉽게 자란다.

정답 C

해설 영국에서 농장울타리로 사용되었던 가시금작화에 대한 설명과 함께 여자들이 샛노란 꽃을 좋아했다는 내용이다. 자연적인 울타리로 사용 가능한 식물의 실용성 때문에 초기 이민자들에게 선택되었다.

17. Councils and Town planners have recognised that green belts

A. Help to reduce rodent numbers.
B. Mainly help people to relax.
C. Are useful population dividers within cities.
D. Help to sustain bird life and insects.

시의회와 도시계획자들은 그린벨트의 어떤 점을 인식하였나?

A. 설치류 수를 감소시키는데 도움이 된다.
B. 사람들이 휴식을 취하는데 주로 도움이 된다.
C. 도시 안에서 인구분산에 유용하다.
D. 조류와 곤충의 삶을 유지시키는데 도움이 된다.

정답 D

해설 도시에 그린벨트 지역을 제공하는 근본적인 이유는 자연조류와 벌레들을 보호하고 유지하기 위함이다.

Questions 18~22

*Use **THREE TO FIVE WORDS** to answer the following questions.*
다음 질문에 3-5 단어로 답하시오.
Write your answers in boxes 18~22 on the answer sheet.
문제 18~22의 답안지를 작성하시오.

18. Why is gorse almost impossible to eradicate?

가시금작화를 근절하기가 불가능한 이유는?

정답 Seeds dormant for forty years.

해설 질문에 대한 답안이 글의 내용에 직접 명기가 되었듯이, 씨앗이 몇 십 년 동안 동면할 수 있다는 의미는 그 유해 식물을 원초적으로 근절시키는 것은 불가능하다는 뜻이다.

19. What positive steps are city councils taking to help city gardeners?

시의회가 도시에서 정원을 가지고 있는 사람들을 돕기 위해 취하고 있는 긍정적인 시책은?

정답 Offering native trees (to neighbourhoods)

해설 시의회가 '주민들에게 토종나무'를 제공한다는 부분에서 답을 찾을 수 있다. 유사어 사용에 주의를 기울이도록 한다. 문제의 키워드 positive steps은 지문에 사용된 proactive measure와 유사어이다.

20. Why have weasels, stoats, rats and possums adapted so successfully to life in New Zealand?
족제비, 담비, 쥐 그리고 팔란저가 뉴질랜드에서 성공적으로 정착한 이유는?

정답 (They have) no natural predators

해설 천적은 동물의 수를 통제하는 자연적인 방법이다. 천적이 없는 팔란저, 족제비, 담비, 쥐들의 경우는 급속적으로 확산이 될 수 밖에 없는 종들이다.

21. What must councils do to protect the remaining biodiversity?
남아있는 생물다양성을 보호하기 위해서 시의회는 무엇을 해야 하나?

정답 Control pests and encourage natives

해설 이 글의 주제는 생물다양성이다. 생물다양성을 보존하기 위해서 해야 할 일들을 설명했다. 한 가지는 천적을 이용하는 방법과 두 번째는 자연 종들을 서식하게 하는 방법이다. 학생들은 정답으로 두 가지 측면을 동시에 기술해야 한다. 단지 통제만 하거나 혹은 자연 종들을 서식하게 하는 것은 효과적이지 않기 때문이다.

22. How will replanting native plant species help biodiversity?
토종식물 종을 다시 심으면 생물다양성에 어떻게 도움을 주나?

정답 Encourages native birds and insects (or Reduction of plant pests.)

해설 생물 다양성 특히 조류와 곤충들에 관한 부분을 찾아보도록 한다. 문제의 키워드인 native plant와 조류의 이름이 나오는 부분을 찾아 정답을 쓰도록 한다.

Questions 23 ~ 29

Do the following statements agree with the information given in Reading Passage?
위의 단락과 일치하는 진술은 무엇입니까?

In boxes 23 ~29 on the answer sheet write
문제 23-29의 답안지를 작성하시오.

    TRUE   *if the statement agrees with the information* 진술이 본문과 일치하는 경우
    FALSE   *if the statement contradicts the information* 진술이 본문과 일치하지 않을 경우
    NOT GIVEN *if there is no information on this* 이것에 관한 정보가 없을 경우

23. Gorse is a pretty yellow flowered plant useful for hedging on farms in New Zealand.
가시 금작화는 예쁜 노란 꽃으로 뉴질랜드 농장에서 울타리로 쓸모가 있다.

정답 FALSE

해설 가시금작화는 뉴질랜드 기후로 인해 그것이 통제되지 않고 너무 퍼져 버렸기 때문에 농장에 만연하게 되어 결과적으로 농장에서 울타리로써 유용한 역할을 하지 않기 때문에 정답은 거짓이다.

24. Biodiversity should be encouraged by city councils.
생물다양성은 시의회에서 지원해야 한다.
정답 **TRUE**
해설 생물다양성을 북돋는 것은 긍정적이며 그런 이유로 생물다양성에 대한 시의회의 지원이 필요하다.

25. Some bird species in New Zealand have become extinct due to rodents.
뉴질랜드의 일부 조류 종은 설치류 때문에 멸종되고 있다.
정답 **NOT GIVEN**
해설 문제에서 조류와 곤충들이 멸종되고 있다고 했는데, 일부 종들은 사실 멸종이 되었다고 추정을 할 수 있어도 지문에는 이런 정보에 대한 특별한 언급이 없다. 그러므로 정답은 NOT GIVEN이다.

26. Introducing native tree species into backyards will encourage Tuis and Fantails.
토종 나무 종들을 뒤뜰에 심으면 토종새 튜이와 공작비둘기를 불러들일 수 있다.
정답 **TRUE**
해설 왁스 아이(Wax eyes)와 함께 토종 조류로 소개된 튜이와 공작비둘기들은 토종 식물들을 다시 심게 되면 주민들의 정원으로 돌아올 것이라고 설명되었다.

27. Weasels and stoats were first introduced to New Zealand in 1840.
족제비와 담비는 1840년에 뉴질랜드에 처음 소개되었다.
정답 **NOT GIVEN**
해설 뉴질랜드에 소개된 동물들에 대한 설명 부분은 있어도 족제비, 담비라고 구체적으로 명시되지 않았으므로 정답은 NOT GIVEN이다.

28. Green belts around the city encourage biodiversity.
도시 주변 그린벨트는 생물 다양성을 지원한다.
정답 **TRUE**
해설 그린벨트는 도시에 토종 식물과 조류 곤충들을 서식하도록 돕기 위해 조성된 곳이다.

29. Councils using traps and poison will eradicate animal pests.
시의회의 덫과 독극물 사용은 유해 동물들을 박멸할 것이다.
정답 **FALSE**
해설 이 글에서 비록 덫과 독극물 미끼로 해충들의 숫자를 줄일 수는 있어도 근본적으로 박멸하지 못한다고 되었으므로 정답은 FALSE이다.

Section 3 Questions 30 ~ 42

Buildings for the Future

1.
For as long as humankind have bonded together in groups or clans, the idea of community living has grown. Small communities have expanded from villages to towns and then into the complex and diverse structure of cities. Cities offer a convenient framework complete with every opportunity thought of to date. The fact that cities often have a negative impact on the surrounding environs is often not considered. What is wrong with the world's cities? This interesting question should make us stop and think on what levels our cities waste natural resources. 30)Are we as urban dwellers, actually aware that our cities waste natural resources in the first instance?

2.
Our cities produce biological, technical and chemical wastes that are hazardous to the environment. The burning of fossil fuels, the lack of recycling and the use of clean natural resources combine to form a damaging trio. Without adequate cleansing prior to returning it to the environment, we are directly harming our environment.

3.
First use of a resource is most damaging. Clean water, for instance, is used within households and businesses once and is carried out through drains to sewage ponds where it gets treated and stored. Water input should be halved. 31)There are methods available to us, which enable water conservation. 35)One option is recycling grey water within the household or business. This recycled water can be used for toilet flushing and watering the garden. Another option available to us at little cost is collecting rainwater. Rainwater can be collected in large barrels off the roof and may then be used for watering the garden, cleaning the car or inside the house for toilets and washing.

4.
Unfortunately people don't utilise many of the alternative systems because set-up costs are high. Our current building industry is market driven by transient customers who are uninterested in the long-term future of their building. 34)These customers buy their buildings from developers whose profit margins don't allow for initially more expensive yet ecologically sound systems. Consider the reduction of electricity use through installing solar panels. The initial cost of set-up is high and yet over the years the installation cost will be offset by a reduction in power bills. Combine the use of solar panels with a high level of insulation and the consumer helps the environment and themselves.

5.
[32)]Consumer awareness is one avenue of change. Architects with knowledge of the issues around ecology and depleting natural resources can strive to educate the client and persuade them to be more open to ideas that benefit the natural environment. [33)]By way of legislation and education the new-built environment can be controlled and encouraged to be more ecologically friendly.

6.
The thing that needs most fixing in the city is the user. Our drive to succeed and gain stature within our community is the one driving factor that breeds the inefficiency of our cities. The desire for personal gain and wealth is what causes most of our waste. We must take responsibility to educate ourselves on issues of ecology, the natural environment and the destruction thereof through laziness and greed.

- We need to reduce waste.
- We need to reduce first use of natural resource.
- We need to improve our infrastructure.
- We need to become efficient recyclers.
- We need to become aware of the need for change.

7.
Positive change is inevitable and is currently happening within this generation of consumers. By changing the way we behave within the built environment we can hope to slow down the metabolic rate of our cities and allow them to find equilibrium with the natural environment. Together our cities can become friendly to both environment and those who dwell within its confines.

미래를 위한 건물

1.
인류가 집단 혹은 가족단위로 연결되어 있는 한 공동체 생활의 개념은 지속될 것이다. 작은 공동체들은 촌락에서 마을로 그리고 복잡하고 다양한 구조의 도시로 확대되었다. 지금까지는 도시가, 생각할 수 있는 모든 기회를 갖춘 편리한 구조를 제공한다. 도시가 때때로 주변 환경에 부정적인 영향을 미친다는 사실은 간과되고 있다. 세계 도시들은 무엇이 잘못된 것인가? 이 흥미로운 질문은 도시가 천연자원을 어느 수준으로 낭비하는지에 대해 우리로 하여금 잠시 생각하게 한다. 우선 우리는 도시민들으로서 도시들이 천연자원을 낭비한다는 사실을 실제 인식하고 있는가?

2.
도시들은 환경에 해로운 생물, 공업 및 화학 폐기물을 배출해내고 있다. 화석연료의 사용, 재활용 부족 그리고 천연자원의 남용이 합쳐져 위험한 세 요소를 형성한다. 우리가 그것들을 자연에 되돌려 보내기 전에 충분히 정화하지 않는 것이, 우리의 환경에 직접적인 피해를 주고 있는 것이다.

3.
자원의 일차 사용이 가장 해롭다. 예를 들어 깨끗한 물은 가정과 회사에서 한번 사용하면 배수관을 통하여 오수 처리장으로 보내지고 그곳에서 처리되고 저장된다. 물의 유입을 반으로 줄여야 한다. 가정이나 회사에서 상수 보호가 가능한 여러 가지 방법들이 있다. 한 가지 방법은 가정이나 회사에서 중간폐수를 재사용하는 것이다. 이 물들은 화장실 수세나 정원에 물주기에 사용하면서 재사용할 수 있다. 적은 비용으로 할 수 있는 다른 방법으로는 빗물 모으기가 있다. 지붕에서 떨어지는 빗물을 커다란 통에 모은 후 정원에 물주기, 세차 혹은 가정 내에서 화장실 수세나 세탁에 사용할 수 있다.

4.
불행하게도 사람들은 설치비용이 비싸서 많은 대체시스템을 활용하지 못한다. 현재 우리 건축업은 건축물의 먼 장래에 무관심한 한 때의 고객들이 시장을 주도하고 있다. 이들 고객은 개발업자로부터 건축물을 구매하는데, 수익을 생각하는 건축업자들은 초기 비용이 많이 들지만 환경적으로 바람직한 시스템을 허락하지 않는다. 태양열 흡수판 설치를 통해 전기사용 절감을 고려해 보아라. 초기 설치 비용은 높지만 여러 해가 지나면 설치비용은 전기세 절감에 의해 상쇄될 것이다. 태양열 흡수 판과 높은 수준의 단열을 혼합 사용하면 소비자들은 환경과 그들 자신을 돕는 것이다.

5.
소비자의 인식도 변화의 한가지 방법이다. 환경 관련 문제들과 천연자원고갈 문제를 인식하고 있는 건축가들이 고객을 열심히 계몽하여 자연 환경에 이로운 생각들에 더욱 관대하도록 설득할 수 있다. 법률제정과 교육을 통해 새로 만들어질 환경이 더욱 생태 친화적이 되도록 통제하고 장려할 수 있다.

6.
도시에서 수정이 제일 필요한 것은 소비자다. 사회에서 성공하여 인정을 받으려는 우리의 욕구는 도시의 비효율을 낳는 요인 중 하나다. 개인적 이익과 부를 얻으려는 욕망이 낭비의 주 원인이다. 우리는 생태, 자연환경 그리고 태만과 탐욕으로 빚어진 파괴 등의 문제에 대해 자신을 교육시킬 책임을 가져야 한다.

- ✓ 쓰레기를 감소시켜야 한다.
- ✓ 천연자원의 최초 사용을 감소시켜야 한다.
- ✓ 우리 사회기반시설을 개선시켜야 한다.
- ✓ 효율적인 재사용자가 되어야 한다.
- ✓ 변화의 필요를 인식해야 한다.

7.
긍정적인 변화가 불가피한데, 이 변화들이 최근 현 세대의 소비자들 사이에서 일어나고 있다. 기존 환경 내에서 우리의 행동방식을 바꿈으로써, 도시의 신진대사율을 감속시키고 도시가 자연환경과 균형을 맞출 수 있게 되기를 희망한다. 동시에 우리 도시는 환경과 도시 안에 살고 있는 사람 모두에게 친화적이 될 수 있는 것이다.

Questions 30~35

Complete the sentences using words from the box below. Note that there are more words and phrases than are needed.
아래 박스의 단어를 이용하여 다음 문장을 완성하시오. 필요보다 더 많은 단어와 구가 있는 점을 주의하시오.

Write your answers in boxes 30~35 on the answer sheet.
문제 30~35의 답안지를 작성하시오.

Education 교육
Legislation 법률 제정
Wasted natural resources 낭비된 천연자원
More expensive 비용이 많이 드는
Grey water 중간 폐수
Recyclers 재사용자
Brown water 오수
Wasting natural resources 천연자원 낭비
Natural resources 천연자원
Rainwater 빗물
Awareness 인식
Less efficient 덜 효율적인
Rainfall 강우

---

30. It is true that our cities are guilty of _____.

우리 도시는 <u>자원의 낭비</u>의 죄를 범하고 있는 게 사실이다.

정답 Wasting natural resources

해설 이 글은 도시가 환경에 유해한 것들 두 가지 측면에서 고려한다. 도시가 쓰레기를 생산하고 또한 천연자원을 낭비한다는 사실이다. 물의 처음 사용이 특히 낭비라고 기술하고 있다. 지속적인 '낭비'의 형태가 끊이지 않고 이루어지고 있다.

---

31. We need to be efficient _____ and reduce first use of _____.

우리는 효율적인 <u>재사용자</u>가 될 필요가 있으며 <u>천연 자원</u>의 최초 사용을 줄여야 한다.

정답 Recyclers , Natural resources

해설 물을 재활용할 필요와 물의 처음 사용을 줄이는 방법으로 다른 수원 즉 빗물을 모아 사용하는 방법을 제시하였다. efficient (형용사) 다음에 올 수 있는 품사는 명사형이고 to be로 미루어 사람, 즉 recyclers가 유력하다.

---

32. Our first priority should be to raise public _____.

우리의 가장 중요한 우선 순위는 국민의 <u>인식</u>을 높이는 것이다.

정답 Awareness

해설 환경문제에 관한 대중인식이 필요하다고 지적되었다. 이 문제에 관심을 갖는 건축가들이 대중을 선도할 수 있다고 나와있다.

33. With the help of _____ and _____ the new-built environment could be more ecologically friendly.

교육과 법률제정의 도움으로 새로 만들어질 환경은 더욱 생태 친화적이 될 수 있다.

정답 Education , Legislation

해설 새로운 건축 기술에 관심을 갖고 있는 사람들 혹은 단체에 의한 교육이 필요하다. 문제의 키워드인 new-built environment를 본문에서 찾아 그 부분을 읽도록 한다. 교육과 법률제정이 변화를 위해 필요하다고 명시되었다.

34. Developers avoid using ecologically friendly systems because they are _____.

개발업자들은 생태친화적 시스템이 더 비용이 많이 들기 때문에 사용을 기피한다.

정답 More expensive

해설 생태친화적 시스템은 초기 설비 비용이 높아 개발업자들은 환경에 미치는 영향을 고려하기 보다는 단지 이득만을 추구하기 때문에 설치를 꺼린다고 했다.

35. Fresh water consumption could be reduced by recycling _____ or using _____.

신선한 물 소비는 중간폐수의 재사용이나 빗물의 사용으로 줄일 수 있다.

정답 Grey water , Rainwater

해설 중간 폐수의 정의와 그것을 어떻게 재활용하는지에 대한 설명부분이다. 두 번째 방법인 빗물 사용 또한 작가가 언급한 방법이다.

Questions 36 ~ 42

*Choose the correct answer **A, B or C**.*
A, B or C를 고르시오.
*Write **A, B or C** in boxes 36~42 on the answer sheet.*
문제 36~42의 답안지에 A, B 혹은 C를 쓰시오.

36. The main idea for paragraph 1
　A. Questions cities' sustainability in the future.
　B. Raises the question of cities wasting natural resources.
　C. Raises the question of rural dwellers awareness of waste.

제 1단락의 주제는
A. 도시의 미래 존속성에 의문을 표시하다.
B. 도시가 천연자원을 낭비하고 있다는 문제를 제기하다.
C. 농촌주민이 낭비를 인식하는지 질문을 제기하다.

정답 B

해설 이 단락은 서론 부분으로 도시 생활과 도시 거주자의 긍정적인 면을 소개한 후 바로 긍정적인 영향을 언급했다. 두 번째 단락 중간부분은 천연자원의 낭비에 관한 인식이 어느 정도인지에 관해 의문을 제시하였다. 이런 경우 처음 문장은 주제를 포함하고 있지 않지만 독자의 시선을 끌고 이 이야기를 읽을 동기를 부여하도록 한다.

198 ● [READING _ Academic Module]

37. The main idea for paragraph 2 is

   A. Urban production of waste products.
   B. Damage caused by fossil fuels.
   C. Biological and technical waste.

제 2단락의 주제는

A. 도시의 쓰레기 배출
B. 화석연료의 폐해
C. 생태 및 공업쓰레기

정답 A

해설 주어진 답안 B와 C는 이 단락에서 천연자원이 낭비되는 일례로 잠깐 언급이 되었지만 주제는 모든 일례를 총망라해야 한다. 이런 경우 도시에서 낭비되는 전체적인 것이 주제가 된다. 그러므로 정답은 포괄적인 내용인 A이다.

38. The main idea for paragraph 3 is

   A. Grey water recycling systems.
   B. The efficiency of collecting rainwater.
   C. Raising awareness of the 'first use' resources.

제 3단락의 주제는

A. 중간폐수 재사용 시스템
B. 빗물수거의 효율성
C. 자원의 '최초 사용'에 대한 인식을 높임.

정답 C

해설 주제는 자원의 처음사용이 무엇인지 설명하고 그것이 어떻게 운용되어야 하는 것을 말한다. A와 B는 supporting idea들이다.

39. The main idea for paragraph 4 is

   A. A combination of factors inhibits widespread use of eco-positive products
   B. The transience of the building market.
   C. Developers find set-up costs of ecologically friendly systems too high.

제 4단락의 주제는

A. 복합적인 요소가 친환경 상품의 전반적인 사용을 억제한다
B. 건축시장의 유동성.
C. 개발업자가 생태친화적 시스템의 설치비용이 고가라고 생각한다.

정답 A

해설 이 단락이 주제는 친 환경 상품의 전반적인 도입을 주거에 접목시키는 요소에 대한 것이다. 작가는 개발업자와 건축시장을 주도하는 사람들을 비난하지 않지만 이득창출과 건축시장 추세가 소비자로 하여금 초기 설치비용이 높은 생태친화상품 사용을 독려하지 않는다고 언급했다.

40. The main idea for paragraph 5 is

A. Architects responsible for educating clients.
B. Awareness, education and legislation lead to change.
C. Clients awareness aided by new legislation.

제 5단락의 주제는

A. 고객을 교육시킬 책임이 있는 건축가
B. 인식, 교육 및 법률제정이 변화를 가져온다
C. 새 법률에 의해 도움을 받는 고객의 인식

정답 B

해설 작가는 세 가지 측면에서 접근 방법이 건축시장을 변화시키는 요소라고 설득한다. 변화의 주요소로 언급된 것은 awareness, education, legislation이다.

---

41. The main idea for paragraph 6 is

A. A change of focus is required by all city dwellers.
B. A change of focus is required by all those responsible for city growth and development.
C. A change of focus is required by the architects and by the clients.

제 6단락의 주제는

A. 주안점의 변경이 모든 도시주민에게 필요하다.
B. 주안점의 변경이 도시발전과 개발에 책임이 있는 모두에게 필요하다.
C. 주안점의 변경이 건축가와 고객에게 필요하다.

정답 A

해설 이 경우 첫 문장이 단락이 변화가 필요한 사람들을 간략하게 요약한 문장이다. 유사어 city dweller와 city user에 주목하라. B와 C는 변화에 책임이 있는 두 집단으로 시의회 의원들과 건축가들은 고객을 계몽할 수 있다. 하지만 변화의 해결은 궁극적으로 도시주민들의 손에 달려있다.

---

42. The main idea for 7 paragraph is

A. Slowing down the cities metabolic rate
B. Creating balance between city planners and dwellers
C. Creating balance between nature and urbanization

제 7단락의 주제는

A. 도시의 신진대사율을 줄임
B. 도시계획자와 거주자 간에 균형
C. 자연과 도시화 사이에 균형

정답 C

해설 첫 문장은 주제로 소개되었지만 마지막 문장이 결론문장이다. 도시화와 환경과의 균형이 요점이다. 그러므로 C 가 정답이 된다.

Tips

Main Ideas (주제)

단락의 주제를 찾기 위해서는 그 단락에 있는 소주제 혹은 주제를 보완하기 위해 설명된 부분을 무시해야 한다. 이런 것들은 주제를 확장시키거나 그와 관련된 예를 설명하기 위해 사용된다. 주제는 여러 가지 소소한 생각을 포함한 것이다. 때로는 주제를 umbrella idea라고 명명하기도 한다. 다음 그림을 살펴보자.

주제(main idea) 혹은 umbrella idea는 표제를 나타낸다. 대부분, 항상 그렇지는 않지만, 주제는 첫째 문장이라고 생각하면 된다. 다른 소소한 의견들이 주제를 뒷받침하기 위해 사용된다.

Main Idea: Cities Produce Waste

Supporting idea: Lack of Recycling

Examples of waste:
Grey water
Gas Emissions Burning Fossil Fuels

IELTS PRACTICE TEST 04

1	Releases methane gas	22	Negative
2	Afforestation and reforestation	23	S / T
3	Charcoal and pollen	24	S
4	300-1000 years	25	T
5	Reduced (Decreased) rainfall	26	S
6	P	27	T
7	PS	28	S
8	S	29	Informal
9	P	30	Kids, mum, lollies, oops, grumpy (이 중 3가지)
10	urban Sprawl	31	Subjectively
11	farmland	32	B
12	carbon Dioxide	33	F
13	cohesive	34	D
14	authentic	35	A
15	Engages	36	E
16	direct	37	C
17	Positive	38	B
18	Negative	39	TRUE
19	Positive	40	FALSE
20	Neutral	41	TRUE
21	Positive	42	TRUE

SECTION 1   Questions 1 ~ 12

Deforestation: Cause and Effect

Deforestation is not new to the human species. Researchers and scientists can date the practice of deforestation using ³⁾charcoal and pollen samples back through the centuries. Early deforestation was implemented for similar reasons as today's causes. People required land for agriculture and horticulture. The clearing of forests allowed for roads and towns. This enabled populations to grow and be supported by the countryside immediately around them.

Although land clearance practices have been in use for centuries, the problem of deforestation has not become critical until recently. The last few decades has seen immeasurable damage caused to the earth's surface. Like most of the earth's problems today it is not the fact of cutting down trees in itself that is the issue. It is the extremely high degree of deforestation and the speed with which land is being denuded that is at the centre of the crisis.

The dramatic increase in deforestation is due to a variety of reasons. ¹⁰⁾Both population growth and extended life-spans have led to urban sprawl. Contributing to urban sprawl is the lifestyle change experienced by many countries over the past fifty years. Whole populations have left the countryside and instead joined the largely consumer based, industrialised life of urban dwellers. As cities grow, the surrounding countryside shrinks between the ever-expanding borders of sprawling cities.

Political and economic conditions add to widespread deforestation. ¹¹⁾In many instances, extending farmland into previously forested areas gives the local community short-term profit. This is often seen to be the experience of developing countries. Land is used for grazing cattle and for growing cash crops, for consumption by an increasing world population.

Deforestation Issues:

- During 1990-2000, studies have shown that the net forest loss was 8.9 million hectares per year.
- One fifth of current greenhouse gas emissions are from deforestation.
- ⁶⁾There is a correlation between deforestation and climate change. ¹²⁾Forests absorb and store the world's carbon dioxide (CO_2). When large tracts of forests are cut and burnt, damage is reflected in two ways. The world's capacity to absorb CO_2 is reduced and large amounts of stored carbon is released into the

atmosphere. The changes in carbon levels in the atmosphere is thought to contribute to global warming and climactic change.
- Climate change is seen in a myriad of ways. One illustration of climate change is seen in the Equator. 5)Equatorial rain forests are dying off due to decreased rainfall in these areas.
- Ironically, 9)flooding occurs in deforested areas as land is compacted by machinery allowing for less water absorption by the land and tree canopies. Erosion is then a flow on effect of the flooding.

There are no quick fixes to eradicate the damage caused by large-scale erosion. 4)Fully deforested areas will take between 300-1000 years to fully regenerate. In some instances trying to help the earth's atmosphere by extensively replanting has caused more damage. An example of how well-intended planting can backfire is an instance where large scale forestation was implemented in ex-peat marshlands. 7)The marshes were drained of water and planted out into forests. 1)The peat marshlands were also storehouses for methane gas, which has since been released into the atmosphere contributing to global warming. However, that exception aside, many conservation agencies are focused on protecting thousands of hectares of rainforest and old-growth forest.

The issue of deforestation needs a multi-pronged approach. 2)Halting deforestation is paramount. Further steps include afforestation, or planting trees on non-forest land, and reforestation, which is replanting destroyed forests. 8)Promoting consumer awareness and sustainable forest management in many countries is at the top of the political agenda for governments. Developing countries are being offered financial incentives to keep their forests in tact.

6)Just as the causes of deforestation are many so too must be the approaches to halting deforestation and stabilizing climate change. International communities are working together to address the damage. The end aim is to slow global warming and stabilise the earth's climate.

산림벌목: 원인과 결과

산림벌목은 인류에게 새로운 것이 아닙니다. 연구가들과 과학자들은 숯과 꽃가루 표본을 통해 산림벌목이 이루어진 시기가 수세기 전이라고 추정합니다. 초창기 산림벌목은 오늘날과 유사한 이유로 이루어졌습니다. 사람들은 경작과 화훼를 위한 대지가 필요했습니다. 산림을 없애고 도로와 마을을 세웠습니다. 이로 인해 인구가 증가하고 도로나 도시 주변에 있는 시골로부터 인구가 즉각 유입되었습니다.

비록 대지 조성이 수세기를 거쳐 이루어져 왔지만 살림벌목의 문제는 최근에 이르러서 심각해졌습니다. 지난 몇 십 년간 지표면에 심각한 피해를 받았습니다. 오늘날 대부분 지구 문제들과 마찬가지로 단지 나무를 베는 사실 그 자체가 논란이 되는 것은 아닙니다. 산림벌목의 정도와 대지의 나지화 속도가 문제의 핵심입니다.

산림벌목의 극적인 증가는 여러 가지 이유에 기인합니다. 인구 증가와 수명 연장이 도시 확산을 가져왔습니다. 지난 오십 년 간 많은 나라들의 생활양식의 변화도 도시 확산에 기여했습니다. 전체 인구가 시골을 떠나 대부분 소비자 중심의, 산업화된 도시 거주자의 생활에 합류했습니다. 도시가 성장함에 따라, 확산되는 도시들의 경계 사이에서 시골이 줄어듭니다.

정치적 경제적 상황들이 광범위하게 확산되는 산림벌목을 부추깁니다. 많은 산림지대였던 곳을 농장으로 전환시키는 것은 그 지역에 단기 이익을 가져다 줍니다. 대개 개발도상국에서 이 현상을 볼 수 있습니다. 대지는 증가하는 세계 인구의 소비를 위한 축산용 농장 그리고 현금성 있는 곡물 재배에 이용됩니다.

산림벌목의 논쟁

- ◀ 연구에 의하면, 1990-2000년 동안 매년 순수 수목유실이 팔백구십만 헥타르였습니다.
- ◀ 최근 온실 효과 기체의 1/5이 산림벌목에서 배출됩니다.
- ◀ 산림벌목과 기후변화 사이에는 관련이 있습니다. 산림은 지구의 이산화탄소(CO_2)를 흡수하고 저장합니다. 넓은 산림지역이 베어지고 불태워지면서 일어나는 손실은 두 가지 면으로 나타납니다. 지구의 이산화탄소 흡수 용량이 줄어들고 저장된 많은 양의 이산화탄소가 대기로 방출됩니다. 대기 중 이산화탄소의 수치변화는 지구온난화와 기후 변화에 영향을 준다고 생각됩니다.
- ◀ 기후변화는 가지각색으로 나타납니다. 기후변화의 한 예는 적도에서 보여집니다. 적도의 밀림들이 지역의 줄어든 강수량 때문에 죽어가고 있습니다.
- ◀ 역설적이게도, 벌목지역에서는 대지가 기계에 의해 다져져서 땅이나 숲이 물을 덜 흡수하게 되어 홍수가 일어납니다. 그런 다음 홍수로 인한 침식도 있습니다.

거대한 규모의 침식에 의한 손실을 근절시키는 즉각적인 방법은 없습니다. 철저하게 벌목된 지역을 완전히 되살리는 데는 300-1000년의 기간이 필요합니다. 어떤 경우에는 대기를 돕기 위해 대규모로 식수한 것이 더 큰 손실을 주기도 했습니다. 좋은 의도로 행해진 조림이 어떻게 역효과를 낼 수 있는지를 보여주는 예는, 토탄으로 이루어진 습지에 거대한 규모의 산림을 조성했던 경우입니다. 그 습지에서 물을 빼고 나무를 심어 숲을 만들었습니다. 토탄 습지는 메탄가스를 저장하고 있었는데, 숲 조성 이후 이 가스가 대기로 방출되어 지구온난화의 한 원인이 되었습니다. 하지만, 이 예외는 제쳐두고, 자연보호관리국은 광활한 밀림지역과 오래된 산림지역을 보호하는 것에 중점을 두고 있습니다.

산림벌목 문제는 다각적인 접근이 필요합니다. 산림벌목을 중지하는 것이 가장 중요합니다. 더 진전된 조치로는 일반 대지의 조림과 파괴된 숲의 재조림이 포함됩니다. 많은 나라에서 소비자 인식의 증진과 지속적인 산림 관리는 정부의 최상의 정치적인 안건입니다. 개발도상국은 산림을 효율적으로 지키기 위한 경제적인 지원을 제공받고 있습니다.

산림벌목의 원인이 다양하듯 산림벌목을 중지시키고 기후변화를 안정시키기 위한 방법들도 틀림없이 다양할 것입니다. 국제 사회가 그 문제를 해결하기 위해 함께 노력하고 있습니다. 궁극적인 목적은 지구 온난화를 늦추고 지구 기후를 안정시키는 것입니다.

Questions 1 ~ 5

*Answer the following questions using **NO MORE THAN THREE WORDS** in your answer.*
다음 문제들을 3단어 이내로 답하시오.
Write your answers in boxes 1 ~ 5 on the answer sheet.
문제 1~5의 답안지를 작성하시오.

1. What is problematic about planting out the peat marshlands?
   토탄 습지대에 식수를 하는 것이 무슨 문제가 있습니까?
   정답 Releases methane gas
   해설 토탄 습지에서 물기를 없앤 후에 산림을 조장하기 위해 식수를 한다. 토탄 습지는 메탄 가스를 저장하고 그 가스를 대기에 방출시키면서 지구 온난화를 증대시킨다. 메탄 가스의 방출이 문제를 야기한다. 키워드인 peat marshlands를 찾아 문제점이 무엇인지 알아보도록 한다.

2. Stopping deforestation is one immediate goal. Name two other goals relating directly to restoring forestry.
   벌목을 중단하는 것이 당면한 목표입니다. 산림을 복원하는 것과 직접적인 관련이 있는 다른 두 가지 목표를 적으시오.
   정답 Afforestation and reforestation
   해설 많은 해결책들이 있지만 학생들은 산림을 복원하기 위해 즉각적으로 방안을 찾도록 해야 한다. 조림과 재조림은 산림 벌목을 중단하기 위한 목적과 연관이 있으므로 정답이 된다. Restoring forestry의 방법이 무엇인지 생각해 보도록 한다.

3. How do scientists accurately date the early use of deforestation?
   과학자들은 어떻게 초창기 산림 벌목의 정확한 시기를 알 수 있습니까?
   정답 Charcoal and pollen
   해설 산림 벌목은 새로운 것이 아니라 수 세기를 걸쳐 이루어져 왔다. Scientists가 키워드이므로 그것을 scan하여 그 주변에서 정답을 찾도록 한다. 산림 황폐는 숯과 꽃가루의 표본을 분석하면서 그 시기를 알 수 있다.

4. How many years will is take for totally deforested areas to regenerate?
   완전히 황폐한 지역을 복원하기 위해서 몇 년이 걸립니까?
   정답 300-1000 years
   해설 나지화 된 대지가 완전하게 재생하기 위해서는 수 세기가 걸린다고 했다. How many years가 키워드이므로 숫자를 scan하는 문제이다.

5. Why are rain forests in equatorial regions dying?
   적도 지역의 밀림들이 왜 죽어가고 있습니까?
   정답 Reduced rainfall
   해설 산림 벌목은 기후 변화를 가져온다. 기후 변화의 한 면은 일정지역에 강수량을 줄게 한다. 적도가 바로 그런 지역이다. Reduced는 decreased의 유사어이므로 reduced rainfall 혹은 decreased rainfall이 정답이 된다.

Questions 6 ~ 9

Categorise the following topic areas as being part of the problem or part of the solution.
문제의 일부분 혹은 해결책의 일부분인 것에 따라 다음 주제문을 나누시오.

P   for problem 문제일 경우
S   for solution 해결책일 경우
PS   if the problem and solution are directly linked 문제와 해결책이 직접 연결되어 있을 경우

Write the correct letter P, S or PS in boxes 6~9 on the answer sheet.
문제 6~9의 답안지에 P, S 또는 PS를 쓰시오.

6. Deforestation is destabilizing the climate.
산림 벌목이 기후를 불안정하게 만들고 있습니다.
정답 **P**
해설 산림 벌목으로 인한 불안정한 기후는 문제의 부정적인 원인이 된다. 그러므로 문제점으로 나타나는 것이다.

7. Peat marshlands were drained and replanted.
토탄 습지 대에 물을 빼고 다시 나무를 심었습니다.
정답 **PS**
해설 이 문장은 해결책과 문제점 두 가지와 관련된 것이다. 해결책은 거대한 산림지대 조성을 위해 식수하는 것이므로 긍정적인 일이다. 하지만 이런 대지는 메탄 가스를 저장하고 있는 지역이고 이 가스가 대기에 방출되면서 문제점을 야기하고 있다.

8. Sustainable forest management
지속적인 산림의 관리
정답 **S**
해설 지속적인 산림 관리는 그것이 산림지역을 보존하기 위해 역점을 두는 것이므로 긍정적인 해결책이다.

9. Erosion is increased on compacted, bared land.
다져지고, 헐벗은 대지에서 침식이 증가합니다.
정답 **P**
해설 산림을 벌목하면서 대지를 다지게 되고 이로 인해 대지가 정상적인 수준으로 강우를 흡수할 수 없게 되므로 비가 쏟아질 때 홍수의 원인이 되며, 침식도 일어나게 되므로 이것은 산림벌목의 부정적인 면이 된다.

Questions 10~12

Complete the sentences.
문장을 완성하시오.
*Use **ONE OR TWO WORDS** to complete the sentences.*
한 단어 혹은 두 단어로 빈칸을 완성하시오.
Write your answers in boxes 10~12 on the answer sheet.
문제 10~12의 답안지를 작성하시오.

10. An increase in population size and the fact that people are living longer have contributed to _____.

    인구 증가와 사람들의 장수가 도시 확산에 기여했습니다.

    정답 urban sprawl
    해설 인구가 증가하고 사람들이 장수함에 따라 더 많은 대지가 요구된다. 즉 도시확산이 이루어지게 되는 것이다.

    > **Tips**
    > 유사어의 사용을 유의해서 보시기 바랍니다. 지문에 나타난 것들과 주어진 문제에 사용된 단어들은 똑같지는 않지만 의미는 서로 같습니다.
    >
    > 지문: Population growth – 문제: Increase in population size
    > 지문: Extended life-spans – 문제: People are living longer

11. Forests are cut down and turned into _____ to feed the increasing population.

    늘어나는 인구를 먹이기 위해 수목들이 베어지고 농장으로 전환되었습니다.

    정답 farmland
    해설 수목들이 잘려지면서 무슨 용도로 바뀌었을까? 주어진 문제를 보면 늘어나는 인구를 부양하기 위한 농장으로 바뀐 것을 알 수 있다. 하지만 추측만으로 답안을 작성하면 안된다. 지문에서 관련 부분을 찾아가도록 한다.

    > **Tips**
    > 원인과 결과를 고찰해 본다.
    > Extending farmland ⇒ Feeding increased populations ⇒ Deforestation

12. Forests store and absorb _____.

    수목들은 이산화탄소를 흡수하고 저장합니다.

    정답 carbon dioxide
    해설 키워드는 absorb와 store이다. 상식적으로 유추해서 맞출 수 있는 문제이다. 정답은 carbon dioxide이다.

SECTION 2   Questions 13~28

Inquiry Learning

Students enter pre-school as early as two or three and their education begins. The long road of education continues through primary and then junior and senior college or high schools. During a predominantly sheltered education the students learn to conform to the classroom environment and work hard to live up to the expectations of parent, teacher, school and their own.

Through long years at school the student is given a great deal of information across diverse curriculum subjects. The material is read, absorbed, thought over, questioned, comprehended and at some stage assessed for levels of effort and understanding.

School systems worldwide vary greatly in their approach to student learning. Many countries have advocated a completely teacher directed classroom where the teacher holds the information and gives out suitably portioned pieces to the students. This is the classroom where the teacher stands at the front of the classroom and commands attention and obedience. 22)Retention of information can be limited in this instance as the student does not have the opportunity to engage with the information and is expected simply to absorb it. However assessment methods are clear-cut and easily establishes a pass or fail mark.

Alternative education has offered a select few students the opportunity to be involved in student focused learning. The power in this instance is in the hands of the learner. The learner decides what he or she wants and is ready to learn. The theory behind this style of learning is that the student will learn more effectively if they are completely engaged in what they are learning. The learning is very much student focussed and directed. 18)A minority of students respond well to this system however the majority require more defined boundaries and guidelines. In some cases students may not feel the need to conform to standard areas of learning. Their learning therefore is difficult to assess.

A midway point between teacher and student directed learning is the model of inquiry learning. The model of learning is based upon having a selected topic of inquiry. 14), 27)The topic of inquiry is chosen by the teacher but must be relevant to the student. As such it becomes an authentic learning task. The topic is usually broad with the potential to be stretched in far reaching directions. The teacher introduces the topic and together with the students they begin to put together a list of known information and questions they would like to explore. Once these are established 26)the students, either individually or in small groups, begin their own investigative process. 28)They learn through asking questions, researching and compiling newly acquired information.

[17)]Ideally the inquiry model should bridge across a few curriculum areas. The integrated approach allows the teacher to pull together the different subjects and brings them more into an authentic learning situation. For example, the study of music can reach into technology and how instruments are made and then extend into the scientific world of looking at sound waves. [13)]Teaching across the curriculum supports cohesion in learning.

To illustrate this point further if the topic was, for example 'The Ocean' fact finding might begin with [23)]establishing what the students already know about the ocean and what questions they may already have. The process of asking questions will of course generate more questions. The teacher can help to guide students towards more relevant areas of study through asking directive questions themselves. The topic might then be extended into the maths curriculum for example by looking perhaps at declining numbers of fish and sea mammals. The statistics gathered could be transposed into graphs to illustrate newfound information. The Ocean topic could then be extended to music. Whale song could be listened to and analysed. Instruments can be bought into the classroom and students may like to attempt recreating the whale sounds. The questions generated will prompt students into new areas of inquiry. [21)]The teacher's role is supportive. [25)]He or she acts as a sounding board for ideas and as a gentle guide when required but primarily, the role of inquirer must be the role of the student.

[15)]Inquiry based learning prompts engaged and focussed students to follow their own paths of learning. At the end of the unit of study, perhaps eight weeks long, [24)]the class can share their information to broaden the entire class's knowledge base.

[20)]Interestingly, the model of inquiry based learning closely reflects the mind and experience of a pre-school learner. Pre-schoolers, on the whole, dictate their own areas of learning. They learn through being engaged in interesting tasks and their learning is promoted directly through their life experience. Exposing a pre-schooler to a topic that does not capture their attention and prompt them to explore, is a wasted effort and will quickly be discarded, as they are not actively engaged with the topic. The theory applies equally well to school students of all levels.

Studies are showing positive results from schools adopting this proactive approach to learning. [19)]Children who are engaged in authentic learning tasks enjoy the process of learning. [16)]The assessment results indicate that the authenticity of the task is as important as the student directing their own path of inquiry. An inquiring mind is naturally curious. The ability to ask appropriate questions and seek the answers themselves allows students to direct their path of learning. The student fully engages in the topic and the material that is learnt is retained and becomes part of the student's world knowledge.

탐구 학습

학생들은 두 살 혹 세 살 즈음에 일찍이 유아원에 입학하면서 교육이 시작됩니다. 교육의 긴 여정은 초등학교를 거쳐 중고등학교까지 계속됩니다. 보호 교육이 주가 되는 이 기간 동안 학생들은 교실 환경에 적응하는 것을 배우고 부모, 교사, 학교와 본인 자신들의 기대에 부응하도록 열심히 공부합니다

오랜 학창시절을 거치면서 학생들은 다양한 교과목을 통해 방대한 양의 정보를 배우게 됩니다. 학습자료를 읽고, 받아들이며, 생각하고, 의문을 갖고 이해하면서 어느 시점에서 성과와 이해의 수준을 평가 받습니다.

세계적으로 학교시스템은 교육의 접근방식에 있어 무척 다양합니다. 많은 국가들이 선생님이 정보를 가지고 적당히 배분된 양을 학생들에게 가르치는 교사 주도의 학습을 지지해왔습니다. 이것은 선생님이 교단 앞에 서서 시선집중과 복종을 요구하는 교실환경입니다. 이 경우 학생들이 정보를 직접 다뤄 볼 기회가 없고 그것을 단지 받아들이기만 하면 되기 때문에, 정보를 기억하는 것에 한계가 있습니다. 하지만 평가 방법은 명확하고 합격과 불합격의 점수를 쉽게 설정할 수 있습니다.

이에 대한 대안으로 이루어지는 교육은 일부 선택된 학생들에게 학생 중심 학습에 참여할 기회를 주었습니다. 이 경우 선택권은 학습자에게 있습니다. 학습자가 배우고자 하는 것을 결정하고 배울 준비를 하게 됩니다. 이 학습 유형의 배경 이론은 학생들이 배우는 것에 완전히 참여한다면 더욱 더 효율적으로 학습을 한다는 것입니다. 이것은 상당히 학생 중심적, 학생 주도적 학습입니다. 소수 학생들은 이런 시스템에 효과가 있는 것처럼 보이지만 대부분은 더 분명한 범위와 지침이 필요합니다. 어떤 경우 학생들이 일반적인 학습 영역을 따라야 할 필요를 느끼지 않을 수도 있습니다. 그러므로 그들의 학습은 평가하기가 어렵습니다.

교사 중심 학습과 학생 중심 학습의 중간 단계는 탐구학습 방식입니다. 이 학습은 선택된 탐구주제에 근거를 둡니다. 탐구 주제는 교사에 의해 선택되지만 반드시 학생에게 관련이 있어야 합니다. 그래야만 진정한 학습과제가 됩니다. 주제는 대개 멀리 확장될 수 있는 잠재성을 가진 광범위한 것입니다. 교사가 주제를 소개하고 학생들과 함께 그들이 알고 있는 정보와 학습하고자 하는 문제들의 목록을 취합하기 시작합니다. 이러한 것들이 세워지고 나면 학생들은, 개인적으로 혹은 소규모 그룹으로, 자신의 탐구과정을 시작합니다. 그들은 질문과, 연구를 통해 그리고 새롭게 얻어진 정보를 취합하면서 학습하게 됩니다.

이상적으로 탐구 학습방식은 몇 가지 교과목에 걸쳐 연결되어야 합니다. 통합적 접근은 교사들이 상이한 과목을 함께 묶어 그것을 더욱 더 타당한 학습상황으로 이끌도록 합니다. 예를 들어, 음악에 대한 학습은 기술과 악기가 만들어지는 방법에 연결시킬 수 있고, 그런 다음 음파를 고찰하는 과학세계로 확장될 수 있습니다. 여러 과목을 통합해 지도하는 것이 학습 내용의 유기적 연관성을 높입니다.

이 관점을 더 설명하기 위해, 예를 들어 주제가 '대양'이라면, 학생들이 대양에 대해 이미 알고 있는 것들과 이미 가지고 있는 의문사항을 정리하는 것으로 사실 조사를 시작할 수 있을 것입니다. 물론, 질문의 과정을 통해 더욱 더 많은 질문이 나올 것입니다. 교사들은 유도 질문을 던져 학생들이 더 관련된 분야로 가도록 도와줄 수 있습니다. 그렇게 되면 주제는 예를 들어 어류와 해양포유동물 수의 감소를 연구함으로써 수학 과목으로 확장될 수도 있습니다. 수집된 통계는 새롭게 발견한 정보를 설명하는 그래프로 옮겨질 수 있을 것입니다. 대양이라는 주제는 음악으로도 확장될 수 있습니다. 고래 노래를 듣고 분석할 수도 있습니다. 악기들을 교실로 가져올 수도 있고 학생들이 고래소리를 새롭게 창조해보고 싶을 수도 있습니다. 제기된 질문들이 학생들에게 새로운 탐구 과제를 불러 일으킬 것입니다. 교사의 역할은 보조적인 것입니다. 그들은 생각을 확장시키는 공명판이나 필요할 경우 친절한 안내자의 역할을 하지만 기본적으로, 연구자의 역할은 반드시 학생들이어야 합니다.

탐구 학습은 학생들이 참여하고 집중함으로써 그들 자신만의 학습 행로를 가도록 격려합니다. 대략 8주 정도가 걸리는 연구가 종료되면, 학급은 정보를 공유함으로써 전체 학급의 지식 기반을 넓힐 수 있습니다.

흥미롭게도, 탐구 학습 방식은 취학 전 학습자의 정신적 면과 경험을 잘 나타내줍니다. 대체로 취학 전 학습자는 학습 영역을 스스로 정합니다. 그들은 흥미로운 과제에 직접 참여함으로써 배우는데, 그들이 가진 삶의 경험이 직접적으로 학습을 격려합니다. 취학 전 학습자에게 그들의 주목을 끌지 못하거나 탐구를 고무시키지 못하는 주제를 주는 것은, 그들이 그 주제에 능동적으로 몰두할 수 없기 때문에, 노력의 낭비이며 금방 외면당할 것입니다. 이 이론은 모든 수준의 학생들에게도 동일하게 적용됩니다.

연구는 학교가 이 순행(順行)적 학습법을 채택한 것에 대한 긍정적인 결과를 보여줍니다. 적합한 학습 과제를 수행하는 어린이들은 학습 과정을 즐깁니다. 평가결과는 과제의 적확성만큼 학생들이 자신의 연구 행로를 스스로 이끄는 것만큼 중요하다는 것을 보여줍니다. 탐구심은 자연적인 호기심입니다. 적절한 질문을 하고 스스로 정답을 탐구하는 능력은 학생들로 하여금 자신의 학습 행로를 이끌게 합니다. 학생들이 주제와 배운 것에 적극적으로 참여하게 되어 그것들은 잊혀지지 않고 학생들의 지식 일부가 됩니다.

Questions 13~16

Complete the chart showing the benefits and effects of the Inquiry learning model.
탐구 학습 방식의 장점과 효과를 보여주는 차트를 완성하시오.

Write your answers in boxes 13~16 on the answer sheet.
문제 13~16 답안지를 작성하시오.

Subject 항목	Effect / Benefit 효과 / 장점
Inter-curricular Inquiry learning 통합교과적 탐구 학습	➡ Supports a **13.** _____ approach. 유기적 연관성이 있는 학습이 가능합니다.
The Topic of Inquiry 탐구 주제	➡ Must be relevant and **14.** _____. 반드시 관련이 있고 진정성을 띄어야 합니다.
Inquiry learning 탐구 학습	➡ **15.** _____ the student in the topic. 학생들이 주제에 참여가 되어야 합니다.
Questions generated by students 학생들에 의한 질문 도출	➡ Allow the student to **16.** _____ their learning path. 학생들 스스로가 학습 방향을 정하게 합니다.

Tips 정답을 작성할 때는 문맥상으로 문법적으로 정확해야 합니다. 그러므로 단어를 선정할 때 주의를 해야 합니다. 첫째, 질문과 관련된 내용을 담고 있는 지문을 찾기 위해 scan을 합니다. 둘째, 빈 곳에 정답으로 가능성이 있는 단어를 집어넣어 문맥이 통하고 문법적으로 맞는지를 확인해야 합니다.

13. 정답 **cohesive**

   해설 6번째 문단끝의 across the curriculum(통합교과적)가 질문에서는 inter-curricular로 바뀌어 사용되었다. 기본으로 지도를 할 경우 각 과목에 유기적 연관성을 가져야 한다고 했다.

14. 정답 **authentic**

   해설 5번째 문단에서 탐구 주제는 학생들이 충분히 참여할 수 있도록 적절한 주제를 선택해야 한다고 했다. 관련성을 띄어야 진정성을 띨 수 있다.

15. 정답 **Engages**

   해설 이론은 학생들이 주제에 완전하게 참여하게 될 때 학습의 효과가 배가된다는 것이다. 작가는 이런 내용을 지문 전체에 걸쳐 여러 번 반복했다.

16. 정답 **direct**

   해설 마지막 문단에서 탐구 학습 방법에 가장 중요한 면은 학생들이 그들의 학습 행로를 결정할 수 있다는 사실을 강조한다. Questions generated 그리고 learning path를 중심어로 관련문단을 찾아 정답을 작성하도록 한다.

Questions 17~22

Based on inferences gained from reading the text, consider the writer's perspective.
지문을 읽으면서 얻은 추론에 근거해 작가의 견해를 고려해 봅시다.

Based on the writer's perspective, suggest an appropriate column for each sentence.
작가의 견해에 근거하여 각 문장에 적당한 그룹을 제시하도록 합니다.

The first one has been done for you. Write Positive, Neutral, or Negative in boxes 17~22 on the answer sheet.
첫 번째는 참고로 완성된 것입니다. 문제 17~22 답안지에 긍정, 중립 혹은 부정이라고 쓰시오

Positive 긍정	Neutral 중립	Negative 부정
O		

For Example O. Assessment methods used in teacher directed classrooms are transparent and accessible.
교사 중심의 학급에서 사용되는 평가 방법은 명확하고 쉽게 사용할 수 있다.

정답 Positive

17. Inter-curricular learning is reflected within the inquiry based model.
통합교과적 학습은 탐구 학습 방법에 영향을 미칩니다.

정답 Positive

해설 교사가 상이한 교과과목을 결합하여 지도하는 것이 연구주제를 학생에게 더욱 더 적절하게 선택할 수 있게 하고, 학습내용의 유기적 연관성을 높일 수 있다고 했다. 즉 적절하고 상호 연관된 주제는 연구학습을 성공적으로 이루게 한다.

18. Student directed classroom allow students to prompt direction of learning.
학생이 중심이 되는 학급은 학생들이 학습의 방향을 결정할 수 있습니다.

정답 Negative

해설 문제를 언뜻 보면 학생들이 그들의 학습 방향을 잡을 수 있기 때문에 긍정적으로 보일 수도 있지만 글쓴이는 이런 학습 방식의 부정적인 면을 지적했음을 알아야 한다. 네 번째 문단 마지막 부분에서 소규모 숫자의 학생들에게는 적합할지 몰라도 전체 학생에게 적용되지 않고 평가에 있어서도 어려움이 있다고 지적했다. 그러므로 정답은 negative이다.

19. Inquiry based learning exposes students to authentic learning tasks.
탐구 학습은 학생들을 적절한 학습과제에 노출 시킵니다.

정답 Positive

해설 적당한 학습 과제는 학생들이 그것을 수행할 수 있기 때문에 긍정적이라고 명시되었다.

20. Preschoolers' learning reflects the inquiry model.
취학 전 학습자의 학습은 탐구 학습 방식을 보여줍니다.

정답 Neutral

해설 작가는 취학 전 학습자와 학생들의 학습을 비교했다. 그 비교는 사실에 근거한 관찰을 통한 비교로 작가는 모든 취학 전 학습자가 특정한 방법에 의해 학습하는 것을 옹호하지는 않았다. 즉 작가는 사실을 비교한 것이지 본인의 의견을 제시한 것은 아니므로 중립적 입장이다.

21. The teacher in the Inquiry based classroom is there to guide and support.
연구학습이 근간이 되는 학급에서 교사는 지도와 보조 역할을 합니다.

정답 Positive

해설 연구학습방식은 처음에는 부정적인 학습 환경인, 교사가 중심이 된 학급과 비교를 했다. 그 다음, 학생들이 중심이 되어 운영되는 학급을 언급하였지만 거기에도 부정적인 관점을 보였다. 그래서 그 중간 단계로 학생들이 주축이 되어 연구방향을 설정하고 교사는 안내자와 보조자의 역할을 하는 것이 이상적이라고 했다. 그러므로 이런 교육방식에 작가는 긍정적이다.

22. Teacher directed classrooms allow the teacher to hold the knowledge base.
교사가 중심이 되는 학급은 교사들이 지식의 바탕을 장악하도록 합니다.

정답 Negative

해설 교사가 중심이 되어 이루어지는 학급에 관한 설명이 있는 문단을 찾도록 한다. 그 후 문장의 흐름을 살펴보도록 한다. 어투가 냉소적이고 공식적임을 알 수 있다. 강하고 부정적인 느낌을 주는 commands/attention/obedience의 단어들을 볼 수 있다. 또한 holds the information/suitably portioned pieces로 미루어 보면 상당히 강한 어조임을 알 수 있다. 작가는 학생들의 정보 습득 역시 expected simply to absorb it으로 표현하면서 부정적인 어투를 다시 한 번 보여주었다.

Questions 23~28

Classify the teaching and learning roles.
가르치는 역할과 배우는 역할을 분류하시오.

Consider whether the following aspects of inquiry learning are performed by the teacher or the student.
다음의 탐구 학습이 교사중심인지 학생중심인지 생각해 보십시오.

In boxes 23~28 on the answer sheet write
문제 23~28의 답안지를 작성하시오.

T　　　*for teacher* 교사중심
S　　　*for student* 학생중심
S/T　　*if both are involved in the process* 만일 교사와 학생 모두가 그 과정에 관련되었을 경우

The first one is done for you.
첫 번째는 참고로 완성된 것입니다.

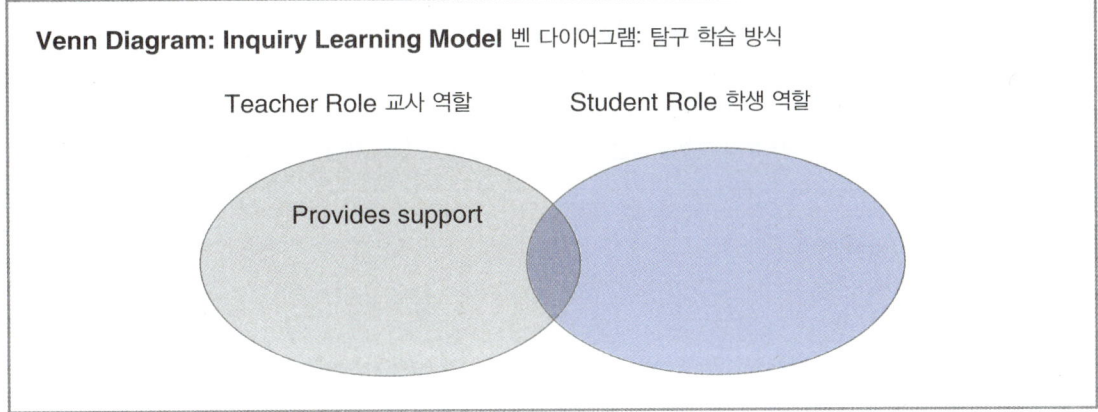

| For Example | O. Provides support | T |

23. Poses questions
의문을 제기하다.
정답 S / T
해설 7번째 문단: 주제의 도입단계에서 연구분야를 정하기 위해 학생과 교사들이 함께 문제를 제기한다.

24. Shares newly acquired information
새롭게 얻어진 정보를 공유하다.
정답 S
해설 8번째 문단: 연구와 조사를 통해 다른 학생들이 얻은 정보들을 함께 공유하는 사람은 학생들이다.

25. Guides process
과정을 안내한다.
정답 T
해설 7번째 문단: 연구학습 방식에서 학습자의 주요임무는 학습이고 교사는 보조자로서 학습을 안내한다고 언급했다.

26. Works in small groups
소규모 그룹으로 연구한다.
정답 S
해설 5번째 문단: 연구학습에서 개인 혹은 소규모 그룹으로 연구한다고 본론에 기재되어 있다. 키워드인 small group이 언급되어 있는 문단을 우선 찾도록 한다.

27. Coordinates inter-curricular areas of study
통합교과적 학습 영역을 조정한다.
정답 T
해설 5번째 문단: 주제 선택에서부터 그것을 다른 과목과 통합시키는 방법에 대한 총 책임은 교사이다.

28. Researches questions
의문점들을 연구한다.
정답 S
해설 5번째 문단: 문제에 대한 조사 연구와 연구를 통한 해결책을 찾는 사람은 누구일까? 상식에 근거하여 해결할 수 있는 문제이지만, 항상 지문에서 답을 찾아 확인하도록 해야 한다. 유추하여 답을 기재해야 하는 경우는 충분한 시간이 없을 경우에만 해당한다.

SECTION 3 Questions 29~42

Supermarket Psychology

Have you ever wondered why the fruit and vegetables in supermarkets are always at the front of the supermarket? 31)Aisles force you to go right around the whole shopping maze and cutting across aisles or trying to skip an aisle will result in you trying to push your trolley through oncoming traffic of angry looking customers.

Or have you ever noticed the vacuous stare on the faces of other shoppers? Perhaps you too are lost in the frightening and psychological world of supermarket shopping. It is possible that before reading this article you thought that you were in charge of your spending habits. Many people charge into the supermarket wielding their carefully thought out shopping list only to get home with many more items than were originally on their list. How is this possible? Even the most careful shopper will come away with an extra luxury item or something that seemed like a good idea at the time. Don't even get me started on sending out husbands with shopping lists. Mine invariably comes home with a new set of screwdrivers or a DVD. I certainly hadn't indicated buying those on my shopping list!

40)As a supermarket shopper you probably think that you determine what you buy and how much of it you purchase. In fact you don't. Supermarket psychology has been refined over the decades and now our shopping habits are dictated to by psychology.

Let's start in the fruit and vegetables department. Along the left side are the vegetables and they are arranged with colour contrast in mind. There is a plethora of textures, sizes and colours to excite the eye. Red capsicums contrast with green capsicums and the dull florets of broccoli contrast nicely with the shiny red skins of tomatoes. In addition to the visual stimulus a light spray of mist is pumped out regularly to keep the vegetables glistening and looking appetising. Beside the salads are a range of sauces and dressings for me to pick up with my salad in case I forget about the dressings in the appropriate aisle.

The fruit are over to the right but to reach them I need to manoeuvre my trolley around the aisles packed high with the fruit on special. I might well decide to buy peaches and nectarines as well seeing as they are on special. Then I still need to get to the apples and bananas on the other side where I can choose to fill a bag myself or there is the ready packaged option.

As I pause deciding between green and red apples 33)I hear the gentle classical music. It wasn't so loud before that I noticed but now 41)I think how pleasant and relaxing it is. This is fortunate as the supermarket gurus want me to find shopping relaxing because if

I'm feeling relaxed I'll spend more time on the premises and buy more while I'm there.

Now I'm passing through the fresh bread section. Actually I was just going to buy sliced bread for the children's school lunches but now that 31)I'm here, the smell of freshly baked bread is just too enticing. Note the fresh bread section is aisles away from the cut bread. 38)The psychologists know that I will be tempted to buy the fresh bread and I will still need to buy the sliced. Oops, I've just bought twice as much bread as I had intended. 37)In the midst of the bakery section there's the demonstrator with freshly sliced bread and infused olive oils and dips. Shoppers gather about the demonstrator to taste test her wares. I notice that three of the five bought the lemon and garlic infused oil.

Let's focus our attention momentarily on the shelves. 36)Vivid red and yellow packaging glare out at us, grabbing the eye remorselessly. The common and cheaper brands tend to be placed on the lower shelves and 35)the more expensive products are eye level so as to catch the shopper's eye and tempt that unintended purchase. Then there are the combinations. Chips and dips are placed together prompting the shopper to buy both products. Pasta and pasta sauces are neatly combined giving the shopper the instant answer to the ever-present question of what to have for dinner. The everyday items that I need are always at the far end of the aisles. 39)I may just need flour and sugar but I will need to go past a vast array of baking supplies before I get to the basics and goodness knows what I'll throw into the trolley on my way.

On reaching the wines and other beverages I listen again for the classical music. Interestingly enough studies have shown that people tend to spend more on wines, purchasing more expensive wines when classical music is played in comparison with pop. Finally I get to the checkout. I have been serenaded by music, my nose and taste buds have been tantalised and visually I'm overstimulated by the sheer range of colours and products available but I still need to run the final gauntlet. At this point in the shopping experience you really need to feel sorry for any mother with children tagging along because at this stage in the proceedings everyone is getting tired and grumpy. 32)Now they pull out the big guns. 34)Guards are lowered and there they are ~ glossy magazines for 30)mum and lollies for the kids. Very few mothers are able to withstand the psychological pressure of supermarket planners and readily give in to pleas from small children buying sweets and chocolate before they even register that they are doing so.

The budget is stretched further than intended. We have been squeezed though the maze of aisles and temptations and are released into the great car park beyond. Later as we unpack unwanted items onto groaning shelves we swear that we won't be pressured in quite the same way again. The fact is we are the successful target of many studies and reports and undoubtedly next week's shopping experience will be much the same.

슈퍼마켓 심리학

당신은 왜 슈퍼마켓에서 과일과 채소들이 항상 통로 초입에 위치하는지에 대해 의문을 가진 적이 있습니까? 통로는 당신으로 하여금 억지로 매장 전체를 다 돌게 만들고, 통로를 가로지르거나 한 통로를 건너 뛰려고 하면 당신은 밀려오는 화난 표정의 고객들을 통과해 손수레를 밀고 가야만 할 것입니다.

혹은 다른 고객들의 멍한 표정을 보셨나요? 아마도 당신 역시 슈퍼마켓 쇼핑이라는 놀라운 심리적인 세계에 빠져있다는 것을 느낀 적이 있는지요? 이 기사를 읽기 전에 당신은 당신의 소비 습관을 스스로 지휘하고 있다고 생각할 것입니다. 많은 사람들이 신중하게 작성한 쇼핑목록을 가지고 슈퍼마켓에 가지만, 원래의 목록보다도 더 많은 물건을 사서 집에 오게 됩니다. 어떻게 이런 일이 일어날까요? 아주 사려 깊은 소비자들조차 불필요한 사치품 혹은 그 때 당시에는 좋은 생각처럼 느껴졌던 물건들을 사가지고 올 것입니다. 나 조차도 남편에게 쇼핑목록을 들고 시장을 보라는 이야기는 꺼내지도 않습니다. 내 남편은 변함없이 새로운 연장기구나 DVD를 사가지고 집에 올 것입니다. 나는 분명 쇼핑 목록에 이런 것들을 사라고 쓴 적이 없었습니다!

슈퍼마켓 고객으로서, 당신은 아마도 무엇을 사야 할지 그리고 얼마짜리를 구매할지를 당신이 결정한다고 생각할 것입니다. 사실은 그렇지 않습니다. 슈퍼마켓 심리학은 몇 십 년간 발전해와서, 현재 우리들의 쇼핑습관을 좌우하고 있습니다.

과일과 야채 부분부터 시작합시다. 왼쪽을 따라 야채들이 있는데 관념상 대조되는 색으로 정렬되어 있습니다. 눈을 자극하는 다양한 질감과 크기, 색깔들이 있습니다. 빨간 피망은 녹색 피망과 대조를 이루고 뭉뚝한 꽃 모양의 브로콜리는 매끈한 붉은 껍질을 가진 토마토와 훌륭하게 대조를 이룹니다. 이런 시각적인 자극과 함께, 정기적으로 촉촉하게 뿌려진 물기는 채소를 반짝이게 하고 먹음직스럽게 보이도록 합니다. 샐러드 옆에는, 드레싱 칸에 있는 드레싱을 잊는 경우에 대비해 샐러드와 함께 집도록 다양한 소스와 드레싱들이 정돈되어 있습니다.

과일은 건너편 오른쪽에 있지만 그곳에 가려면 특별할인 판매되고 있는 과일이 잔뜩 쌓여있는 통로를 손수레를 끌고 요령 있게 통과해야만 합니다. 나는 복숭아와 천도복숭아가 할인 판매 중인 것을 보는 순간 그것들을 사려고 마음 먹을지도 모릅니다. 그런 다음 나는 아직도 건너편에 있는 사과와 바나나 쪽으로 가야 하는데, 내가 필요한 만큼 봉지에 담을지 아니면 이미 포장된 것을 살지 정할 수 있습니다.

녹색 사과와 빨간 사과 중 어떤 것을 사야 할지 결정하기 위해 멈추었을 때 나는 잔잔하게 흐르는 고전 음악을 듣습니다. 그것은 내가 미리 알아차릴 만큼 소리가 크지 않지만 이제는 그것이 얼마나 감미롭고 평화로운지 생각하게 됩니다. 이것은 슈퍼마켓의 리더들이 내가 쇼핑이 편안하다고 느끼기를 원하기 때문에 좋은 것인데, 내가 평안함을 느끼면 그 곳에서 더 많은 시간을 보내고 그곳에 있으면서 더 많은 물건을 구매하기 때문입니다.

이제 나는 신선한 빵을 파는 구역을 통과합니다. 사실 나는 아이들의 학교 점심으로 싸줄 잘라진 빵만을 사려고 했지만 이제 나는 신선하게 구워진 빵 냄새가 유혹하는 이곳에 있습니다. 신선한 빵을 파는 구역은 잘라진 빵을 파는 곳과 떨어져 있습니다. 심리학자들은 내가 신선한 빵 구입에 유혹을 받을 것이며 또한 여전히 잘라진 빵을 살 필요가 있다는 것도 알고 있습니다. 아이쿠, 나는 내가 사려고 했던 것 보다 두 배나 많은 빵을 사고야 말았습니다. 제빵 구역 중간에는 금방 자른 빵을 올리브 오일과 딥에 찍어 먹는 시식 점원들이 있습니다. 고객들은 선전하는 사람들 주변에 모여서 제품을 시식하고 있습니다. 나는 다섯 명 중 세 명이 레몬과 마늘이 들어 있는 오일을 사는 것을 봅니다.

잠시 우리의 시선을 선반에 맞추어 봅시다. 선명한 붉은색과 노란색 포장들이 우리를 바라보고 있어 꼼짝없이 시선을 끌고 있습니다. 일반적이고 저렴한 상표는 선반 아래에 진열되어 있고 더 비싼 상품들은 눈높이에 있어서 고객들의 시선을 사로잡아 계획에 없던 충동구매를 하게 합니다. 그리고 콤비를 이룬 상품들이 있습니다. 칩스(과자)와 딥스(소스)는 함께 놓여 있어 고객들로 하여금 두 가지 상품을 모두 사도록 부추깁니다. 파스타와 파스타 소스가 가지런히 진열되어 있어 고객들에게 저녁에 무엇을 먹을지에 대한 항상 문제가 되는 질문에 즉각적인 해답을 줍니다. 내가 매일 필요로 하는 것은 항상 통로의 맨 끝에 있습니다. 나는 단지 밀가루와 설탕만이 필요하지만 그 기본물품에 닿기 전에 다양하게 배열되어 있는 제빵 원료를 통과해야 하는데, 내가 지나면서 무엇을 카트에 던져 넣을지는 아무도 모릅니다.

와인과 다른 음료수가 있는 곳에 다다를 즈음, 나는 다시 고전음악을 듣게 됩니다. 흥미롭게도 연구에 의하면 사람들은 대중음악보다 고전 음악이 연주 될 때 더 비싼 와인을 구매하고 더 많은 와인을 사려고 한다고 알려져 있습니다. 마침내 나는 계산대에 다가섭니다. 나는 음악에 매료되고, 후각과 미각이 예민해지고, 아주 다양한 색상과 제품들로 인해 시각적으로 지나치게 자극되었지만, 아직 남은 마지막 시련을 돌파해야 합니다. 쇼핑을 하고 이때쯤이면 모두가 피곤해지고 짜증이 나는 때이므로, 당신은 어떤 엄마라도 졸졸 따라다녔던 아이들에게 미안한 감정이 듭니다. 이제 그들은 결정적인 수를 내놓습니다. 경계가 느슨해지고 그곳에는 엄마들을 위한 광택지로 된 잡지와 아이들을 위한 사탕들이 있습니다. 슈퍼마켓 설계자의 심리적인 압박을 견딜 수 있는 엄마는 거의 없어, 조그만 아이들이 사탕과 초콜릿을 사 달라고 조를 때, 자신들이 쉽게 허락하고 있다는 사실조차 느끼지 못한 채, 쉽게 사주게 됩니다.

예산은 예상보다 훨씬 늘어나게 됩니다. 우리는 미로 같은 통로와 유혹을 비집고 넓은 주차장으로 풀려 나오게 됩니다. 나중에 우리는 짐을 풀어 불필요한 물건들을 힘겨워하는 선반에 올려 놓으면서 다시는 같은 방식으로 압력을 받지 않으리라고 결심을 합니다. 사실은 우리는 많은 연구와 보고서의 성공적인 목표가 되어 의심할 여지가 없이 다음 주 쇼핑 때도 거의 같게 행동할 것이 사실입니다.

Questions 29~32

*Answer the short answer following questions using **NO MORE THAN THREE WORDS**.*
세 단어 이내로 다음 단답형 문제에 답하시오.
Write your answer in the boxes 29~32 on the answer sheet.
문제 29~32의 답안지를 작성하시오.

29. Is the tone of the article formal or informal?
이 기사의 논조는 격식을 갖춘 것입니까 아니면 구어체적입니까?

정답 Informal

해설 작가는 축약형을 사용한 것과 표현에 있어서도 일상적이고 감성적인 언어를 사용했으므로 비공식적인 논조로 기사를 작성한 것이다. 또한 30번의 문제를 보면 29번의 정답을 쉽게 작성할 수 있다. 그러므로 주어진 문제와 지시문을 자세히 읽는 것이 중요하다.

30. Give three examples of informal language.
구어체의 3가지 예를 제시하시오.

정답 Kids, mum, lollies, oops, grumpy. (이 중 3가지)

해설 다음의 단어들은 구어체 표현에서 사용되는 것들로 비공식적인 언어들이다. 위의 제시된 것 중 3가지를 적으면 된다.

31. Is the writer presenting the article subjectively or objectively?
작가는 이 기사를 주관적으로 표현하고 있습니까? 객관적으로 표현하고 있습니까?

정답 **Subjectively**

해설 이 기사는 대부분 작가의 논점에 대한 것으로 다분히 주관적이다. 위의 문제들에서 알 수 있듯 구어체를 사용해서 함축적인 의미와 조소적인 표현들을 곳곳에서 찾아볼 수 있다.

---

32. Consider the expression: 'Pull out the big guns.' Is it more likely to mean A, B or C?
 A. Supermarket shoppers are held at gunpoint.
 B. The supermarket tempts consumers with more desirable things.
 C. Shopping can be a violent and stressful experience.

다음 표현을 생각해 보시오. '큰 총을 꺼내다' A, B, C 중 어느 것을 의미합니까?
 A. 슈퍼마켓 소비자들이 권총을 소지한다.
 B. 슈퍼마켓은 소비자들을 더욱 탐나는 것으로 유혹한다.
 C. 쇼핑은 폭력적이고 스트레스를 받는 일이다.

정답 **B**

해설 이 구문이 사용된 곳은 쇼핑의 마지막 단계로 아이들은 지치고 엄마들도 저항도 줄어든 시점이다. 슈퍼마켓은 달콤한 것들을 계산대에 진열함으로써, 충동적 구매를 조장한다. 조르는 아이들에게 사탕을 사주고 본인 역시 쇼핑의 힘든 노동의 대가로 편안하게 읽을 수 있는 잡지를 사게 된다. 문제에 사용된 The big guns은 슈퍼마켓의 성공적인 판매의 열쇠가 되는 결정적인 수를 나타낸다.

Questions 33~38

Link the marketing strategies with the intended buying outcome.
영업 전략과 그 원리가 의도하는 결과를 연결하시오.

Write the correct letter in the boxes 33~38 on the answer sheet.
문제 33~38 답안지에 올바른 문자를 적으시오.

33. Classical music 고전 음악	A. Are placed at eye height. 눈높이에 놓다.
34. Magazines and sweets 잡지와 사탕	B. Prompt the shopper to buy more than intended. 고객들에게 생각했던 것 보다 더 많이 구매하도록 하게 한다.
35. More expensive items 더 비싼 품목	C. Encourage unintentional purchases. 충동구매를 조장한다.
36. Bright reds and yellows 선명한 붉은색과 노란색	D. Are near the checkout where resistance is low. 저항할 힘이 약해진 계산대 근처에 있다.
37. Demonstrators 시식 점원들	E. Attract the eye. 시선을 사로잡는다.
38. Freshly baked bread 방금 구워진 빵	F. Relaxes the shopper. 소비자를 편하게 한다.

33. Classical music

고전 음악

정답 **F. Relaxes the shopper.** 소비자를 편하게 한다.

해설 매장에 음악이 연주될 때 소비자들은 편안함을 느끼고 그래서 그 곳에 더 머물게 된다. Classical music을 scan하여 그 부분을 읽어본다.

34. Magazines and sweets

잡지와 사탕

정답 **D. Are near the checkout where resistance is low.** 저항할 힘이 약해진 계산대 근처에 있다.

해설 작가는 사탕과 잡지를 의도적으로 계산대 근처에 둔다고 말했다. 고객들은 쇼핑에 지쳐서 마지막까지 충동구매에 저항하지 못한다. Guards are lowered는 소비자의 저항이 떨어진다는 의미를 나타낸다.

35. More expensive items

더 비싼 품목

정답 **A. Are placed at eye height.** 눈높이에 놓다.

해설 상품의 선반진열에 관한 설명부분이다. 더 비싼 품목은 눈높이에 두고 저렴한 품목들을 낮은 곳에 둔다. 상식적으로도 비싼 물건은 눈에 띄기 쉬운 곳에 진열한다는 사실을 알면 정답 찾기가 수월할 것이다.

36. Bright reds and yellows

선명한 붉은색과 노란색

정답 **E. Attract the eye.** 시선을 사로잡는다.

해설 선명한 색상 특히 붉은색과 노랑색은 시선을 집중하게 한다. Attract the eye와 It grabs the customer's attention은 같은 의미이다.

37. Demonstrators

시식 선전원들

정답 **C. Encourage unintentional purchases.** 충동구매를 조장한다.

해설 슈퍼마켓에 있는 시식코너와 상품 선전원들은 적극적인 상품판매의 방법이다. 즉 눈에 보이는 곳에서 고객들에게 음식을 맛보게 하면서 충동적인 구매를 조장하는 판매방식을 말한다.

38. Freshly baked bread

방금 구워진 빵

정답 **B. Prompts the shopper to buy more than intended.** 고객들에게 생각했던 것 보다 더 많이 구매하도록 하게 한다.

해설 신선하게 빵을 굽는 과정과 방금 구워진 빵을 진열하는 진열대는 소비자들의 시선을 유도하고 그리고 반드시 사야 할 잘라진 일반적인 식빵은 복도 맨 끝에 두어 소비자들에게 생각했던 분량보다도 더 많은 빵을 사도록 조장한다.

Questions 39~42

Consider the following statements in the context of the article.
기사에 나타난 다음 문장들을 보시오.
In the boxes 39~42 on the answer sheet write
답안지 39~42의 답안지를 작성하시오.

TRUE   if the statement agrees with the information 진술이 본문과 일치하는 경우
FALSE   if the statement contradicts the information 진술이 본문과 일치하지 않을 경우
NOT GIVEN   if there is no information on this 이것에 관한 정보가 없을 경우

39. It is the writer's intention to provide a light-hearted view of the marketing strategies shoppers are exposed to.
소비자들이 접하게 되는 영업전략을 가벼운 논조로 알려주려는 것이 작가의 의도입니다.
정답 TRUE
해설 지문 전체를 통해 작가는 소비자들에게 노출되는 슈퍼마켓 영업전략을 익살스럽게 표현하였다.

40. The writer infers that shoppers govern their shopping experience.
작가는 소비자들이 쇼핑을 주관한다고 생각한다.
정답 FALSE
해설 소비자는 효과적이면서도 강제적인 구매를 조장하는 영업전략에 의해 움직인다고 말한다.

41. The writer enjoys the use of classical music in supermarkets.
작가는 슈퍼마켓의 고전음악을 즐깁니다.
정답 TRUE
해설 키워드는 enjoys/classical music/supermarkets이다. 여섯번째 문단을 찾아가도록 한다. 그 혹은 그녀는 고전음악이 감미롭게(pleasant and relaxing) 느낀다고 했다. 즉 감미로운 음악을 즐기는 것이다. 하지만 그것은 소비자들로 하여금 여유롭게 쇼핑을 하도록 하게 하여 많은 상품을 사게 하는 목적임을 깨닫는다고 했다.

42. The writer demonstrates a thorough knowledge of marketing tools.
작가는 영업 전략에 대한 해박한 지식을 보여주고 있습니다.
정답 TRUE
해설 비록 지문이 형식을 갖춘 언어로 쓰여지지 않고 평이하고 구어체로 작성되었지만 작가는 최근에 슈퍼에서 사용되고 있는 많은 영업원리를 고찰하여, 그 지식에 근거하여 작성된 내용임을 알 수 있다.

IELTS PRACTICE TEST 05

1	C	22	(iii)
2	D	23	(ii)
3	A	24	NOT GIVEN
4	D	25	TRUE
5	B	26	FALSE
6	A	27	TRUE
7	transferred	28	400 sqm
8	ask questions	29	Increased housing density
9	academic success	30	Increases permeable land
10	logic	31	Channels excess water
11	physical challenges	32	Land absorbing water
12	panic or give-up	33	Retain open spaces
13	B	34	1,100sqm
14	A	35	800 sqm
15	B	36	Three
16	C	37	Four
17	C	38	60 sqm
18	(iv)	39	820 sqm
19	(viii)	40	Decreased
20	(i)	41	Reduction
21	(v)	42	Growth

SECTION 1 Questions 1~12

Outdoor Education

Recent studies have confirmed what seasoned educationalists have known for years. Outdoor education provides children with a unique opportunity to extend their practical skills and flex their problem solving muscles. 9)Traditionally, academic success was attributed solely to the efforts within the classroom walls. Today however that attitude has been put aside in favour of a more dynamic view of education.

The benefits of adding outdoor education to an already crammed curriculum has been queried. Surely it is enough that children dedicate their valuable learning hours to reading, writing and mathematics. How can tree climbing and negotiating confidence courses possibly help these core subjects? Many mathematicians will argue that well developed problem solving skills are fundamental in achieving mathematical success. Problem solving is not however limited to mathematical problems in a text book but can be applied to an outdoor situation. For example managing to pitch a tent while blindfolded presents a unique opportunity for 'thinking outside the box'. 5)The expression 'thinking outside the box' refers to the ability to take a given set of facts and a problem and trying to solve it imaginatively. 10)Creativity, as a higher thinking function can be linked with logic to provide a whole new set of problem solving abilities.

Parents may ask why is it important to develop problem solving as a skill and should this be taught in school? The answer is simply this, the ability to problem solve extends far beyond the academic. 6)It also encompasses life skills. Think for a moment of a child being bullied or caught up in a potentially dangerous situation. 12)A non-problem solver might panic or give up whereas a child who has developed their ability to problem solve will apply these skills to any situation and will realise that if one solution does not at first succeed, another solution may. Studies shows that children who can problem solve are less likely to suffer from depression or frustration. It is their attitude and resilience, which encourages them to apply a new perspective or attempt another solution.

3)The majority of urban children do not have experience of the great outdoors. Their knowledge is often second hand at best. Taking children out of their comfort zone and placing them in an unfamiliar situation has several advantages. 11)One such advantage is seeing children, who are lacking in confidence, applying themselves to physical challenges and through their efforts overcoming difficulties that previously, may have seemed unsurmountable.

Teamwork is a term frequently bandied about but is rarely seen working at its optimum. Children need to be introduced to the concept of teamwork. This is very successful when children are put together with others they do not normally associate with. 2)They need to be out of friendship groups and preferably in mixed gender groupings. Only then can the team begin to form its true dynamic. Add to the mix then a physical problem like for example, getting the whole team through a tree-climbing course in a set period of time carrying a basketball. In a mixed group there will always be a few children who are less confident of their physical ability. This provides a two-fold opportunity for growth. The children who face their fears and accomplish their goals feel pride and a glow of success that transfers into other physical and academic areas of learning. The more confident children who encourage and provide support develop their ability to feel empathy and be positive. The team needs to find the best way of negotiating the course and this takes discussion, trials and in a word ~ teamwork.

Education outside the classroom can include a myriad of activities. Rock or wall climbing is a favourite as is orienteering and kayaking. 1)Making bivouacs in a bush setting and safely crossing streams and rivers are life skills that could one day save a life. Levels of fitness can be assessed as well as coping strategies in an unfamiliar environment. Activities can be designed for the age and number of students participating. The key then is gathering up new skills and seeing how they apply back at school.

7)Success experienced during outdoor education transfers to the classroom. The child who was fearful of the flying fox but did it anyway is more likely to take academic risks in the classroom. An example to illustrate this is that in every classroom there will always be a child who has a burning question but is afraid to ask because they think that others will think it silly. 8)If that child experiences fear and then success in an outdoor situation he will transfer that feeling of subsequent bravery to the classroom and is more likely to ask the difficult questions without fear of repercussions.

야외 교육

최근 연구는 여러 해 동안 경험많은 교육자들이 알고 있었던 사실을 확인해주었습니다. 야외 교육이 아이들에게 실질적인 기술을 확장시키고 문제 해결 능력을 기르는 좋은 기회를 제공한다는 것입니다. 전통적으로, 학업의 성공은 단지 교실 내에서 이루어진 성과로 생각되었습니다. 하지만 오늘날 이 관점은 교육을 바라보는 더 활동적인 견해 때문에 밀려났습니다.

기존의 주입식 교육 과정에 실외교육을 추가하는 이점들에 대해 의문이 있어 왔습니다. 물론, 아이들이 그들의 귀중한 학습시간을 읽기, 쓰기 그리고 수학에 할애하는 것은 당연합니다. 나무 오르기나 자신감 형성 프로그램들이 이런 중요한 과목들에 어떻게 도움이 될 수 있습니까? 많은 수학자들은 문제 해결 능력을 개발하는 것이 수학문제 해결의 기본이라고 주장할 것입니다. 하지만, 문제 해결능력은 교과서 안의 수학문제를 해결하는 것에 국한되는 것이 아니라 실외상황에도 응용이 될 수 있습니다. 예를 들어, 눈가리개를 하고 텐트를 치는 것은 '상자밖으로 생각'을 할 독특한 기회를 제공합니다. '상자밖으로 생각'이란 주어진 사실과 문제를 가지고 상상력을 발휘하여 해결해 가는 능력을 말합니다. 고도의 사고능력인 창의성은 논리성과 연계되어 전반적인 새로운 문제 해결 능력을 제공합니다.

학부모들은 왜 문제 해결 능력을 개발하는 것이 중요하고 이런 것이 학교에서 교육되어야 하는지 의문을 제기할 수도 있습니다. 대답은 간단한데, 문제를 해결하는 능력은 학구적인 지식을 훨씬 넘어선 범위라는 것입니다. 이것은 또한 삶의 기술과 관련이 있습니다. 아이가 놀림감이 되거나 잠재적으로 위험한 상황에 처해있다고 잠시 생각해 보십시오. 문제를 해결해 보지 않은 아이는 당황하고 포기하는 반면 문제를 해결하는 능력을 개발한 아이들은 이런 기술을 상황에 적용해 보고 만일 하나의 해결책이 처음에 성공하지 않더라도 다른 방안으로 해결하리라 깨달을 것입니다. 연구에 의하면 문제 해결을 할 수 있는 아이들은 좌절과 혼란으로 고통받을 확률이 적은 것으로 나타났습니다. 그들의 태도와 유연성은 그들로 하여금 새로운 생각을 적용하거나 또 다른 해결책을 시도하게 만듭니다.

도시 어린이의 대부분은 야외 경험이 많지 않습니다. 그들의 지식은 대개 기껏해야 간접적인 것들입니다. 아이들을 익숙한 공간에서 데리고 나와 낯선 상황에 데려다 놓는 것은 여러 가지 장점들이 있습니다. 이의 장점 중 하나는, 자신감이 결여된 아이들이 신체적 도전에 직면하면 노력을 통해 이전에는 극복할 수 없던 것처럼 느꼈던 어려움들을 극복하는 것을 보는 것입니다.

협동작업은 자주 회자되는 용어이지만 적절하게 쓰이는 것을 보기가 어렵습니다. 아이들에게 협동작업의 개념을 알려줄 필요가 있습니다. 이것은 아이들을 잘 어울려 놀지 않는 다른 아이들과 함께 섞여있을 때 매우 성공적입니다. 아이들을 친한 친구들과 분리시켜, 되도록이면 성별이 다른 집단에 집어넣을 필요가 있습니다. 그래야만 팀이 진정한 힘을 가지게 됩니다. 그리고 나서 혼성 집단에 팀 전체가 일정한 시간 동안 농구공을 전달하면서 나무 오르기를 하는 것과 같은 육체적인 문제를 던져줍니다. 혼성 집단 안에는 항상 신체적 능력에 자신감이 덜 한 몇 명의 어린이들이 있을 것입니다. 이것은 성장에 두 배의 기회를 제공합니다. 두려움에 맞서 그들의 목적을 성취한 어린이들은 자신감을 느끼고 다른 신체적인 학습과 학교의 학습 영역에 영향을 주게 될 성공의 기쁨을 느끼게 됩니다. 자신감이 더 있어 다른 사람을 격려하고 돕는 어린이들은 동정심을 느끼고 긍정적이 됩니다. 팀은 문제를 해결하는 최선의 방법을 찾아야 하는데, 이것은 토론과 시도, 즉 한 마디로 말해 협동작업을 필요로 하는 것입니다.

야외 교육에는 다양한 활동들이 포함됩니다. 암벽등반은 목적지 찾기와 카약킹과 같이 인기있는 활동입니다. 산에서 야영지 만들기와 안전하게 개울과 강 건너기는 언젠가 목숨을 구할 수 있는 삶의 기술입니다. 익숙하지 않은 환경에서 적응하는 기술과 함께 건강상태를 평가 받을 수 있습니다. 활동은 참여하는 학생들의 나이와 수에 의해 구성될 수 있습니다. 중요한 것은 새로운 기술을 배운 후 학교에 돌아와서 그 기술을 어떻게 적용하는지를 아는 것입니다.

야외 학습 중의 성공적인 경험은 교실로 옮겨집니다. 외줄타기에 공포심을 가진 아이라도 어쨌든 그것을 해냈을 때 교실에서 어려운 학습을 더 잘 수행할 확률이 높습니다. 이것을 설명해 주는 예로, 모든 반에는 항상 불타는 궁금증이 있지만 다른 아이들이 어리석다고 생각할까 봐 질문하는 것을 두려워하는 아이가 항상 있습니다. 만일 그 아이가 야외 상황에서 두렵지만 성공했을 경우, 그 결과로 생기는 용감함이 교실까지 전해질 것이고 아무런 두려움 없이 어려운 질문을 할 확률이 더 많게 됩니다.

Questions 1~6

*Choose the best answer from **A, B, C or D**.*
A–D 중 가장 적당한 답을 고르십시오.
Write your answer in boxes 1~6 on the answer sheet
문제 1~6의 답안지를 적으시오.

1. What outdoor activities could protect a person from harm in the bush?
   A. Tree climbing and canoeing.
   B. Confidence course and teamwork.
   C. Making bivouacs and crossing rivers.
   D. None of the above.

   어떤 야외 활동이 사람들을 산림의 위험에서 보호할 수 있습니까?
   A. 나무 오르기와 카누잉
   B. 자신감 형성 프로그램과 협동작업
   C. 야영지 만들기와 강 건너기
   D. 정답 없음

   정답 C

   해설 protect a person from harm와 유사한 의미로 사용된 구문을 찾도록 한다. 여섯 번째 문단의 could one day save a life는 표현방법만 다르고, 그 의미는 동일한 것이다.

2. Teamwork works best when
   A. Boys are together with one strong leader.
   B. Girls communicate with one another.
   C. Boys and girls are together in groups with close friends.
   D. Boys and girls are together in groups without close friends.

   협동작업이 최고의 효과를 발휘할 때는
   A. 소년들이 한 명의 강한 지도자와 함께 할 때
   B. 소녀들끼리 의사소통을 할 때
   C. 친한 소년들과 소녀들이 함께 있을 때
   D. 친하지 않은 소년들과 소녀들이 함께 있을 때

   정답 D

   해설 지문에는 협동작업이 최대효과를 내기 위해서는 남녀 구분 없이 한 집단에 모이거나 친한 친구들과 분리시켜 같은 팀에 있는 다른 구성원과 협력하도록 하도록 한다고 했다. 문제의 work best는 본문의 form its true dynamic을 다르게 표현한 것이다.

3. Outdoor education is particularly beneficial for urban children because

   A. Many children are unfamiliar with outdoor challenges.
   B. Urban children are afraid of heights.
   C. Many children require rock-climbing experience.
   D. All of the above.

   실외교육은 도시 어린이들에게 특히 이롭다. 그 이유는

   A. 많은 어린이들이 야외 도전 활동들에 대해 익숙하지 않기 때문이다.
   B. 도시 어린이들은 높은 것에 두려워 하기 때문이다.
   C. 많은 어린이들이 암벽등반의 경험이 필요하기 때문이다.
   D. 상기 사항 모두

   정답 A

   해설 네 번째 문단에서 실외 교육은 도시 아이들에게 새로운 기회와 도전을 제공하는 기회라고 지문에 제시되었다.

4. Teamwork can foster

   A. Feelings of pride and success.
   B. Better communication.
   C. The more able children supporting the less able.
   D. All of the above.

   협동작업이 키울 수 있는 것은

   A. 자부심과 성취
   B. 더 나은 의사소통
   C. 능력있는 어린이들이 능력이 덜한 아이들을 돕는다
   D. 상기 사항 모두

   정답 D

   해설 주어진 답안 A, B, C 모두가 협동작업을 통해 키워질 수 있는 사항들이다. 지문 중 Teamwork이 소개된 부분의 discussion이 유사어인 communication로 주어진 답안에 사용되었음을 알 수 있다.

5. 'Thinking outside the box' is an expression

   A. Confirming the belief that all answers lie outside a box.
   B. Encouraging people to think beyond the usual boundaries.
   C. That ignores mathematical conventions.
   D. Encouraging rebellious thoughts.

   '상자밖에서 생각' 이 표현하는 것은:

   A. 모든 답들이 상자 밖에 있다고 믿는 확신
   B. 사람들로 하여금 일반 범주를 넘어서 사고하도록 장려
   C. 수학적인 공식을 무시
   D. 도전적인 사고의 장려

   정답 B

   해설 작가는 thinking outside the box를 소개하면서 그 의미를 부가적으로 설명했다. 본문에 사용된 thinking imaginatively는 상상력을 동원하여 기존의 방식을 벗어난 창의적인 사고를 의미한다.

6. Children who learn to problem solve
   A. Successfully apply these skills inside and outside the classroom.
   B. Suffer less from bullying and teasing.
   C. Are happier individuals.
   D. Have an advanced writing ability.

   문제 해결을 배우는 아이들은
   A. 이런 기술들을 교실 안팎에 성공적으로 적용한다
   B. 따돌림과 놀림을 덜 받는다.
   C. 더 행복한 사람이다.
   D. 탁월한 쓰기 능력이 있다.

   정답 A
   해설 문제해결 능력은 비단 교실내의 학습뿐 아니라 일상생활에도 적용하여 사용될 수 있는 기술이다. B가 정답으로 보여질 수 있지만 본문에서는 문제해결 능력이 따돌림을 당하는데 대처할 만한 기술이라고는 언급하지 않았다. 또한 작가는 문제해결 능력을 응용하여 상황 별 최선의 방법을 강구하는 포괄적인 개념을 말하고자 했다.

Questions 7~12

*Complete the sentences below using **NO MORE THAN THREE WORDS**.*
세 단어 이내로 작성하시오.
Write your answer on the answer sheet in boxes 7~12.
문제 7~12의 답안지를 작성하시오.

7. Success gained in the outdoors must be _____ to the classroom.
   실외에서 얻어진 성공은 분명히 교실로 옮겨질 것이다.

   정답 transferred
   해설 정답을 기입할 때 품사를 고려하여 작성해야 한다. 본문 마지막 문단에는 transfers로 나왔더라도 주어진 문장에 문법적으로 맞는 be+ pp의 형태인 transferred가 정답이 된다.

8. Overcoming fear can allow a shy child to _____ in the classroom.
   두려움의 극복은 수줍어하는 아이가 교실에서 질문할 수 있도록 합니다.

   정답 ask questions
   해설 교실에서 그들의 의견을 내는데 어려움이 있는 아이들이 익숙하지 않은 상황에서 공포를 극복하는 것에 초점을 두고 생각을 해야 한다. 두려움에 직면하여 그것을 극복한 아이들은 자부심을 느끼고 이런 성취감이 교실에 전이 되어 수줍은 아이들이 질문을 거리낌 없이 하게 된다. A shy child to _____ in the classroom 사이에 올 품사는 to+동사의 원형+ 목적어의 형태가 된다.

9. The traditional view of education insisted that _____ could only be gained in the classroom.

전통적인 교육관은 학업의 성공이 오직 교실 안에서 얻어질 수 있다고 주장합니다.

정답 academic success

해설 중심어인 Traditional view of education이 있는 문단을 찾아가도록 한다. 첫 문단에서 답을 찾을 수 있다.

---

10. Using creative thinking and _____ contributes to effective problem solving.

창의적인 사고와 논리는 효과적인 문제 해결에 기여합니다.

정답 logic

해설 키워드는 creative thinking / contribute / problem solving이다. 지문을 skim하면서 각 문단의 주제내용을 기억한다면, 두 번째 문단 마지막 부분에서 찾을 수 있다.

---

11. Giving children _____ provides them with the opportunity to overcome difficulties and barriers.

아이들에게 육체적인 도전을 던져 주는 것은 어려움과 장애를 극복하는 기회를 제공합니다.

정답 physical challenges

해설 작가는 아이들이 편안하게 느끼는 영역에서 데리고 나오는 것은 육체적으로나 정신적으로 도전이 된다고 언급했다. 이렇게 함으로써 아이들은 이전에 어렵게 느꼈던 분야에 성공적으로 대처할 수 있다고 했다.

---

12. A child who has not been taught to problem solve might _____ if faced with a difficult or dangerous situation.

문제 해결 능력을 배우지 못한 아이들은 어려움이나 위험한 상황에 닥치게 되면, 당황하거나 포기할 수 있습니다.

정답 panic or give-up

해설 문제 해결 능력이 있는 아이들은 도전적인 상황에서 더욱 유연하게 문제를 대처할 수 있지만 그렇지 않은 아이들의 경우 똑같은 도전적인 상황이라도 아이들이 느끼고 반응하는 것은 다르다. 조동사 might 다음에 올 품사는 동사이고 아이들이 느낌을 나타내는 동사를 찾도록 한다.

SECTION 2 Questions 13~27

Personal Satisfaction is a State of Mind

Tymen Tolsma

A

The past and the future are very much present in everyday life. Our past and that of our forebears determines where we are now and who we are. 26)Our future is the result of what we do now. Why then does modern society seem to be so insistent on 'getting ahead' in the present that we overlook what is actually important - the future? After all, without the future our present has no direction and our struggle to get ahead is a futile waste of personal resource. It seems however, that getting ahead to gain some semblance of richness is all we do well collectively.

B

Perhaps our lack of awareness of status anxiety is the problem. In the old days (up to the 1800s) status was something you were born to, rich were rich, poor were poor and never the twain did meet. Poor people didn't aspire to greater heights because it was expected and accepted that that was the way it was and the 'poor' would never become 'rich'. Poor and rich are relative terms. There's another train of thought regarding the level of richness. 24)The French anthropologist Rousseau defined the matter simply. He suggested that if you are always after more than you have, then you feel poor. However if you are happy with what you have and don't feel the need for more, then you are rich.

C

15)The concept of 'equality' was largely established within democratic societies. We now take this for granted but until recently 27)the western world was run as a feudal society based on hierarchy by birthright. This new social mix allowed every person born to experience the same rights and freedoms as everyone else. This is the turning point of society in a historical sense and the downfall of equilibrium within oneself. Now the 'poor' are faced with opportunities and chances that could make them rich! This new phenomenon drives us to achieve more than what we would have been content with before. 13)We compare ourselves against our peers (that's everybody, as we're all equal) and we naturally want what they have because if we don't, we are less 'rich' than them, hence the term 'eeping up with the Jones's'.

D

As human nature drives us to buy products that are deemed necessary because someone else has one, products themselves take on a different persona. Products are made to last only a few years as consumers are expected to upgrade their gear regularly to keep up with technology. Built-in obsolescence became a new term used to describe the shortened life-span of products. Look at cell phones for example. Cell phone technology progresses so fast that the phone we buy today is out of date next week. Each time a new item is able to be used on a phone all older ones are less desirable and those of us who buy into the 'now' scene will upgrade phones regularly. It is a booming market and does not look to be decreasing in popularity until the next big product comes along.

E

16)Built-in obsolescence magnifies human's capacity for placing personal gain before environmental needs. The thing that's really disturbing about all of this is that the cost of recycling these items is horrendous! Cell phones receive some recycling attention but the labour involved in retrieving what little resource is inside the humble cell phone is too great for the process to be viable, so few companies will do it. Computers are another commodity that are upgraded and made obsolete with alarming regularity. 25)Computers are partially recycled. Motherboards are taken apart and precious metals are retrieved however most of the plastic casings, screen tubes, wires and circuit boards are cast aside as non-biodegradable waste. 14)What we have to realise in all of this is that control of the ecological state is not in the hands of inanimate objects but the hands of those who create the need for them.

F

As the article's title suggests personal satisfaction certainly is a state of mind. The terms 'rich' and 'poor' are relative. The degree of wealth or poverty one feels should be measured by one's own sense of satisfaction and happiness rather than our neighbour's or acquaintances material goods. If one assesses one's own social status materialistically one will always be striving to obtain the next shiny cell phone or car. It was fortunate that society changed to allow personal freedom. People are no longer stranded in their birth strata. 17)What we now do with our relatively new acquired social freedom remains to be seen.

개인의 만족은 마음에 달려 있다

타이먼 톨스마

A

과거와 미래는 현재의 일상생활에 존재합니다. 우리와 우리 선조들의 과거는 현재 우리가 어디에 살고 우리가 누군지를 결정합니다. 우리의 미래는 우리가 현재 하고 있는 것에서 기인합니다. 그럼 왜 현대 사회는 진정으로 중요한 것, 즉 미래를 간과하면서 현재에 '앞서 나가는' 것만을 고집하는 것처럼 보일까요? 결국, 미래가 없으면 우리의 현재는 방향도 없고, 앞을 향해 나가려고 버둥거리는 것은 개인자원의 헛된 낭비입니다. 하지만, 외형적인 부를 쫓는 것이 우리 모두가 잘 하고 있는 것의 전부처럼 보입니다.

B

아마도 지위 불안에 대한 올바른 인식의 결여가 문제인 것 같습니다. 옛날에는 (1800년대까지) 신분은 출생에 따라, 부자는 부자로, 가난한 사람은 가난한 대로 태어나고 결코 두 가지가 교차하지 않았습니다. 가난한 사람은 원래 그러려니 하고 받아들이고 결코 부자가 될 수 없음을 인정했기 때문에 더 높은 신분이 되는 것을 갈망하지 않았습니다. 가난과 부는 상대적인 개념입니다. 부의 기준에 해당하는 또 다른 개념이 있습니다. 프랑스의 인류학자인 루소는 이 문제를 간단하게 정의했습니다. 그는 만일 당신이 항상 갖고 있는 것 이상을 추구한다면 가난하다고 느끼게 된다고 주장했습니다. 하지만 만일 당신이 갖고 있는 것에 대해 만족하고 더 필요하다고 느끼지 않는다면 당신은 부자인 것입니다.

C

'평등'의 개념은 민주주의 사회에서 널리 정립되었습니다. 우리는 현재 이것을 당연하게 받아들이지만, 최근까지 서구 사회는 태어날 때부터 정해진 계급사회에 근간을 둔 봉건사회가 이끌어 왔습니다. 이 새로운 사회적인 융합은 모든 사람이 태어나면서 다른 사람과 평등한 권리와 자유를 누리는 것을 가능하게 했습니다. 이것은 역사적인 관점에서는 사회의 전환점이자, 우리 내부적으로는 내적 평정이 깨짐을 뜻합니다. 이제 '가난한' 사람들은 자신을 부자로 만들 기회와 가능성에 직면했습니다. 이런 새로운 현상은 우리가 이전에 만족했던 것보다 더 많은 것을 성취하도록 우리를 부추깁니다. 우리는 자신을 동료들(우리는 모두 동등하기 때문에 동료란 모든 사람을 의미합니다)과 비교해서, 만일 우리가 그들이 갖고 있는 것을 가지고 있지 않으면, 그들보다 덜 '부자'이므로, 자연적으로 그들이 갖고 있는 것을 원하게 되었고, 이로 인해 '이웃사람에게 지지 않으려고 허세를 부리게' 되었습니다.

D

인간의 본성은 다른 사람이 가진 물건을 자기도 필요하다고 생각하게 만들어 상품을 사도록 조장하기 때문에, 상품 자체가 독립된 개체의 성질을 띱니다. 상품은 몇 년 동안만 지속되도록 해 소비자들로 하여금 기술을 따라 잡기 위해 정기적으로 더 나은 제품을 사도록 합니다. 자동적 구식화(시간이 지나면서 제품이 자동으로 구식이 되는 것을 말함)는 상품의 짧은 수명을 묘사에 사용되는 새로운 개념이 되었습니다. 예를 들면 휴대폰을 보십시오. 휴대폰의 기술 진보는 매우 빨라 오늘 우리가 산 휴대폰이 다음 주면 구식이 됩니다. 새로운 기술이 전화에 적용될 때마다, 오래된 것들은 덜 갖고 싶어지게 되며, '현재' 상황에서 전화를 사는 우리들은 정기적으로 더 좋은 전화를 사게 될 것입니다. 이것은 급증하는 시장이어서 다른 근사한 상품이 나올 때까지는 인기를 잃지 않는 것처럼 보입니다.

E

자동적 구식화는 환경적 필요보다 개인의 이익을 중시하는 인간의 능력을 확대시켰습니다. 이런 모든 것들의 가장 큰 문제는 이들 물건의 재활용 비용이 엄청나다는 것입니다! 휴대폰의 재활용이 관심을 약간 받기 하지만, 재활용하기엔 그 작은 휴대폰 안에 있는 작은 부품을 회수하는데 필요한 노동이 너무 많아, 회사들이 거의 그렇게 하지 않습니다. 컴퓨터도 아주 빠른 주기로 업그레이드되고 구식이 되는 또 하나의 제품입니다. 컴퓨터는 부분적으로 재활용되는데, 마더보드가 분리되고 비싼 금속은 회수되지만, 대부분의 플라스틱 케이스와 화면관, 전선과 회로판은 재생 불가능 쓰레기로 버려집니다. 우리가 이 모든 것에서 깨달아야 할 것은 자연 생태계가 제품과 같은 무생물에 달린 것이 아니라, 그 물건들의 수요를 만드는 인간의 손에 달려 있다는 것입니다.

F
이 기사의 제목이 시사하듯 개인의 만족은 분명 마음 상태에 있습니다. '부' 와 '가난' 은 상대적입니다. 우리가 느끼는 부와 빈곤의 기준은 이웃 혹은 아는 사람들의 물질보다는 자신이 느끼는 만족과 행복에 의해 평가되어야 합니다. 만일 우리가 우리 자신의 사회적 지위를 물질로 평가한다면 우리는 항상 다음 단계의 근사한 핸드폰과 자동차를 얻으려고 고군분투하게 될 것입니다. 사회가 개인적인 자유를 허락할 수 있게 된 것은 다행입니다. 사람들은 더 이상 그들의 출생 계층에 묶여있지 않습니다. 최근에 얻은 사회적 자유를 가지고 이제 우리가 어떻게 할지는 지켜보아야 할 것 같습니다.

Questions 13~17

Read the following interview. 다음 인터뷰를 읽으시오.

Consider the writer's opinion and choose the most likely answer based on inferences made from the text. 작가의 의견을 고려하고 지문의 추론에 근거하여 가장 적절한 답안을 고르시오.

Write the letter of the best answers in boxes 13~17 on the answer sheet.
문제 13~17의 답안지에 정답의 문자를 적으시오.

Interviewer 면회자	Writer 작가
13. Do you think that one's sense of poverty or wealth is relative? 당신은 빈곤과 부에 대한 느낌이 상대적이라고 생각합니까?	A. Yes, people feel wealthier than their neighbours. B. Yes, people compare their material status with others. C. No, people are simply either rich or poor. A. 예, 사람들은 이웃보다 더 부유하다고 느낍니다. B. 예, 사람들은 다른 사람과 자신의 물질적인 상태를 비교합니다. C. 아니오, 사람들은 부자이거나 가난하거나 둘 중 하나일 뿐입니다.
14. Who is responsible for the environmental damage we hear about everyday? 우리가 매일 듣는 환경파괴에 대한 책임은 누구에게 있습니까?	A. Producers, marketers and consumers cause the damage. B. Inanimate objects control environmental damage. C. Consumers and inanimate objects collectively aid the environment. A. 생산업자, 마케팅 담당자 그리고 소비자가 파괴의 원인입니다. B. 무생물체가 환경 파괴를 좌우합니다. C. 소비자와 무생물체가 공동으로 환경을 돕습니다.
15. How does equality work in today's society? 평등은 현대 사회에서 어떤 작용을 합니까?	A. Equality means that everyone can buy what they desire. B. Equality offers choice and is the basis of democracy. C. Equality has led to consumerism and debt. A. 평등이란 모두가 자신이 원하는 것을 살 수 있음을 말합니다. B. 평등은 선택을 제공하고 민주주의의 바탕입니다. C. 평등은 소비주의와 채무로 이어졌습니다.
16. Is built-in obsolescence positive? 자동적 구식화는 긍정적입니까?	A. Yes, it allows the consumer to buy improved products. B. No, because it encourages trendsetting. C. No, because it fills up the landfills with non-recyclable waste. A. 예, 그것은 소비자들이 더 좋은 제품을 사도록 합니다. B. 아니오, 왜냐하면 그것은 유행을 조장하기 때문입니다. C. 아니오, 왜냐하면 그것은 재생 불가능한 쓰레기로 매립지를 가득 채우기 때문입니다.
17. Historically social freedom is still relatively new, what will happen in the future? 역사적으로 사회적 자유는 비교적 최근의 것입니다. 미래에는 어떤 일이 일어날까요?	A. I expect to see a return to feudal society. B. Social freedom will result in chaos and revolt. C. Social freedom is still developing. It will be interesting to assess its impact on society over the next fifty years. A. 나는 봉건주의 사회로 돌아가리라고 생각합니다. B. 사회적 자유는 혼동과 폭동을 초래합니다. C. 사회적 자유는 아직까지 발달단계입니다. 그것이 다음 50년간 사회에 미치는 영향을 평가하는 것은 흥미로울 것입니다.

13. 정답 B

해설 작가는 사람들이 부와 빈곤을 느끼는 것은 주변 사람들이 갖고 있는 물질을 비교하는 것에 근거를 둔다고 했다. 주어진 답안 A와 B는 유사하게 보여 혼돈될 수도 있다. A는 사람들이 주변사람들보다 부유하다고 느끼는 것(feeling)이고 지문에서는 사람들이 그들의 부를 주변사람들과 비교하기(compare) 때문이라고 언급했다. 그러므로 B가 정답이다.

14. 정답 A

해설 작가는 사회의 필요가 물질 만능주의를 증가시키고 구매위주의 사회가 되었다고 비평했다. 비록 생산업자, 마케팅 매니저와 소비자가 개별적으로 언급되지는 않았지만 지문에 나타난 작가의 의도를 추정해서 알 수 있다.

15. 정답 B

해설 이것은 독자들의 심사숙고와 분석력을 확인하는 문제이다. 언뜻 보면 주어진 답안 모두가 정답처럼 보이지만 작가의 의도에 초점을 두어야 한다. 지문에 나타난 equality는 민주주의 사회에서 널리 정립이 되었다. 그러므로 작가는 민주주의와 평등은 강한 관련이 있다고 생각했다. 작가는 봉건주의 사회의 선택의 제안을 비교하며, 새로운 사회 융합(social mix)으로 그때까지 알려지지 않았던 자유와 권리를 가능하게 했다는 작가의 견지를 요약한 B가 정답이다. A는 동등함이 모든 사람들에게 그들이 원하는 것을 살 수 있도록 했다고 했는데 이는 일면에 불과할 뿐이지 지문의 전반적인 내용은 아니다. C는 새로운 요소 즉 채무를 언급했는데, 지문의 어느 부분에도 debt에 대한 논의가 없으므로 적당한 대답이 될 수 없다.

16. 정답 C

해설 지문을 통해 작가는 자동적 구식화를 비난하였으므로 정답은 No로 시작되어야 한다. 그러므로 우선 A를 정답에서 제외시킨다. 작가는 유행의 부정적인 면을 암시했지만 주제문은 유행의 조장보다 구체적인 부정적인 이유를 언급한 쓰레기 매립지가 재생 불가능한 쓰레기로 가득 차고 있다는 사실에 초점을 둔 것이다. 그러므로 정답은 C가 된다.

17. 정답 C

해설 A와 B는 사람들이 사회적 자유를 가지면서 발생되는 일들을 기술한 것이다. 이것들은 명확하게 미래에 대한 진술이 아니므로 정답이 될 수 없다. 작가는 마지막 문단에서 '비교적 최근에 얻은 사회적 자유를 가지고 이제 우리가 어떻게 할지는 지켜보아야 할 것'이라고 언급했다. 즉 미래는 알 수 없고(Remain to be seen) 오직 시간이 지나야 알 수 있으므로 정답은 C이다.

Questions 18~23

The passage has 6 paragraphs.
본문은 6개의 문단으로 되었습니다.

Choose the best heading for each paragraph.
각 문단에 가장 적당한 주제문을 고르시오.

Note there are more headings than paragraphs so all headings will not be used.
문단보다 더 많은 주제문이 있으므로 모든 주제문이 사용되지 않음을 기억하십시오.

Write your answers in boxes 18~23 on the answer sheet.
문제 18~23의 답안지를 작성하시오.

Headings

(i)   Equality: Positive or Negative? 평등: 긍정적인가 부정적인가?
(ii) Reassessing One's Personal Wealth 개인의 부의 재평가
(iii) Obsolescence Fuels Growing Piles of Waste 노후화가 늘어가는 쓰레기 더미에 불을 지핀다.
(iv) Looking to the Future 미래에 대한 예견
(v)   The Age of Consumerism 소비주의 시대
(vi) Personal Satisfaction is a State of Mind 개인의 만족은 마음에 달려있다.
(vii) Buying a new Cell Phone 새로운 휴대폰 구매
(viii) Perspective Influences Levels of Happiness 인식이 행복에 영향을 준다.
(ix) Rousseau's View 루소의 견해

18. Section A

정답 (iv) Looking to the Future

해설 첫 문단은 과거, 현재 그리고 미래가 연결되었다는 사실을 소개한다. 미래는 삶에 방향을 제시하는 목적이기 되기 때문에 미래에 초점을 두어야 한다. 작가는 독자들에게 현재를 되돌아보고 미래에 성취할 것을 생각하도록 고무한다. 작가는 현재에 무엇이 중요한지에 초점을 두는 것보다 미래에 중요한 것을 생각하는 것이 '앞서만 가는 것'으로부터 자유로울 수 있다고 제안하고 있다.

19. Section B

정답 (viii) Perspective Influences Levels of Happiness

해설 작가는 가난과 부귀는 상대적인 개념이라고 했다 그리고 루소의 견해를 소개하면서 자신의 논점을 지지했다.

20. Section C

정답 (i) Equality: Positive or Negative?

해설 지문은 사회에 평등이 소개된 영향에 대한 것이다. 작가는 민주 사회 근간이 되는 평등함이 가져온 긍정적인 면과 부정적인 면을 동시에 고찰했다. 첫 문단의 equality가 정답을 찾는데 힌트가 된다.

21. Section D

정답 (v) The Age of Consumerism

해설 작가는 새로운 상품을 갖기 위한 소비자의 행태에 대해 설명했다. 주제문은 보통 문단의 첫 문장 혹은 마지막 문장에 나타내는 것이 일반적인 에세이 서술 방식이다. 비록 이 문단에 Built-in obsolescence가 소개되었지만 이것이 주제문은 아니다. 마지막 문장에 It is a booming market이 주제 문을 선택하는데 도움이 된다. It은 앞 문장의 내용을 받고 booming market은 시기를 (the age)를 의미한다.

22. Section E

정답 (iii) Obsolescence Fuels Growing Piles of Waste

해설 마찬가지로 주제문은 보통 문단의 첫 문장 혹은 마지막 문장에 나타난다고 했듯이 이 문단에서는 주제문이 첫 문장에 나타내고 노후화의 실례로 휴대폰과 컴퓨터를 소개하며 이로 인해 소비를 부축하고 결과적으로 쌓여가는 쓰레기 더미의 원인임을 설명했다.

23. Section F

정답 (ii) Reassessing One's Personal Wealth

해설 결론 문단에서 개인적인 부의 척도는 마음에 달린 것이고 부의 개념은 상대적이라고 반복하며 글을 마무리 했다. 사람들의 행복과 만족감은 지극히 개인적이므로 주변 사람들이 가지고 있는 물질에 기준을 두어서는 안 된다고 언급하고 있다.

Questions 24~27

Review the following statements.
다음 문장을 살펴보시오.

In boxes 24~27 on the answer sheet write
문제 24~27의 답안지에 정답을 작성하시오.

TRUE   *if the statement agrees with the information* 진술이 본문과 일치하는 경우
FALSE   *if the statement contradicts the information* 진술이 본문과 일치하지 않을 경우
NOT GIVEN *if there is no information on this* 이것에 관한 정보가 없을 경우

24. Anthropology is the study of humanity.
    인류학은 인간에 관한 학문이다.
    정답 NOT GIVEN
    해설 지문에 루소가 인류학자임을 명기했지만 지문의 어디에서 인류학에 관한 개념을 언급하지 않았다.

25. Computers are largely non-recyclable.
    컴퓨터는 대부분 재생 불가능하다.
    정답 TRUE
    해설 Largely가 이 문제의 키워드다. 즉 대부분이 재생 불가능하다는 말이다. 지문에는 Computers are partially recycled. 로 나왔고 그 밖의 대부분의 부품(most of the plastic casings, screen tubes, wires and circuit boards are cast aside)들은 버려진다고 했다. 유의어 Largely와 Most of가 결정적인 힌트가 된다.

26. Future societies are not impacted by present societies.
    미래의 사회는 현재의 사회에 의해 영향을 받지 않는다.
    정답 FALSE
    해설 지문에 지금 우리가 하는 모든 것들이 미래에 영향을 미친다고 했으므로 정답은 F이다.

27. The feudal system maintained social stratification.
    봉건체계는 사회적인 계층을 유지했다.
    정답 TRUE
    해설 서구 사회의 대부분이 봉건체계로 운영되어 왔고 봉건주의란 부유한 계층들에 의해 지배가 되는 사회로 가난하게 태어난 사람은 신분 자체가 그러므로 그 상태 그대로 생활할 수 밖에 없었다. Feudal system이 있는 문장을 찾아 그 주변문장을 읽어 정답을 찾도록 한다.

SECTION 3   Questions 28 ~ 42

Management of Urban Flooding

The urbanisation of land has marked many adverse changes on the environment. One such notable distinction is the rapid increase of impermeable land. 32)Permeation is the ability of the land to absorb rainfall. This does the land very effectively and problems usually only arise in extreme weather conditions where there is torrential rainfall within a short period of time. This can certainly result in flooding. Problems arise more readily and frequently however in and around urban areas where impermeable surface areas outweigh the surface area of permeable land. Examples of impermeable surfaces include roads, and more specifically driveways and other paved areas around houses.

A change in how we live today has exacerbated this problem. In the past much of society lived spread throughout rural areas. The move into towns and cities over the last fifty years has seen a substantial decline of rural dwellers and a rapid increase in city dwellers. As people have flooded into cities, town planners have increased the density of housing to include multi-level apartment buildings and have decreased the section sizes to allow for more houses.

In New Zealand and Australia through the 1950s, 1960s and 1970s families desired ownership of a home in which to raise their families. The ideal was the quarter acre section, single level dwelling, single garage and the remaining land was garden. What was known as the quarter acre section was approximately 1,100 square metres in size. In direct contrast, today land sections have been reduced to as little as 400 sqm. Much of this land is covered in impermeable surfaces.

Review the following diagram and figures. Compare the following 1,100 and 400 sqm sites with regard to impermeable and permeable land.

Fifty years ago: 34)**1,100sqm per section**

House	180-200 sqm single level, 36)3 bedroom, 1 bathroom
Single garage	Traditionally at the back of the site: 20 sqm
Driveway	38)60 sqm
Land used	280 sqm / Impermeable
Land remaining	39)820 sqm / Permeable

Twenty years ago: [35)]**800 sqm per section**

House	200 sqm two storey, 4 bedroom/study, 2.5 bathrooms
Single garage	Positioned at front of site: 40 sqm
Driveway	Plus turning bay: 40 sqm
Land used	280 sqm / Impermeable
Land remaining	520 sqm / Permeable

Ten years ago: 400 sqm per section

House	200 sqm two storey, [37)]4 bedroom/study, 2.5 bathrooms
Single garage	Positioned at front of site: 40 sqm
Driveway	Plus turning bay: 40 sqm
Land used	280 sqm / Impermeable
Land remaining	120 sqm / Permeable

Visually, [41)]the reduction of permeable land may be pictured thus. [42)]Note that positioning of house, garage and driveway changes as living requirements alter but more importantly the quantity of permeable land decreases with in-fill housing.

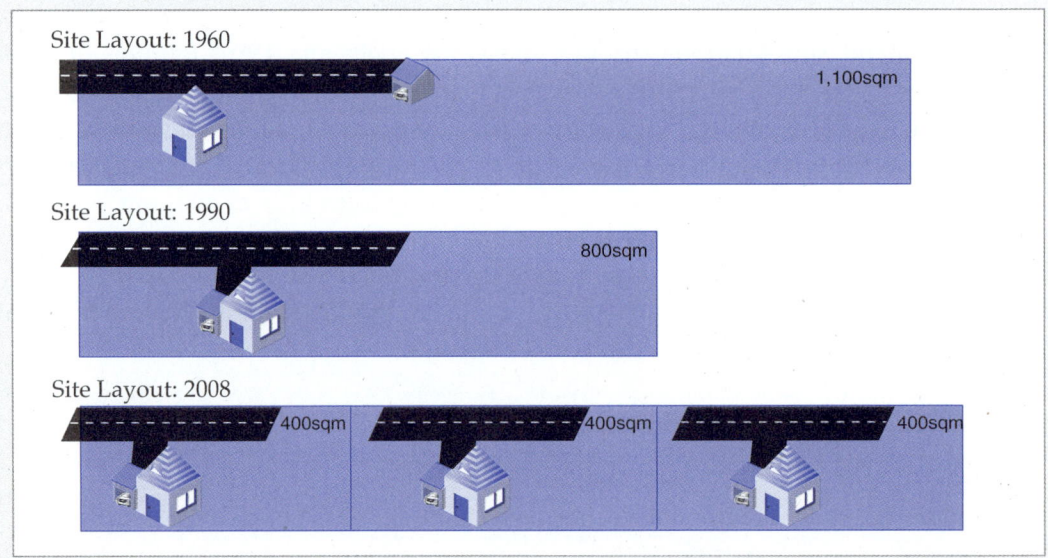

How has this change in society been reflected in the environment? Generally speaking it takes less rainfall to create substantial flooding. Due to the increase of impermeable surfaces, the rainfall instead is channelled over footpaths, along driveways and as there is no escape for the water, the result is often seen in the flooding of houses and basements.

Councils are primarily responsible for averting the flooding crisis. There are several ways in which this issue can be resolved. One obvious place to start is to ensure that 31)storm water drainage facilities are updated and can manage the cities' needs for channelling and ridding the city of excess water. 33)Secondly, the council needs to work co-operatively with town planners to allow for the maintenance of open spaces. These can be parks, street verges and bush reserves. These natural green spaces offer many benefits for city dwellers in terms of relaxation, exercise and play areas but also importantly increase the permeable surface area within suburbs.

Furthermore, councils have allowed section sizes to be much reduced in size and have promoted cross-lease housing. Note this is when a section may be divided in half or even thirds and additional houses can be built on the cross-leased sections. 28)The council may be required to call a halt to further sub-division and state that 400 square metres is the minimum section size. In controlling the size of the section it is possible to restrict the complete decimation of permeable land.

Individuals are also able to be proactive in averting urban flooding. The collection of rainwater is one way of helping the environment as well as managing the flow of excess water. Water can be collected from house and garage rooves and stored in raintanks. The water can be used as the household's primary water source or can be used externally for watering gardens. In addition to collecting rain water, individuals can be encouraged to plant gardens. Gardens can be decorational or practical in allowing people to grow their own fruit and vegetables. 30)By encouraging individuals to plant gardens the average amount of permeable land per household may be increased and maintained.

Urban flooding has increased dramatically over the past thirty years. 29)This is predominantly due to the decrease in permeable land as demand for city housing increases. With care on the part of local government and the individual damage to property and the environment can be minimalised.

도시 홍수 관리

대지의 도시화는 환경에 많은 악영향을 남겼습니다. 눈에 띄는 변화는 불침투성 대지의 빠른 증가입니다. 침투성은 대지가 빗물을 흡수하는 능력을 말합니다. 침투성은 대지가 제대로 수행하게 합니다. 이 성질은 대지가 제대로 작용하게 하지만 문제는 보통 짧은 시간 동안에 호우성 폭우가 내리는 아주 극단적인 기후 상태에서 일어납니다. 이것은 확실하게 홍수로 이어집니다. 불침투성 지표가 침투성 지표보다 많은 도시와 도시 주변에서는 문제가 더 쉽게 그리고 더 자주 일어납니다. 불침투성 지표의 예로는 도로를 포함한, 더 구체적으로는 집 주변의 진입로와 포장지역들입니다.

오늘날 주거의 변화는 이 문제를 악화시켰습니다. 예전에는 많은 사회들이 시골지역에 퍼져 살았습니다. 지난 50년간 마을과 도시로의 이주는 시골거주자의 지속적인 감소와 도시 거주자의 빠른 증가를 보여왔습니다. 사람들이 도시로 몰려들면서, 도시 계획자들은 고층 아파트 빌딩을 포함하여 주거 밀집도를 증가시켰고 더 많은 가옥들을 위해 용지 면적을 감소시켰습니다.

1950년대 1960년대 그리고 1970년대를 거쳐 뉴질랜드와 호주의 가계들은 가족을 부양할 수 있는 가옥의 소유자가 되길 원했습니다. 이상적인 것은 1/4 에이커의 대지, 단층 주거지, 자동차 한 대의 차고 그리고 남는 대지는 정원이었습니다. 1/4에이커는 대략 크기 면에서 1,100sqm로 알려져 있습니다. 정 반대로, 오늘날 부지는 겨우 400sqm로 축소되었습니다. 이 대지의 대부분은 불침투성 지표로 덮여있습니다.

다음 도표와 통계를 살펴봅시다. 불침투성과 침투성 대지라는 측면에서 다음의 1,100sqm 대지와 400sqm 대지를 비교해 봅시다.

50년 전: 1,100 sqm

집	180-200 sqm 1층, 3 침실, 1 욕실
주차장	전통적으로 집 뒤쪽에 위치 : 20 sqm
차도	60 sqm
사용 면적	280 sqm / 불침투성
비사용 면적	820 sqm / 침투성

20년 전: 800 sqm

집	200 sqm 2층, 4 침실 / 공부방, 2.5 욕실
주차장	집 앞쪽에 위치 : 40 sqm
차도	통로 포함 : 40 sqm
사용 면적	280 sqm / 불침투성
비사용 면적	520 sqm / 침투성

10년 전: 400 sqm

집	200 sqm 2층, 4 침실 / 공부방, 2.5 욕실
주차장	집 앞쪽에 위치 : 40 sqm
차도	통로 포함 : 40 sqm
사용 면적	280 sqm / 불침투성
비사용 면적	120 sqm / 침투성

보기에도, 침투성 대지의 감소가 보일 것입니다. 주거 요구 변화로 가옥, 차고 그리고 진입로의 위치가 변했지만 더 중요한 것은 기존 대지에 가옥건설로 인해 침투성 대지의 면적이 감소된 것을 주목하십시오.

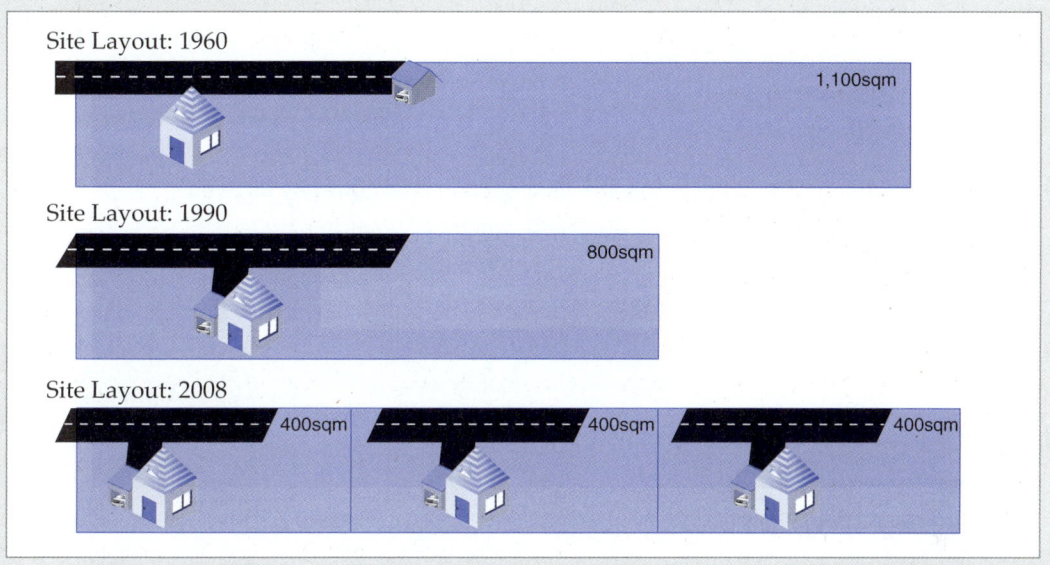

사회의 이런 변화가 환경에 어떤 영향을 미칠까요? 일반적으로 말하자면 적은 강우에도 큰 홍수를 일으킵니다. 비침투성 지표의 증가로 인해, 비는 땅으로 스며드는 대신 보도와 진입로를 따라 흐르는데, 비가 스며들 방법이 없어서 이로 인해 종종 가옥과 지하실에 범람하는 것을 볼 수 있습니다.

시의회가 홍수의 위험을 방지하는데 주된 책임이 있습니다. 이 문제를 해결할 수 있는 몇 가지 방법들이 있습니다. 하나의 분명한 시작점은 폭우 하수 시설을 개선하여 과도한 양의 물을 다른 곳으로 보내거나 없앨 수 있어야 한다는 것입니다. 두 번째, 시의회는 도시 계획자들과 상호 협조하여 자연 공간을 유지할 수 있도록 노력해야 할 필요가 있습니다. 이 공간들은 공원, 노상 화단 그리고 보안림일 것 입니다. 이런 자연 녹지 공간은 도시 거주자들에게 휴식, 운동 그리고 놀이 공간뿐만 아니라 무엇보다도 도시주변에 침투성 지표를 늘리는 많은 혜택을 제공합니다.

게다가, 시의회는 대지 면적이 더 축소되도록 허용했고 공동 주택을 권장해왔습니다. 이는 한 구획을 반으로, 심지어는 셋으로 나누어 공동 구획에 집들을 더 지을 수 있는 것을 말합니다. 시의회는 더 이상의 대지 분할을 중단하고 400sqm를 최소 구획 크기로 지정할 필요가 있습니다. 대지 크기의 통제로 침투성 대지의 완전 소멸을 막을 수 있습니다.

개인들도 도시 홍수를 방지하는데 사전 노력을 취할 수도 있습니다. 빗물을 모으는 것도 환경뿐만 아니라 넘쳐나는 물을 관리하는데 도움이 되는 방법 중 하나입니다. 빗물은 집과 차고 지붕에서 모아서 빗물탱크에 보관할 수 있습니다. 이 물은 집안의 기본 수원 혹은 외부적으로 정원에 물을 주는 데 사용할 수 있습니다. 빗물 모으기 이외에, 개인적으로 정원에 나무를 심도록 권장할 수 있습니다. 정원을 장식할 수 있고 혹은 과수나 채소들을 키우면서 실용적인 정원을 가질 수 있습니다. 개인들에게 정원에 식수하도록 장려함으로써, 가구당 평균 침투성 대지를 증가시키고 관리하게 할 수 있습니다.

도시의 홍수는 지난 30년간 크게 늘어났습니다. 이것은 주로 도시 주택의 요구가 증가함에 따라 침투성 대지가 감소한 것에 기인합니다. 지역 정부와 개인의 노력으로 가옥과 환경의 손상을 최소화 할 수 있을 것입니다.

Questions 28~33

*Answer the following short answer questions using **NO MORE THAN THREE WORDS** in your answer.*

세 단어 이내로 다음 단답형 문제에 답하시오.

Write the answers in boxes 28~33 on the answer sheet.

문제 28~33의 답안지를 작성하시오.

28. When building a house, what is the smallest section size currently allowed?

주택을 건설할 때, 현재 허가되는 가장 작은 대지 면적은 얼마인가?

정답 **400 sqm**

해설 주어진 문제는 대지의 크기를 찾는 문제이므로 우선 숫자를 scan하도록 한다. 보통 숫자는 scan하기가 수월하다.

29. What is cited as being the main cause of urban flooding?

도시 홍수의 주요 원인이 무엇이라고 했는가?

정답 **Increased housing density**

해설 침투성 대지는 도시 안에 건설되는 많은 주택들 때문에 줄어들고 있다. 이는 도시 홍수의 원인이 되고 있다. Main cause는 본문에서 predominantly로 교체되어 사용되었다.

30. How can planting a garden deter flooding?

정원에 식수하는 것이 어떻게 홍수를 막을 수 있는가?

정답 **Increases permeable land**

해설 정원은 침투성 대지이다. 침투성 대지를 늘이는 것은 강우가 대지에 흡수될 수 있도록 하므로 잉여의 넘쳐나는 물을 줄일 수가 있다. Planting a garden을 찾아 주변 문장을 읽으면서 정답을 찾도록 한다.

31. What is the purpose of storm water drainage?

폭우 하수 시설의 목적은 무엇인가?

정답 **Channels excess water**

해설 지문에서 적당한 폭우 하수 시설이 도시에 넘쳐나는 폭우가 빠져나갈 수 있는 중요한 설비라고 설명되었다. 키워드인 storm water drainage 주변을 찾아가도록 한다.

32. Permeation is the term given to describe what process?

침투성은 어떤 과정을 묘사하는 용어인가?

정답 **Land absorbing water**

해설 Permeation은 대지가 물을 흡수하는 능력이라고 언급했다. 도시 내의 침투성 대지의 크기가 도시 홍수의 발생에 중요한 요소이다.

[READING _ Academic Module]

33. How can town planners help cities reduce the possibility of flooding?
도시 건설자가 도시의 홍수 발생을 줄이는데 어떻게 도움을 줄 수 있는가?

정답 Retain open spaces

해설 시 정부와 도시 계획자가 서로 협조하여 할 수 있는 일이 있다고 했다. 키워드인 town planner를 scan을 통해 찾도록 한다. 도시 계획자의 주된 임무는 도시를 효과적으로 개발하는 것이다. 이런 계획을 수립할 때 도시 녹지 공간을 확보하는 것이 그 중에 하나이다.

Questions 34 ~ 39
Complete the chart.
차트를 완성하시오.
Write your answers in boxes 34 ~ 39 on the answer sheet.
문제 34~39의 답안지에 정답을 작성하시오.

Year	1960	1985	1998
Average site size 평균 대지 면적	34. _____	35. _____	400 sqm
Number of bedrooms 침실 수	36. _____	4	37. _____
Driveway size 진입로 크기	38. _____	40 sqm	40 sqm
Permeable land remaining 남는 침투성 대지 크기	39. _____	520 sqm	120 sqm

34. 정답 1,100sqm

해설 도표의 연도를 우선 확인하도록 한다. 1960년도는 대략 50년 전이다. 지문 속의 도표를 보면서 정답을 찾도록 한다. Section과 site size는 유사어이다.

35. 정답 800 sqm

해설 마찬가지로 1985년은 대략 20년 전이므로 그 부분에서 정답을 찾는다.

36. 정답 Three
해설 침실의 개수를 찾는 문제로 도표를 읽어 정답을 찾는 것이 상대적으로 수월한 문제 유형이다.

37. 정답 Four
해설 1998년은 10년 전 정도이므로 그 연대에 해당하는 도표에 정답이 있다.

38. 정답 60 sqm
해설 키워드인 Driveway를 찾도록 한다.

39. 정답 820 sqm
해설 키워드인 Permeable land를 찾아서 정답을 작성한다.

Questions 40~42

Choose a word from the box and complete the sentences.
상자에서 단어를 골라 문장을 완성하시오.

There are more words to choose from than are necessary. Each word may be used more than once.
필요한 것보다 더 많은 단어가 있습니다. 각 단어는 한 번 이상 쓰일 수 있습니다.

Write your answers in boxes 40~42 on the answer sheet.
문제 40~42의 답안지를 작성하시오.

| Reduction 감소 | Increased 증가된 | Reduce 감소하다 | Decreased 감소된 |
| Incremental 증진된 | Growth 성장 | Devolved 양도된 | Exponential 기하급수적인 |

40.
Over the past fifty years the size of the average driveway has _____ in size.
지난 50년간 평균 진입로의 면적은 감소되었다

정답 decreased
해설 과거에는 차고가 대지의 뒤쪽에 위치하였으므로 진입로의 면적이 현재보다 넓었다. 요즘은 대개 차고가 대지의 앞쪽에 위치하므로 진입로가 줄어들었다. 문법에 적합한 품사를 찾도록 한다. (현재완료)

41. Town planners acknowledge that there has been a general _____ in permeable land over the past few decades.

도시 계획자는 지난 몇 십 년간 침투성 대지의 일반적인 감소가 있었다는 것을 알고 있다.

정답 reduction

해설 도시 계획자들은 지난 몇 십 년간 침투성 대지가 줄었음을 알고 있다. 정답은 관사 다음에 오는 명사형 (a general _____)을 찾으면 된다.

---

42. _____ in the housing market has contributed to the loss of permeable land.

주택 시장의 성장이 침투성 대지가 감소하는 원인이 되었다.

정답 Growth

해설 현대의 생활양식에 따른 도시 환경의 변화를 설명한 것으로 가옥의 수요가 가구당 대지 면적의 감소를 가져왔다. 공동소유 형태의 가옥이 대중화되면서 대지 면적도 줄어들었다. Increased / incremental / growth / exponential이 의미상 정답이 될 수 있고 품사를 고려해 보면 명사인 growth가 정답이 된다.

**IELTS 급상승 Actual Test 1
[Reading &Writing]
(Academic Module)**

James H. Lee 저 | 210*280mm | 316쪽
16,800원

**IELTS 급상승 Actual Test 2
[Listening & Speaking]**

James H. Lee 저 | 210*280mm | 284쪽
16,800원

IELTS 급상승 Vocabulary

James H. Lee, Chang-man Yun 저
188*258mm | 440쪽
16,800원(mp3 무료 제공)

IELTS 급상승 Grammar 기초다지기

김재한 저 | 188*258mm | 172쪽
15,000원

**IELTS 급상승 Writing 기초다지기
[Academic Module]**

김재한 저 | 188*258mm | 320쪽
16,800원

리더들의 명연설문 베스트 30
강홍식 저 | 170*220mm | 328쪽
15,000원(mp3 CD 포함)

미국 명연설문 베스트 50
김정우 저 | 170*220mm | 448쪽
15,000원(mp3 CD 포함)

영국 명연설문 베스트 30
강홍식 저 | 170*220mm | 336쪽
15,000원(mp3 CD 포함

세계유명 여성리더들의 명연설문 베스트 30
박예든 저 | 170*220mm | 264쪽
15,000원(mp3 CD 포함)

힐러리 클린턴 명연설문 베스트 30
강홍식 저 | 170*220mm | 320쪽
15,000원(mp3 CD 포함)

유명 인사들의 명연설문 듣고 말하기 베스트 30
박기령 저 | 170*220mm | 272쪽
15,000원
(저자 직강 동영상 + mp3 DVD 포함)

바로바로 여행 독학 영어
권국일, 장현애 저 | 148*210mm | 304쪽
13,000원(본문 mp3 파일 무료 제공)

바로바로 여행 독학 일본어
서지위, 장현애 저 | 148*210mm | 304쪽
13,000원(본문 mp3 파일 무료 제공)

바로바로 여행 독학 중국어
서지위, 장현애, 장지연 저
148*210mm | 304쪽
13,000원(본문 mp3 파일 무료 제공)

일상생활 영어 여행회화 365
이원준 엮음 | 128*188mm | 368쪽
12,000원(mp3 파일 무료 제공)

일상생활 일본 여행회화 365
이원준 엮음 | 128*188mm | 368쪽
12,000원(mp3 파일 무료 제공)

일상생활 중국 여행회화 365
이원준 엮음 | 128*188mm | 368쪽
12,000원(mp3 파일 무료 제공)